KB247388

하버드
집중력 혁명

일과 삶의 모든 것을 결정하는 1% 차이

하버드 집중력 혁명

Driven to Distraction at Work

How to focus and be more productive

에드워드 할로웰 지음 | 박선령 옮김

ORNADO
토네이도

이 책에 쏟아진 찬사

"요즘처럼 카페인에 찌들어 있고 항상 온라인이어야만 하는 세상에서 온전한 정신으로 성공적이고 충만한 노동 생활을 영위하는 방법은 모두의 관심사다. 이에 네드 할로웰 박사는 자신의 트레이드마크인 지혜로 공감을 불러일으키고 현실적인 조언을 제공한다. 우리에게 가장 부족한 능력이 바로 집중력이라고 생각하는 할로웰은 흥미로운 스토리텔링과 사려 깊은 처방으로 적게 일하면서 더 많은 것을 이루고 매 순간을 최대한 만끽하도록 정신을 집중하는 방법을 가르쳐준다. 이 책은 현대 세계에서 살아남기 위해 필수적인 생존 지침서다. 자, 머뭇거릴 시간이 없다. 모두 당장 이 책을 읽자!"

 – 제프리 F. 레이포트, 하버드 경영대학원 교수, 전략 고문, 투자가

"갈수록 품질과 속도, 집중력을 중시하는 오늘날에는 생산성을 극대화하는 최고의 도구를 찾아내는 기업이 경쟁에서 우위를 차지한다. 이 책에 제시한 할로웰 박사의 방법들은 직장에서 집중력을 방해하는 온갖 상황을 깔끔하게 해결해준다."

 – 래리 웨버, 레이스포인트 글로벌Racepoint Global 회장 겸 CEO,
웨버 샌드윅Weber Shandwick 설립자,
베스트셀러 《소셜 웹 마케팅Marketing to the Social Web》 지은이

"지금까지 원하는 일에 쏟을 시간이 없었거나 애초에 원하는 게 무엇인지 생각해볼 시간조차 없었다면 지금 당장 이 책을 펼치자. 할로웰 박사는 우리의 삶과 일, 타인과의 관계를 제대로 관리하는 방법에 관한 최신 연구를 바탕으로 현명하고 구체적인 방법을 제시해, 우리를 방해하는 대신 도움을 주는 주변 환경을 조성하는 요령을 안내한다. 자신의 요구에 가장 적합한

몇 가지 간단한 처방을 적용하는 것만으로 당신의 삶은 물론 당신과 교류하는 모든 이의 삶이 극적으로 향상될 것이다."

– 댄 L. 먼로, 피바디 에섹스 뮤지엄Peabody Essex Museum
로즈마리 앤 에이크 반 오터루Rose-Marie and Eijk van Otterloo 컬렉션 상임이사이자 CEO

"집중력 문제와 관련해 미국에서 가장 칭송받는 학자가 쓴 이 책은 디지털 해독꽃毒 방법을 습득하고 일터에서 집중을 방해하는 것들을 없애는 데 우리가 알고 있어야 하는 긴요한 상식을 알려준다. 타인과 깊은 관계를 맺는 능력과 생각하는 능력을 소중히 여기는 사람이라면 반드시 읽어야 할 책이다."

– 마리 브레너, 《사과와 오렌지Apples and Oranges》 지은이,
〈배너티 페어Vanity Fair〉 기자

"우리 가운데 작고 사소한 일에 압도당하거나, 꾸준히 집중력을 발휘하지 못하거나, 인터넷에 계속 접속해 있으면서 인간관계는 단절되거나, 자기가 왜 좀더 생산성을 발휘하지 못하는지 의아해하지 않는 사람이 있을까? 이 책은 이런 중요한 사항에 대한 설명과 해독제, 해결책을 제시하는 모든 이의 필독서다. 할로웰 박사가 복잡한 문제를 이해하기 쉬운 용어로 풀어 쓴 이 책은 당신의 인생을 확 바꿀 것이다!"

– 엘렌 밀리 페리, 《풍부한 가능성A Wealth of Possibilities》 지은이,
웰스브리지 파트너Wealthbridge Partners 설립자

"할로웰 박사는 흥미진진한 이야기와 도발적인 이론적 도구 그리고 '집중력 의사'로서 수십 년간 쌓아온 경험을 바탕으로 현대인의 작업 현장에서 흔하게 발생하는 집중력 분산과 업무 과부하 문제를 해결할 수 있는 실용적인 방법을 내놓았다. 이 책을 읽으면 당신이 무심코 포기한 집중력을 되찾을 수 있다."

– 수지 웰치, 〈뉴욕 타임스〉 베스트셀러
《텐-텐-텐: 인생이 달라지는 선택의 법칙10-10-10: A Life-Transforming Idea》 지은이

"이제 세상은 우리 모두 앞에 가로놓인 집중을 방해한다. 이를 관리하기 위

한 할로웰 박사의 처방은 인간의 가장 깊은 이점인 생각하고 진보하는 능력을 유지하면서 기술을 활용하는 방법을 미래 세대에게 가르쳐주는 디딤돌이 될 것이다. 이 책을 읽은 독자들은 독창적으로 생각하면서 문제를 해결하고자 하는 욕구를 통해, 끊임없이 변화하는 주변 환경을 관리하는 능력을 얻게 된다. 할로웰 박사는 현대사회에서 장기적이고 전략적인 우위를 보장하는 생산성을 확보할 수 있는 방법을 명확하게 제시한다."

– 팀 암스트롱, AOL 회장이자 CEO

"일터에서 완벽하게 집중해 생산성을 높일 수 있다고 생각하는가? 네드 할로웰은 이 획기적인 책을 통해 최고가 되려는 노력을 좌절시키는 내면의 장애물을 극복하는 방법을 알려준다."

– 존 보웬, CEG 월드와이드CEG Worldwide 설립자이자 CEO

"할로웰 박사는 수십 년간 최고의 '집중력 의사'였다. 그는 이 획기적인 책에서 일터에서의 집중력 분산이라는 우리 시대의 절박한 문제 가운데 하나와 씨름한다. 생생하고 흥미로운 이야기를 통해 현대의 심각한 딜레마에 대해 매우 지적이고 실행 가능성이 높은 해결책을 제시한다. 인생과 일의 판도를 바꿔놓을 만한 책이다." — 스티븐 코틀러,

《슈퍼맨의 성공The Rise of Superman: Decoding the Science of Ultimate Human Performance》 지은이

"주변 상황에 압도당하거나 마음이 조급하거나 주의가 산만해진다고 느끼는가? 갈수록 안달이 나고 불만족스럽고 좌절감이 들고 미친 듯이 화가 나는가? 그렇다면 이 책을 읽어보자. 할로웰 박사는 일터에서 집중하면서 생산성을 높일 수 있는 검증된 계획을 제시한다. 이 책에는 혼돈을 딛고 일어서서 집중력을 되찾고 목표를 이루기 위해 이용할 수 있는 각종 기술과 정보, 비법이 담겨 있다. 자신의 집중력을 다시 제어하고 싶다면, 그래서 더 건강하고 행복해지고 싶다면, 이 책이 그 방법을 알려줄 것이다."

– 조 폴리시, 지니어스 네트워크Genius Network 설립자

"주의력과 집중 문제에 관한 세계 최고의 전문가가 주의력 결핍 성향과 관련해 우리가 알아야 할 모든 것을 말해준다. 정보와 기술 과부하로 집중력을 빼앗기고 생산성이 낮아지는 증상은 오늘날 모든 비즈니스맨과 기업을 괴롭히고 있다. 직원의 행복과 회사의 생산성을 염려하는 경영진이라면 직원들을 화면 앞에서 억지로 떼어내서라도 이 책을 읽게 해야 한다."

– 린다 고스덴 로빈슨, 글로벌 마케팅과 커뮤니케이션 전문가

"네드 할로웰이 쓴 책은 모두 세상의 판도를 바꿔놓았다. 이 책은 그 가운데서도 최고의 자리를 차지할 만하다. 할로웰은 지금까지와 완전히 반대하는 관점으로 일터에서 집중을 방해하는 것들과 싸울 수 있는 진보적인 방법을 제시한다. 성공의 비결은 산만해지기 쉬운 사람들을 집중시켜 모든 상황에서 가능한 한 최선의 결과를 얻을 수 있게 해주는 일상적인 체계와 프로세스를 구축하는 데 있다."

– 댄 설리번, 스트래티직 코치The Strategic Coach 설립자이자 대표

"수백만 명의 독자가 이 중요한 문제를 해결하도록 안내하는 '집중력 의사' 할로웰 박사에게 의지한다. 할로웰은 '시간을 들여 천천히 일을 진행하지 않으면 거꾸로 시간의 노예가 되어버린다'라고 말한다. 현대인들과 관련한 다양한 일화와 유머를 통해 재미있는 읽을거리를 제공함은 물론 일터에서 최선을 다할 수 있는 실제적인 방안을 제시한다."

– 린다 스톤, 마이크로소프트 전 부사장

차례

집중력이 우리 삶에 미치는 영향

당신도 문제가 무엇인지는 잘 알고 있다. 끊임없는 주변의 방해, 사방에서 울리는 다양한 목소리, 걷잡을 수 없이 사람을 빨아들이는 '화면의 흡입력', 회의 시간에 탁자 아래서 몰래 보내는 문자메시지, 과부하 상태인 정신 회로, 모든 일을 제때 완벽하게 끝내려고 노력하는 과정에서 자주 느끼는 좌절감 등은 주의를 산만하게 만드는 주범이다. 오늘날 대부분 사람이 이런 환경에서 일한다. 당신의 집중력을 흐트러뜨리는 게 일터 자체건 시간을 쏟아야 하는 수많은 일이건 주의가 산만해 일어나는 결과는 똑같다. 직장에서 더이상 어떤 일에도 집중하지 못하게 되면서 업무 성과와 행복감에 타격을 받는다.

우리 사회에 널리 퍼져 있는 절망감을 포착한 앤 크리텐든은 브리지드 슐트가 2014년에 출간한《압도된 사회Overwhelmed: Work, Love, and Play When No One Has the Time》라는 정신이 번쩍 드는 책을 읽고 〈뉴욕 타임스〉에 서평을 썼다. 그녀는 슐트의 분별 있는 해결책이 '괜찮은 제안'이라는 사실을 인정하면서도 서평 곳곳에서 암울한 체념의 분위기를 드러냈다. "하지만 자립을 위한 조언이 다 그렇듯 그 해결책도 대다수 미국인의 감정적인 행복에 적대적이거나, 적어도 무관심한 태도로 주위를 에워싸고 있는 견고한 힘에는 맞서지 못한다. 슐트의 제안은 손톱 가위를 들고 해병 특공대와 맞서 싸우자는 격이다."

이 책은 그와 다른 시각을 제시한다. 난 우리가 지금껏 보지 못한 새로운 힘과 싸우고 있으며 현대인의 일터에는 전에 없이 정신을 산만하게 하는 요소가 산재한다는 사실에 전적으로 동의한다. 하지만 누구나 자신의 집중을 방해하는 대상이나 업무 과부하를 조절하고 상황을 통제하는 법을 배울 수 있고, 그 과정에서 전보다 더 행복하고 건강해지며 생산성을 높일 수 있다. 크리텐든이나 슐트 그리고 다른 많은 논객이 다양한 사례를 들어가며 입증한 것처럼 오늘날 온건하고 신중한 삶에 반대하는 특수한 힘은 눈에 보이지 않는 집게발처럼 일제히 진격해 사방에서 우리를 꼬집어대고 있다. 이 힘은 앞으로도 약해지지 않을 것이며 오히려 집중을 방해하는 요소가 기하급수적으로 늘어날 것이다. 시간과 할 일을 좀더 효율적으로 관리하고, 멀티태스킹 능력을 키우고, 주변을 잘 정리하라는 등의 흔한 조언이 효과를 발휘하지 못하는 이유도 그 때문이다. 이는 미봉책일 뿐이다. 우리는 집중력을 다시 훈련해야 한다. 정신을 산만하게 하는 근본적인 문제가 자신의 통제 범위 안에 있음을 알아야 한다. 주변 환경을 통제하지 못하더라도 계획과 준비, 기술을 통해 좀더 생산적인 상태를 갖추는 법은 배울 수 있다.

그러기는 불가능하다고 생각하기 전에 AOL의 부실한 경영 상태를 호전시키는 책임을 맡은 CEO 팀 암스트롱의 예를 살펴보자. 암스트롱은 '나노 사고nano-thinking 병'과 맞서기 위해 '10퍼센트 생각 시간'이라는 정책을 시험적으로 도입했다. 이는 모든 임원진이 일주일에 최소 4시간 이상을 '생각'이라는 시대에 뒤떨어진 활동에 전념하도록 하는 것이다. 암스트롱은 이렇게 말했다. "이 정책은 저와 AOL의 변화에 결정적인 역할을 했습니다. 이 문제를 진지하게 받아들이는 기업은 앞으로 중요한 전략적 우위를 차지하게 될 겁니다."

우리가 현재 겪고 있는 문제, 즉 머릿속이 늘 극심하게 막히는 도로나 교착과 같은 상태인 이유는 우리가 거둔 가장 극적인 성공이자 이 시대를 규정하는 놀라운 발명품 때문이다. 노동력을 절감하기 위해 만든 장치들은 예상에 없던 폭발을 일으키는 촉매로 작용했고, 오늘날 우리는 그 폭발 현장에서 살아가고 있다. 그러나 암스트롱과 일부 관리자들이 깨달은 것처럼 우리는 자신이 만들어 낸 걸 관리하는 방법도 배울 수 있다. 자신이 내준 통제권을 되찾는 법을 배운다면 주의를 분산시키는 것들에 굴복하지 않고 집중력을 잘 관리할 수 있다.

이 책은 일에 집중하면서 생산성을 높이는 방법을 안내한다. 1부에서는 우리가 일터에서 집중력을 잃는 대표적인 상황 6가지를 다루고 각각의 문제를 해결하기 위한 구체적인 해결책을 제시한다. 이어 2부에서는 어떤 방해물이 생겨도 대처할 수 있도록 집중력을 관리하고 훈련하는 종합적인 계획을 제시한다.

그에 앞서 내가 왜 오늘날 주의력 결핍 문제를 극복하는 방법을 가르치기에 가장 적합한 사람인지부터 이야기해야겠다.

사무실에서 집중력을 잃다

나는 집중력 의사이자 의학박사다. 이 글을 쓰는 현재 내 나이는 64세로 의사가 된 이후 계속해서 집중력과 생산성 문제를 연구했다. '주의력 결핍 성향attention deficit trait', 즉 ADT는 내가 1994년에 만든 용어로 당시 현대인의 일터에서 공통적인 문제로 부상하고 있던 현상들을 관찰한 뒤 이를 설명하기 위해 이름 붙인 것이다. 내가 주의력결핍장애attention deficit disorder, ADD 전문가이다보니 혹시 자기도 주의력결핍장애나 주의력결핍과잉행동장애^{attention deficit hyperactivity}
^{disorder, ADHD}를 앓고 있는 건 아닌지 궁금해하며 나와 상담하고 싶
어 하는 이들이 많다. 이들이 나를 찾아오는 이유는 뭔가에 집중할
수 있는 능력을 잃었기 때문이다. 늘 허둥대고, 물결에 부딪히는 조
각배처럼 이 일에서 저 일로 옮겨 다니고, 남보다 앞서려고 노력함
에도 뒤처지고 있는 건 아닌지 걱정한다. 통화하면서 이메일을 쓰
고, 여러 개의 프로젝트에 관여하고, 연달아 이어지는 회의에 참석
하고, 회의 시간에 탁자 아래서 몰래 문자메시지를 보내고, 다음 약
속 시간에 맞추려고 미친 듯이 애쓰면서 마지막으로 탑승을 안내
할 때에야 겨우 비행기에 오르고, 목표를 달성하거나 최선의 성과
를 거두지 못해서 짜증스러운 기분으로 하루를 마감하는 사람들은
주의력결핍장애가 있는 것처럼 보이지만 사실 대부분의 경우 그렇
지 않다. 이들은 내가 주의력 결핍 성향, 즉 ADT라고 부르는 현대
생활의 심각한 사례를 보여줄 뿐이다.

ADD나 ADHD는 유전적인 소인이 있는 반면 ADT는 주변 상
황 때문에 발생한다는 점에서 ADD나 ADHD와 다르다. 다시 말
해 ADT 증상은 나타났다가 사라지곤 한다. 주중에는 증상을 보이
다가 주말이나 휴가 중에는 사라질 수도 있으며, 특정한 업무 상황
에 처하거나 특정한 사람을 대할 때는 증상이 나타나지만 그 외의
상황에서는 나타나지 않는 경우도 있다. ADT 증상은 생활 속의 스
트레스에 대처하려고 애쓰는 가운데서 나타나고 또 그 증상이 실

제로 한동안은 도움이 되기 때문에, 삶의 속도가 느려지고 스트레스가 줄어든 뒤에도 그 증상들이 '계속 달라붙어' 있거나 습관으로 굳어지기 쉽다.

ADT 사례가 갈수록 늘어나는 걸 지켜보며, 나는 이 문제에 대해 〈하버드 비즈니스 리뷰〉에 〈과부하가 걸린 회로: 왜 똑똑한 사람들이 능력 이하의 성과를 거둘까〉라는 제목의 기사를 썼다. 이와 함께 이후에 출간한 《크레이지비지CrazyBusy: Overstretched, Overbooked, and About to Snap!》란 책에서 주장한 것처럼 ADT는 바이러스처럼 외부적인 요인에 의해 생긴다. 이 바이러스는 감각과 뇌를 통해 우리 삶에 침투한다. 끊임없는 요구와 유혹, 기회가 우리의 주의력을 빼앗고 불협화음으로 머릿속을 꽉 채우기 때문에 이런 증상이 생긴다. 시냅스가 아무 의미도 없이 경련하듯 딸깍이는 것 같은 잡음이 머릿속에 가득해서 뇌가 뭔가에 온전하고 진지하게 집중하는 능력을 잃어버리는 것이다.

ADT 증상은 서서히 한 사람의 인생을 장악한다. ADT로 고통받는 사람은 위기감을 전혀 느끼지 못한다. 그들은 "상사가 미친 듯이 화를 내던 날부터 증상이 시작됐어요"라거나 "인수 합병을 하던 날 생겼죠"라거나 "아이폰을 사던 날부터였어요"라고 말하지 않는다. 치매와 마찬가지로 ADT도 감지하기 힘들 만큼 은밀하게 시작된다. 일반 근로자들은 사소한 짜증을 계속 느끼며, 전보다 기억력이 떨어지고, 근무하는 날의 상태를 갈수록 예측하기 어려우며, 전보다 일하는 시간을 길게 느끼고, 업무 흐름을 따라가기가 점점 더 힘들어진다. 하지만 이런 상황에서도 자기 삶을 둘러싼 환경이 얼마나 극심한 변화를 겪고 있는지 깨닫지 못한 채 늘 하던 일을 계속한다. 힘들지만 꾸준히 해나간다. 책임을 떠맡고, 상황을 '잘 받아들이고', 업무량이 너무 많아 도저히 감당할 수 없는 괴물처럼 변하는데도 불평 한마디 하지 않는다.

이 상황이 얼마나 암울한지 알려면 삶은 개구리의 일화를 생각하면 된다. 개구리를 잡아 끓는 물에 넣으면 당장 솥에서 튀어나오려고 미친 듯이 버둥거릴 것이다. 하지만 똑같은 개구리를 차가운 물이 담긴 솥에 넣고 온도를 서서히 올리면 결국 개구리는 끓는 물에 삶아진다. 대부분 사람이 잠겨 있는 물의 온도를 올린 건 인터넷의 보급과 보조하는 인원의 감소, 직원들이 어떤 대가를 치르든 아랑곳하지 않고 효율성과 생산성에만 집중하는 기업 등이다.

어떤 운명 덕분에 난 현대인들이 앓는 ADT라는 유행병이 점점 증가하는 모습을 남들보다 유리한 입장에서 관찰할 수 있었다. 가장 뛰어난 인간의 뇌가 받아들일 수 있는 것보다 많은 양의 데이터를 기억하려고 사람들이 악착같이 애쓰는 동안 그들의 주의력이 수증기처럼 증발하는 모습을 목격했다. 현대인의 생활이 곧 ADT를 유발하는 원인이기에 아침에 일어날 때는 그런 증상이 없다가도 오전 10시쯤 되면 다음과 같은 여러 증상이 나타나곤 한다.

- 산만한 태도가 심해지고, 굳이 그럴 필요가 없을 때에도 다급해하거나 서둘러야 한다고 생각하며, 할 일은 많은데 깊은 생각이나 감정 없이 피상적으로 살고 있다는 느낌이 고조된다.
- 아무리 노력해도 특정한 생각이나 대화, 이미지, 문단, 도표, 석양 등 어떤 것에도 장시간 온전히 집중하지 못한다.
- 안달, 지루함, 불만, 초조함, 성급함, 좌절감, 격분, 때로는 공황에 가까운 느낌이 강해진다.
- 하나의 일에서 다른 일로, 한 아이디어에서 다른 아이디어로, 심지어 한 장소에서 다른 장소로 옮겨 다니는 경향이 나타난다.
- 시간을 들여 충분히 생각하기보다 충동적으로 결정을 내리곤 한다.
- 생각 같은 데 쏟을 시간이 없다는 듯 생각을 하지 않으려고 한다.
- 까다로운 일이나 대화를 뒤로 미루려는 한편 쓸데없이 바쁘기만 한 일로 일과를 채우려는 경향이 나타난다.
- 실제로 그럴 필요가 없음에도 과도하게 부담을 느낀다.
- 마무리하지 못한 일에 죄책감을 느끼는 동시에 애초에 그 일을 자신에게 맡긴 것에 분노한다.
- 기분이 좋거나 진정한 성취를 이룬 순간을 마음껏 즐기지 못한다.
- 일이나 인간관계 면에서 "정말 열심히 했지만 원하는 지점에

는 도달하지 못했어"라는 혼잣말을 자주 한다.

- 자기 삶에 통제력을 잃었다는 느낌과 "대체 뭘 놓친 거지?"라는 생각이 멈추지 않는다.

- 언젠가는 정말 중요한 일을 위해 시간을 쓰겠지만 지금은 그럴 시간이 없다고 생각한다.

- 이메일 확인, 휴대전화 통화, 문자메시지 주고받기, 생각 없는 인터넷 검색, 즐겨 찾는 웹사이트 방문, 게임 등 전자기기를 자꾸 이용하고 싶다는 강박적인 욕구가 커지고 그걸 할 수 없을 때에는 중독자에 가깝게 갈구한다.

- 남의 일에 지나치게 관여하고, 다른 사람이 도움을 청하면 무조건 들어주며, 자주 방해를 해도 용인하고, 부탁을 너무 빨리 들어주는 경향이 있다.

당신이 이런 감정이나 경향 가운데 상당수 혹은 전부를 겪고 있다면, 현대 생활에 깊이 발을 들여놓고 있다는 말이다. ADT 증상은 어디서나 찾아볼 수 있지만 특히 일터에 많다.

ADT의 치명적인 영향 몇 가지를 생각해보자. ADT는 다른 사람들을 대할 때 평소라면 보이지 않았을 반응을 드러내게 한다. 상대방 말에 집중하는 척하는 당신에게 상대가 너무 길게 이야기하거나 가슴 아픈 이야기를 털어놓을 때 더 이상 참지 못하고 본모습을 드러낸 적이 몇 번이나 있는가? 때로는 중요한 일을 설명해주려는 사람에게 무례하게 대꾸한 적도 있을 것이다. "그래서 결론이 뭔데요?"라거나 "간단히 요약해서 말씀해주시겠어요?"라고 말한 경우가 몇 번이나 되는가?

지나치게 빠른 변화 속도는 새롭거나 색다른 정보를 흡수하기 어렵게 한다. 그러니 예상 밖의 방식으로 생각하기보다는 작고 편안하고 일상적인 단위에서 생각을 시작하자. 상투적인 반응을 유발하는 고정관념이나 슬로건, 유행어 등은 당신이 이미 갖고 있는 신념과 이해 그리고 확신이 무엇인지 정의할 수 있게 해준다.

집중력을 내놓고 무엇을 얻었는가

알다시피 집중력 결핍이 만연하고 심각해지면서 조직은 매년 수천 억 달러의 손실을 입고, 개인은 삶의 환희는 물론 온전한 정신까지 빼앗기고 있다. 우리가 집중력을 잃을 때 지불해야 하는 가장 큰 대가는 직장에서의 생산력이다. 화면 중독으로 인한 일터에서의 생산성 손실, 인터넷이나 전자기기, 집중을 방해하는 여러 일 때문에 낭비하는 시간을 추산하면 엄청난 수치가 나온다. 2006년 〈Inc.〉에 게재된 조사 결과에 따르면 미국에서만 해도 화면 중독 때문에 연간 2,820억 달러의 손실이 발생한다. (이 추정치는 평균적인 근로자가 하루에 직장에서 보내는 8시간 중 약 2시간, 정확히 말하면 1.86시간을 허비하는데 그중 52퍼센트를 웹 서핑에 쓴다는 연구 결과에 따른 것이다. 이렇게 낭비한 시간으로 인한 총 손해액은 5,440억 달러이며 그중 52퍼센트는 2,820억 달러다.)

정보 과부하 문제를 해결하기 위해 노력하는 의사와 연구원, 컨설턴트, 기타 전문가들로 구성된 '정보 과부하 연구 그룹Information Overload Research Group, IORG, IORGforum.org'이라는 비영리 조직이 있다. 이 조직의 웹사이트 정보에 따르면, 정보 과부하로 인해 정보 노동자는 일하는 시간의 25퍼센트를 낭비하며 이는 미국 경제에 연간 9,970억 달러의 손실을 끼친다.

이런 추산은 때에 따라 달라지지만 실제 수치가 막대하며 돈과 시간 낭비를 막기 어려움은 의심할 여지가 없는 사실이다.

'멀티태스킹'이라는 보다 교묘한 요소는 수백만 명이 생산성을 떨어뜨리도록 유혹한다. 대부분 사람은 두 가지 일을 동시에 하면 더 많이 일할 수 있다고 생각하지만, 1995년 인지심리학자 로버트 로저스와 스티븐 몬셀은 한 가지 일에서 다른 일로 연달아 주의를 돌릴 경우 어떤 일이든 정확함이 떨어지고 실수가 늘며 업무 질이 떨어진다는 사실을 입증했다.

물론 생산성 손실보다 더 심각한 대가가 따르는 경우도 있다. 수술실에서 ADT 증세가 나타난다고 생각해보라. 최근 외과의 교육을 담당하고 있는 한 의사에게 받은 이메일을 보자.

전 비뇨기 수술과 이식 수술을 담당하는 외과의들을 지도하고 레지던트 교육 프로그램을 책임지면서, 외과의들이 수술실 안팎에서 일하는 동안 올바른 결정을 내릴 수 있는 환경이 어떤 건지 설명하고 실제로 그런 환경을 조성하려고 애쓰고 있습니다. 전 선생님이 설명하신 ADT와 뇌의 '생존 모드'를 수술이나 일반 의료 행위와 관련된 결정을 내릴 때도 적용할 수 있을 거라고 생각합니다. 제가 관찰한 결과 수술실에 들어간 외과의들은 대부분 무선호출기, 전화, 간호사, 마취, 일정 지연에 따르는 압박감 등 수많은 정보를 처리해야 하고 수술을 집도하는 동안에도 정신을 산만하게 하는 일이 수없이 벌어집니다. 이건 수술실에서 '급성 ADT'를 야기할 만한 상황입니다. 특히 수술 중에 일이 계획하거나 예상한 대로 진행되지 않고 중요한 인지 기능과 창의성, 맑은 정신이 필요해지면 문제가 더욱 커집니다. 수술실을 안전하게 운영하는 일에는 온갖 주의를 기울이면서 정작 수술 중에 환자와 수술에만 집중하는 문제에는 거의 주의를 기울이지 않다니 참 재미있는 일이 아닐 수 없습니다.

호세 오르테가 이 가세트는 지금과 매우 다른 시기에 "모든 운명은 극적이고, 가장 심오한 면에서 비극적이다. 우리 시대의 위험이 자기 손 아래서 박동하는 걸 느끼지 못하는 사람은 모두 운명의 핵심을 꿰뚫지 못하고 그 표면만 찌르고 있는 것이다"라는 글을 썼다. 우리 시대의 표면은 오르테가가 이 글을 쓴 1930년에 비해 훨씬 더 커지고 불가피한 상태가 되었다. 오늘날 우리는 인생의 활력을 완전히 빼앗긴 채 운명의 표면만 찌를 위험이 훨씬 커졌다.

현대에는 갈수록 별로 중요하지 않은 일에 몰두하고 유혹당하면서 자신을 짓누르는 것들에 얽매이고 지배당하는 탓에 정작 가장 중요한 프로젝트와 목표는 간과하고 방치해 결국 망쳐버리는 위험이 도사리고 있다.

더 열심히가 아니라 더 현명하게

어느새 30년 넘는 세월 동안 집중력과 주의력을 전문 분야로 삼아왔다. 의대에 다니고 수련의로 지내는 동안에는 생각하지 않았던 일이다. 이 분야는 내가 학교에 다니던 시절에는 아예 존재하지조차 않았으나 현재는 급성장하고 있는 분야다. 아마존닷컴^{Amazon.com}에서 '집중^{focus}'이라는 단어를 검색하면 463,374개의 제품이 나온다. 그 가운데 대니얼 골먼이 2013년에 출간한 《포커스: 당신의 잠재된 탁월함을 깨우는 열쇠^{Focus: The Hidden Driver of Excellence}》라는 책이 있다. 이 책은 목표를 달성하는 데 집중력이 왜 중요한지를 훌륭하게 설명하지만, 사람들이 일터에서 집중력을 잃어버리는 상황을 살펴보거나 주의력을 키우고 직장에서 통제권을 되찾을 수 있는 실용적인 해결책은 제시하지 않는다.

대부분 사람은 부족한 집중력이 문제의 근원이라고 생각하지 않으며 그런 가능성조차 고려하지 않는다. 나와 상담한 이들도 대개 자기가 더 행복해지거나 더 큰 성공을 거두지 못하고 실패만 거듭하는 게 모두 자기 탓이라고 생각했다. 이들은 체계나 까다로운 상사를 핑계로 대지도 않고 그런 요소들을 비난하지도 않는다. "전 태어날 때부터 이렇게 생겨먹었나봐요"라고 섣불리 결론을 내리거나 "제게는 원하는 위치에 도달하는 데 필요한 능력이 없는 것 같아요"라고 말하곤 한다. 이들은 일자리와 인간관계 그리고 가족을 걱정하면서도 직면한 문제에 대해서는 그저 자신만 탓한다.

사람들은 대개 스스로 털어놓는 것보다 더 많은 고통을 겪으며 살아간다. 만약 자신의 문제가 집중력 손상과 크게 관계한다는 사실을 깨닫는다면 그걸 제압하려고 애쓸 것이다. 하지만 이는 마치 근시를 극복하려고 눈을 더 가늘게 뜨는 것과 같다. 역설적이게도 노력하면 할수록 실패할 가능성이 높아져 결국 자신을 더 비난하게 되고 문제는 점점 심각해진다. 우리는 더 열심히 일할 필요가 없다. 그저 똑똑하게 일하면 된다.

이 책은 더 열심히 일하는 법이 아니라 현명하게 일하는 법을 안내할 것이다. 먼저 일터에서 주의력을 산만하게 하는 대표적인 요인과 ADT 유형 6가지 그리고 이에 대처하는 방법을 알아보고, 뒤이어 집중을 방해하는 요소를 이겨내는 새로운 기술을 소개한다.

주의력을 빼앗는 대표 요인 6가지

요즘처럼 신기술이 쇄도하기 전인 10년, 15년, 혹은 20년 전과 똑같은 집중력을 발휘해서 일할 수 있다고 가정해보자. 주의를 산만하게 하는 것들과 방해물, 항상 당신을 뒤흔드는 갑작스러운 변화라는 지진해일을 모두 물리칠 수 있다고 상상해보자. 자신의 마음과 업무 환경을 잘 통제해서 최대한의 집중력을 발휘하고 해낼 수 있는 최고 수준의 성과를 꾸준히 내놓는다고 상상해보자. 어서 프로젝트에 착수하고 싶다는 열정으로 회사에 출근하고 자기가 그 일을 잘해낼 수 있을 것임을 확신한다고 상상해보자. 매일 격분하거나 좌절하거나 두려워하거나 일을 흐지부지 끝내는 일 없이 살아간다고 상상해보자. 자신의 생각과 감정에 대한 통제권을 되찾고, 계속해서 최고 수준을 뛰어넘는 성과를 올리고, 자신 있게 새로운 영역을 개척하고, 예측할 수 없는 세상에 마냥 휘둘리는 게 아니라 자기가 주도권을 가졌다고 상상해보자. 당신이 바로 이런 일을 해낼 수 있도록 도우려는 것이다.

1부에서는 사람들이 일터에서 집중력을 잃게 만드는 대표적인 ADT 유형 6가지를 이야기한다. 그 가운데는 ADHD의 모든 특성이 드러난 진짜 ADHD 사례도 하나 포함되어 있으며, 각각의 증상이 어떻게 드러나는지 보여주고 그걸 해결하기 위한 실용적인 도구와 조언을 제시한다. 여기에 소개하는 인물들은 내가 30년 넘게 일하면서 만난, 대부분 사람처럼 압박감이 심한 삶을 살아가는 여러 환자를 뒤섞어 만든 가공의 존재다. 이들은 모두 회사와 가정에서 벌어지는 상황을 따라잡고, 생계를 꾸리고, 아이들을 키우고, 그리스인 조르바의 말처럼 "완벽한 재앙"에 대처하기 위해 머릿속에서 울려퍼지는 어리석은 명령에 따랐다.

1장부터 6장까지 차례대로 다룰 6가지 증후군에 대해 간략하게 설명하겠다.

화면 속으로 빨려 들어간 사람들　우리가 사용하는 전자기기는 제대로 쓰면 큰 도움이 되지만, 그 화면에 푹 빠져들어 있을 때 도취된 기분을 느끼고 그게 옆에 없으면 어찌할 바를 모르는 사람들이 새로운 유형의 중독에 빠지게 만들었다. 이 장에서는 화면 중독 때문에 창의적으로 사고하고 타인과 관계를 맺는 능력을 잃어버린 금융 연구원 레스를 만난다.

어떤 일도 제대로 해내지 못하는 멀티태스커　이 장에서는 과도한 업무를 처리하기 위해 온갖 방법으로 노력하는 변호사 진의 모습을 보여줄 것이다. 매일같이 밀려드는 일거리의 맹공에 맞서야 하는 진 같은 사람들은 모든 일을 잘 통제하고 있는 것처럼 보이려고 노력하는 과정에서 갈수록 자기답지 않게 허둥대고 퉁명스럽고 독단적으로 행동하면서 집중력까지 잃어버린다. 진은 어릴 때 항상 '착한' 아이가 되어야 했다. 부탁받은 것 이상으로 많은 일을 하면서 모든 걸 완벽하게 해내야 한다는 생각을 품으면서 자랐고 성인이 된 뒤 문제는 더욱 심각해졌다. 사실 그녀에게 완벽해지라고 말한 사람은 아무도 없었다. 그것이 자기 자신과 인생을 기분 좋게 받아들일 수 있는 최선의 방법이라고 생각하고 그녀 스스로 짐을 짊어진 것이다.

넘쳐나는 아이디어를 실현하는 방법 동요에 나오는 구두 속에 사는 노파는 아이들이 너무 많아서 어찌해야 할지를 모른다. 이 장에서 만날 매우 독창적이고 기업가적인 능력이 뛰어난 애슐리도 뇌에서 태어난 아이디어는 많지만 그게 다 자라날 때까지 정신을 집중할 수 없어서 문제다. 애슐리의 경우, 경쟁심이 심한 그녀의 어머니가 애슐리가 어렸을 때 이룬 일들을 조롱한 탓에 성공이란 곧 위험과 거절을 불러오는 일이라고 생각하게 되면서 문제가 더 심각해졌다.

걱정을 해결책으로 바꾸는 기술 자기가 정말 신경 쓰고 싶은 일이 아닌 다른 일에 신경을 쓰느라 매일 많은 시간을 낭비하는 사람들이 많다. 이는 대개 불안감 때문이다. 이 장에서는 금전적으로는 성공했지만 항상 걱정에 휩싸여 살아가는 잭을 소개한다. 그는 어릴 때 느낀 공포와 불안의 유형을 성인이 된 이후

까지 가져오는 바람에 건강을 해치고 경력을 제대로 활용하지
못하며 가족과도 원만한 관계를 맺지 못한다.

누구보다 자신이 우선이다 자신의 욕구보다 타인의 욕구를 우선
시하면서 스스로의 성공을 방해하는 많은 전문가처럼, 메리도
조직의 부정적인 부분을 자기가 떠맡는 버릇이 있다. 브리티
시컬럼비아 대학교 교수였던 고故 피터 프로스트는 조직을 단
결시키면서 그 과정에서 스스로를 희생하는 이런 이들을 가리
켜 영웅적인 문제 상황 해결자라고 불렀다. 메리는 자기도취
증에 빠진 폭군인 아버지로부터 다른 식구들을 보호하던 어린
시절부터 이런 역할을 몸에 익혔다.

내면의 무한한 능력을 제대로 활용하려면 ADT가 아니라 진짜
ADHD를 앓으면서도 제대로 진단을 받지 못해 고생하는 사
람들도 있는데, 이들은 일을 제대로 정리하지 못해 늘 능력보
다 못한 성과를 낸다. 샤론처럼 그들도 외부의 혼돈과 쌓여 있
는 책, 흩어져 있는 종이와 온갖 물건들, 목록, 스케줄러, 메모
와 편지, 집과 일터에 매일 늘어나는 수집품 등 공간 내부의
어수선함으로 집중하는 데 방해를 받는다. 샤론은 어려서부터
자신을 탓하는 버릇이 들어 자기비판이 매우 심하고, 재능이 있
는 활동에 몰두하기보다는 잘 못하는 일을 어떻게든 잘해내야

한다는 의무감을 느껴 문제가 더욱 심해졌다.

각 장마다 일반적이고 실제적인 조언과 제안을 각 개인의 심리 상태에 근거한 조언들과 결합했으며, 혼돈의 세부적인 부분만 살피는 게 아니라 그와 관련된 감정에 관심을 집중시키고자 했다. 이와 함께 이런 각각의 증상을 물리치는 데 이용할 수 있는 정보와 비법도 안내한다.

누구나 집중력을 유지하고 관리할 수 있다

주의력을 관리하기 위해서는 기본 계획이 필요한데 이는 매우 광범위하다. 7장부터 13장까지 이어지는 2부에서는 이와 관련한 요소들을 전반적으로 소개하며 집중력을 유지하고 목표를 달성하는 데 도움이 되는 습관을 만드는 기술을 알려준다. 다양한 사례와 구체적인 비법도 제시하는데 그 가운데서도 가장 핵심적인 부분은 다음과 같다.

기운 당신, 특히 당신의 뇌는 기운이 충분하지 않으면 집중할 수가 없다. 에너지 공급이 줄면 기력이 떨어지기 시작한다. 자기 뇌의 에너지 공급 상태를 확인하기 위한 조치를 취하는 건 자동차에 연료를 가득 채워두는 일만큼이나 기본적이고 중요하다. 대부분 사람은 이런 필요성을 무시하거나 에너지 공급이 무한한 것처럼 당연하게 여기면서 자기가 기운을 어디에 어떻게 쓰는지 신중하게 확인하지 않아 사소한 일에 많은 기운을 낭비해버린다. 그러나 기운을 현명하게 사용하고 에너지 탱크가 언제나 가득 차 있도록 관리한다면 긍정적인 감정을 지속적으로 느낄 수 있다.

감정 감정은 뭔가를 학습하고 최상의 성과를 내는 스위치다. 흔히 무시하거나 당연히 여기는 감정 상태는 집중력의 질을 좌우하며, 결국 달성하는 결과에까지 영향을 미친다. 서로 신뢰가 부족하고 공포감이 팽배한 조직에서 일한다면 필연적으로 업무 성과가 떨어질 수밖에 없다. 신경학적으로 입증된 사실이다. 반대로 서로를 신뢰하고 두려움이 적은 집단에서 일한다면 최상의 결과를 얻을 수 있다. 자기 자신과 자신의 심리 상태 그리고 자신을 감정적으로 흥분시키는 것이 무엇인지 잘 알수록 집중하기에 알맞은 감정을 유지할 수 있는 능력이 커지고, 집중을 방해하는 부정적인 감정 상태를 피할 수 있다. 긍정적인 감정은 참여도까지 높이는 장점이 있다.

참여 어떤 일에 세심한 주의를 기울이려면 그 일에 관심이 있어야 하며, 동기가 주어져야 한다. 관심과 동기부여는 곧 참여로 이어진다. 당신이 좋아하는 일, 아주 잘하는 일, 임무를 진척시키거나 고용주가 시킨 일이라는 3개의 원이 겹치는 '최적 지점'에서 일하면 이렇게 참여하려는 마음이 자연스럽게 우러난다. 거기에 하는 일에 새로운 부분이 있고 본인의 창의력을 발휘할 여지가 있어야 주의력을 유지할 수 있다. 새로운 면이 부족하면 지루해져서 집중력을 잃게 된다. 반면 너무 새롭거나 창의력이 많이 필요한 경우에는 계속 헤매면서 혼란스러워하게 되는데 바로 이 때문에 체계가 필요하다.

체계 아주 단순한 단어지만 독창적이고 현명하게 사용하면 이는 참으로 훌륭한 도구가 된다. 암스트롱의 '10퍼센트 생각 시간'은 체계의 완벽한 예다. 체계란 일정을 어떻게 구성하고, 시간을 어떻게 쓰며, 어떤 경계를 세우고, 어떤 규칙을 따르며, 누구를 조수로 채용하고, 어떤 파일 시스템을 사용하며, 어떤 시간을 지켜야 하고, 언제 휴식을 취하며, 우선순위를 어떻게 정하고, 자기가 떠맡아야 하는 일과 다른 사람에게 맡겨야 하는 일이 무엇이며, 어떤 계획을 세우고, 얼마나 융통성 있게 일할 것인지를 정하는 일이다. 체계가 없으면 집중할 수 없다. 혼돈이 우리를 지배한다. 자기에게 가장 잘 맞는 체계를 만들고 유지하고 개선하려면 주변을 제어할 수 있어야 한다.

제어 요즘 같은 세상에서는 천천히 일을 진행하지 않으면 거꾸로 시간의 노예가 되어버린다. 대부분 사람은 시간을 활용하는 방식을 필요한 만큼 제대로 제어하지 않고 있다. 통제권을 되찾자. 매일 아무 의미도 없이 자기가 가진 시간과 관심의 상당 부분을 거저 내주면서 그런 사실조차 의식하지 못하는 사람들이 많다. 현대 생활의 맹습 앞에서 마치 경쟁 상대가 안 된다는 듯이 제대로 싸워보지도 않고 집중력을 포기한다. 매일 150달러를 쓰레기통에 버리는 사람은 없지만 자기도 모르는 사이에 매일 최소 150분 이상을 날려버리는 사람은 정말 많다.

위에서 말한 기운, 감정, 참여, 체계, 제어라는 5가지 요소를 합쳐서 계획을 세우면 기진맥진하거나 격분하거나 무기력한 느낌 없이 최고의 성과를 올릴 수 있다. 7장부터 13장까지 내내 서술하겠지만 자기가 처한 상황과 개인적인 성격, 정서적 기질을 바탕으로 본인에게 필요한 계획을 세워야 한다. 여기서 안내하는 계획의 기본 요소들은 누구에게나 효과를 발휘한다.

1장부터 6장까지 소개하는 6가지 증후군은 각각 정신을 집중하려고 애쓰는 개개인의 노력을 보여준다. 개개의 에피소드에서 자신의 모습을 확인하거나 모든 에피소드에서 자신의 일부분을 발견할

수도 있다. 당신이 주로 노력해야 하는 부분이 어디인지는 hbr.org/
assessments/adt에서 확인할 수 있다. 이 평가에는 가중치를 적용
해 여러 증후군 가운데 당신의 상황과 가장 일치하는 증후군이 무
엇인지 알려준다. 어떤 부분을 개선해야 하는지 알고 이 책을 읽는
다면 당신의 주의를 방해하는 요소를 물리치고 일터에서 집중력을
회복하기 위한 계획을 세울 수 있을 것이다.

Driven to Distraction at Work

Driven to Distraction at Work

How to focus and be more productive

1부

일터에서 잃어버린 집중력을 찾아서

1

화면 속으로 빨려 들어간 사람들

레스 마셜은 타자를 칠 때면 늘 자기 눈높이에 맞춰놓은 컴퓨터 스크린을 뚫어져라 응시하면서 이미 수천 번이나 연주해본 곡을 치는 피아니스트처럼 무의식적으로 손가락을 움직여 힘들이지 않고 능숙하게 타이핑을 한다. 그의 얼굴에서는 아무런 감정도 읽을 수 없고 자판 위를 날아다니는 손가락을 제외하면 상체를 조금씩 앞뒤로 흔드는 것 외에는 움직임도 전혀 없다.

화면에는 인터넷 브라우저 창 여러 개를 동시에 띄워놓는다. 그 가운데 한 창에는 보고서를 작성하는 데 필요한 최근 수익과 동향 정보를 찾아볼 수 있는 모닝스타닷컴^{Morningstar.com}이 띄워져 있다. 다른 창에는 허핑턴포스트Huffington Post 블로그가, 또 다른 창에는 ESPN. com, 그리고 네 번째 창에는 할리Harley 오토바이 장비나 아르 데코 램프, 주방용 도구 등 좋아하는 물건들을 살펴보거나 구입할 수 있는 이베이eBay 사이트가 열려 있다.

물론 아름다운 여자 연예인의 누드 사진이나 최신 영화 속의 노골적인 장면을 감상할 수 있는 미스터스킨Mrskin.com 사이트도 열어놓았다. 그는 곧 섹스에서 음식으로 관심을 돌려 퇴근 뒤 식료품점에 들러 저녁거리로 뭘 살까 고민하면서 쿡스일러스트레이티드Cooksillustrated.com를 확인한다. 요즘 아이를 가지려고 노력하는 중이므로 아내가 말해준 월경 달력을 볼 수 있는 화면도 열어뒀다.

브라우저 방문 기록만 봐도 알 수 있듯이 그는 어떤 생각이 떠오를 때마다 그와 관련된 웹사이트를 열어놓는다. 이메일이 왔음을 알리는 소리와 문자메시지 수신음도 쉴 새 없이 울린다. 주인의 관심을 끌려는 강아지처럼 이메일과 문자메시지가 그의 관심을 애걸한다.

보고서를 작성할 때 레스의 몸과 머리는 자동으로 움직인다. 글과 숫자를 복사해 익숙한 양식에 붙여 넣으면서 거침없이 문서를 작성한다. 자판 배열을 완벽하게 숙지해 아래를 내려다보지 않아도 될 뿐 아니라 일손을 멈추고 생각에 잠길 필요조차 없다. 안과 의사가 컴퓨터 화면을 바라볼 때는 화면을 약간 내려다보는 각도를 유지하는 것이 좋다고 말했기에 그는 사무실에서 늘 고개를 똑바로 세운 자세를 하고 있다.

그의 상사 칼은 레스의 사무실 앞을 지나갈 때면 가끔 안을 들여다본다. 레스는 개인적인 일을 논의할 때 외에는 늘 사무실 문을 열어둔다. 문 쪽에서는 레스의 모니터 뒷면만 보이기 때문에 레스가 뭘 보고 있는지는 알 수 없다. "레스, 당신이 지금 일을 하고 있는지 몽상에 잠겨 있는지 도무지 모르겠네요." 칼이 말했다.

"제 손을 보세요, 칼." 레스는 약간 방어적인 태도로 대답했다. "손이 모니터 아래에서 계속 움직이고 있지 않습니까. 이것만 봐도 제가 일하고 있다는 걸 아실 텐데요."

"내 말은 그런 뜻이 아니에요." 칼이 말했다. "가끔은 타이핑을 멈추고 우리가 투자해야 하는 새로운 기업들에 대해 가만히 생각해보는 시간을 가졌으면 좋겠어요. 전에는 그렇게 생각하는 시간이 많았잖아요. 고민하는 게 곧 우리 일이고, 당신은 아주 똑똑한 사람이에요. 당신이 좋은 아이디어를 내놓으면 회사에 많은 도움이 될 겁니다."

"알겠어요, 칼. 앞으론 그렇게 하죠." 레스는 이렇게 대답하면서도 '생각을 하라고? 일이 이렇게 산처럼 쌓여 있는데 생각하느라 허비할 시간이 어디 있어. 일할 시간도 부족한데'라고 속으로 꿍얼댔다.

전자기기에 중독된 사람들이 주로 보이는 경향

휴대전화가 가까이에 없으면 안절부절못한다.

웹 서핑을 하다보면 자기도 모르는 새에 1시간씩 낭비하기도 한다.

할 일은 많은데 시간이 모자란다.

스스로 절제력이 부족하다고 생각한다.

회사나 집에서 몰래 인터넷에 접속한다.

일하다가 스트레스를 받으면 사이버 세상으로 도망치곤 한다.

점심을 먹으러 가면서 스마트폰을 두고 가는 건 상상도 할 수 없다.

항상 더 많은 것을 원한다.

일터에서 능력 이하의 성과를 올리고 있다.

자신은 의지력이 강하지만 그걸 발휘할 방법을 찾지 못했을 뿐이
라고 생각한다.

투자 회사에서 연구 분석가로 일하는 레스는 상사들이 관심을 가
진 기업의 데이터를 알아내는 일을 주로 한다. 그는 정기적으로 기
일에 맞춰 잘 다듬은 데이터 요약본을 제출해 많은 보상을 받았다.
하지만 지난 몇 년, 특히 과거 6개월 사이 레스는 자기 내면에서 점
진적으로 어떤 변화가 일어났으며 이제는 그것이 확실해졌음을 깨
달았다. 그는 스스로 "멍청하다"고 일컫는 존재가 되었음을 느꼈다.
예전에 갖고 있었던 투자 아이디어를 떠올리는 재능을 잃어버렸다

는 생각이 들었다. 다른 사람들은 아직 그것을 알아차리지 못했으나 아무리 애써도 그 사실을 부정할 수는 없었다. 그는 때때로 자기 내면을 차지하는 공허함을 눈치 챌 수밖에 없었다.

보고서를 쓰는 동안 독성 분자들처럼 머릿속을 오염시킨 모든 데이터가 레스의 호기심과 재치, 투지를 말살시켜 삶에서 생기를 앗아 갔다. 보고서를 작성하며 바쁘게 지낼 때는 다양하게 움직이지만 그건 눈속임일 뿐이다. 그 가운데 독창적이거나 깊이 있는 활동은 하나도 없다. 레스는 빠르게 회전하는 정신적 중립 안에서 교착 상태에 빠져 있었다. 어려운 일은 하나도 떠맡지 않으며 고생스러운 일을 전혀 하지 않아 아무런 이득도 얻지 못했다.

레스는 현재 자신과 몇 년 전의 자신이 어떻게 다른지 알지만 스스로를 정확하게 관찰하는 능력은 약해졌다. 대신 사이버 공간에 정신을 모두 빼앗겨 어디서나 그에게 손짓하는 인터넷의 유혹에 빠져들었다. 발작처럼 항복하며 자신을 당기는 힘에 끌려갔다.

구글 세상으로 연결되는 수십 개의 화면은 언제나 그의 관심 중앙부를 차지하고 있다. 그것은 문어발처럼 레스의 신체 일부가 되어 사무실 책상, 지하철, 저녁 식사를 하는 식탁, 산책이나 조깅을 하는 길, 잠자리, 언제 어디서나 한순간도 떨어지지 않았다.

아무도 없는 집

현재 42살인 레스는 직장에서 만난 린과 결혼했다. 그는 괜찮은 상태와 금방이라도 심연으로 굴러 떨어질 상태 사이에서 불안정하게 줄타기를 하고 있다. 머지않아 어느 쪽으로든 결판이 날 것이다. 가끔 멀리 떨어진 곳에서 그를 응원하는 늙은 코치 같은 희미한 목소리가 들렸다. '레스, 자네는 지금 그리도 원하던 인생의 기회를 눈앞에서 잃고 있어. 꿈을 놓치고 있다고. 정신 바짝 차려!'

그러나 이 목소리는 해야 하는 모든 일 앞에서 곧 사라지고 말았다. 어떻게 주어진 업무를 무시할 수 있겠는가? 부유하다면 꿈을 좇고 인생의 의미를 생각하고 내면의 목소리에 귀를 기울이겠지만 그는 급여를 받는 만큼 일해야 했다. 꿈을 좇거나 인생의 의미를 숙고하는 건 그에게 급여를 주는 회사가 원하는 일이 아니다.

"난 현실적으로 행동해야 해." 레스는 린에게 이렇게 말했다. "우리가 계속 여기 살면서 아기를 가질 생각이라면 현실을 생각해야 한다고."

"당신 태도는 현실적인 것과 거리가 멀어, 레스." 린이 대꾸했다. "그저 도망가고 있는 거라고. 당신은 한 번도 진정으로 내 옆에 있어준 적이 없어. 자기 노트북과 사랑에 빠져 있지. 딴 데 정신이 다 팔려서는 갈수록 그 상태가 심해지기만 해."

"내가 하는 일의 성격상 전자기기와 인터넷에 의존할 수밖에 없는 거 알잖아."

"내가 옷을 다 벗고 여기 앉아 있어도 당신은 전혀 알아차리지 못할걸." 린이 말했다. "그건 정상이 아니야."

"당연히 알아차리지, 여보. 난 당신을 사랑해. 당신은 내가 아는 가장 섹시한 여자라고." 레스는 머뭇머뭇 린에게 손을 뻗으면서 이렇게 말했지만 린은 그 손을 잡지 않았다.

"웃어야 할지 울어야 할지 모르겠어." 그녀가 말했다. "무원죄 잉태(성모 마리아가 잉태를 한 순간 원죄가 사해졌다는 기독교의 믿음)가 다시 가능해지지 않는 한 우리는 아기를 가질 수 없을 거야."

"미안해." 레스가 말했다. "내가 최근에 다른 데 정신이 팔려 있었다는 건 알아."

"벌써 몇 년째야. 그런 사실조차 모르다니 정말 안타까워."

아니다, 그는 알고 있었다. 내면의 코치가 목소리를 높이거나 잠들기 직전이나 샤워를 할 때나 가끔씩 방심한 상태가 될 때면 그는 진실을 추적하는 경찰관에게 체포당한 것처럼 오한을 느끼곤 했다. 하지만 그런 경고에 귀 기울이기보다는 재빨리 그날 해야 할 일에 돌입해서 린과 자신의 생활을 유지하기 위한 표면적이고 현실적인 안건을 처리했다.

자기가 뭘 하는지도 모르면서 화면 앞에 앉아 항상 온라인에 접속해 있는 것이 습관이 되더니 어느새 뿌리칠 수 없는 충동으로 자리 잡았다. 터무니없는 말처럼 들리겠지만 단 1~2분만이라도 이메일 확인을 미루면 그는 몸이 근질근질해져서 당장 이메일을 클릭하고자 하는 참을 수 없는 갈망을 느낀다. 그도 그런 사실을 알지만 계속 무시한다. 대신 일을 계속해야 한다는 이유를 이용해 한층 더 화면에 주의를 집중해서 욕실이나 회의실에서도 문자메시지를 보내거나 웹 서핑을 한다. 그는 남들이 예의 없다고 생각하지 않도록 자기가 뭘 하는지 남들이 알아차리지 못하게 숨길 수 있는 교묘하고 감지하기 힘든 방법들을 개발해냈다. 질문을 전혀 귀담아 듣지 않은 상태에서도 그에 대답할 수 있는 기묘한 방법도 고안했다.

일례로 회의 도중에 "레스" 하고 자기 이름이 불리는 것을 들었다고 하자. 그는 이것을 신호 삼아 자기가 회의에 정신을 집중하고 있지 않았다는 사실을 숨길 수 있는 주식 정보를 얼마든지 제시할 수 있다. 그는 "좀더 많은 정보를 수집해야 한다고 생각합니다"라거나 "지금까지 논의한 내용은 마음에 드는군요. 어떤 이들은 모를 수도 있지만 우리는 지금까지 한 팀으로 열심히 일해왔습니다" 혹은 "두 가지 측면을 모두 고려하는 것도 괜찮겠네요"라고 말할 수 있다. 그가 즐겨 하는 말은 "우리가 지난주에 논했던 아이디어에 대해 생각하고 있었습니다. 그 이야기로 다시 돌아가볼까요?"다. 그가 이런 식으로 말하는 걸 좋아하는 이유는, 지금 회의실에서 진행 중인 논의를 놓쳤다는 사실을 인정하면서도 그게 좋은 목적 때문이라고 주장할 수 있기 때문이다.

화면을 들여다보면서 보내는 시간이 길어질수록 살아 있는 사람들과 소통하는 시간은 줄어든다. 얼마간 시간이 지난 뒤, 그는 주변 사람들이 전보다 더 짜증스럽게 느껴진다는 걸 알아차렸다. 그들은 마음대로 통제할 수도 없고 무례하며 자기 의견에 동의해주지도 않고 이기적이다. 레스는 자신이 전자기기의 안락함과 자극을 점점 더 즐기게 되었다는 사실도 깨달았다. 그는 게임을 거의 하지 않지만 전자 세상에서의 자기 존재가 마치 일상적인 삶의 상위 버전인 것처럼 느꼈다. 화면 속 세상에서는 그가 모든 것을 통제할 수 있고 언제나 활기차게 지낼 수 있다. 결코 지루해지는 법이 없다. 무엇보다 좋은 점은 화면 속에서 시간을 보내며 돈을 벌 수 있다는 것이다.

이 전자 세상은 엄청난 행운을 제공한다. 레스는 이유는 알 수 없으나 이것이 그를 구하고 그의 꿈을 모두 이루게 할 것이라 생각하게 되었다. 씁쓸하고 역설적이게도 레스가 구할 거라고 생각한 방법은 그와 그의 결혼 생활 그리고 그의 꿈까지 서서히 망쳐갔다. 그는 전자기장에 휘말려 들어가고 있었다.

린은 그가 빠져 있는 위험을 경고했고 칼도 그랬다. 사실 칼이 레스에게 생각하는 일에 더 많은 시간을 쏟으라고 한 충고는 진심이었다. 나중에 밝혀진 것처럼 칼은 레스의 창의력을 레스 자신이 생각한 것보다 더 가치 있게 여겼다. 레스는 린과 칼의 말을 기꺼이 믿으면서 자기 내면에 품고 있던 중요한 일들을 성취할 수도 있었을 것이다. 하지만 자기도 모르는 사이에 커져버린 충동의 힘 때문에 그들의 타당한 반대를 거부했다.

레스의 중독 증상

레스가 겪고 있는 증상, 즉 인터넷에 접속하고자 하는 충동이 점점 커져서 다른 일에 전혀 집중하지 못하는 상태는 요즘 들어 매우 빠른 속도로 증가하고 있는 ADT 유형이다. 한때는 그저 농담일 뿐이었던 강박적인 전자기기 사용이 사회 전반에 걸쳐 심각한 문제로 대두됐다. 이는 가장 최근에 등장한 새로운 중독 증상이지만 다른 모든 중독과 마찬가지로 증세가 심해지면 비극적인 결과를 낳을 수 있다.

나는 일로 온갖 유형의 중독자들을 만나보면서 지금껏 이들 가운데 상당수가 뛰어난 재능을 가진 사람이라는 사실을 간과했음을 깨달았다. 중독자들은 지난 수천 년 동안 레스와 똑같은 일을 해왔다. 즉, 레스와 마찬가지로 자신을 서서히 망쳤다. 어떤 종류의 중독을 겪는 사람이든 그 중독의 그늘 아래에는 놀라운 능력과 추진력, 천재성이나 비범한 재능이 숨어 있다. 우리 사회는 중독자들을 더없이 냉혹하게 경멸하고 무시하면서 그들 앞에 수많은 장애물을 놓고 수치심까지 더한다. 그러나 이들이 자신의 중독 증상을 제어할 수만 있다면 세상에 상당히 기여할 것이다.

레스가 겪는 문제는 새롭게 등장한 중독 증세이기에 대부분 사람은 그가 중독되었다는 사실을 모르거나 그런 증상을 중독이라고 생각하지조차 않는다. 레스처럼 자신의 문제가 무엇인지 잘 알면서도 현재 상황을 부정하는 것은 중독자들이 필요한 도움을 받지 못하는 중요한 이유 가운데 하나다.

현실 부정은 중독자들이 중독에서 헤어나지 못하는 자신의 모습을 정당화하기 위해서 하는 가장 흔한 거짓말이다. 전자기기는 대부분의 사람들이 업무를 처리하는 데 있어 꼭 필요하기 때문에 이걸 중독자의 심리와 결부시키려고 하지 않는다. 하지만 레스가 빠진 함정은 중독이 틀림없다. 그의 부모는 알코올중독까지는 아니었지만 음주 습관을 자제하지 못했고, 그는 부모의 음주벽 때문에 차라리 잊고 싶을 만큼 난처한 상황에 여러 번 처했다. 그는 대학에 다닐 때부터 흡연을 했고 금연에 대한 사회적인 압박이 매우 심해지고 난 뒤에야 겨우 담배를 끊는 데 성공했다. 레스는 자신이 약물이나 섹스, 과소비와 도박 그리고 전자기기 사용에 이르기까지 모든 종류의 강박적이고 중독성 있는 행동에 유전적으로 취약하다는 사실을 깨달았다. 유전적 기질 안에 온갖 중독 성향이 내재돼 있었다.

디지털 중독이나 자기 파괴적인 디지털 습관은 그 종류가 매우 다양하다. 다음에 소개하는 일부 사례는 뉴스에서 보도했거나 내가 직접 보고 들은 것들이다.

- 한 학생은 비디오게임에 너무 빠져든 나머지 숙제도, 시험공부도 제대로 못해서 결국 성적 불량으로 퇴학당했다.
- 회의 중에도 쇼핑을 하고 싶어서 스마트폰으로 몰래 웹사이

트에 접속하곤 했던 한 여성은 일자리를 잃을 위기에 처했을 뿐만 아니라 쌓이는 카드 빚 때문에 결혼 생활과 신용도까지 흔들리게 되었다.

- 인터넷 섹스 사이트에 푹 빠진 한 남성은 직장을 잃고 이혼까지 당했다.
- 채팅 방에서 만난 잘 모르는 남성과 사이버 연애를 하던 여성은 이로 인해 결혼 생활이 파탄 났다.
- 종일 휴대전화만 들여다보고 있지 말라는 경고를 수차례 받은 남성은 결국 직장에서 해고당했다.

배우자나 부모, 상사부터 비행기 승무원에 이르기까지 모든 사람과 마찬가지로 나 같은 의사들도 전자기기 중독에 대처하는 방법을 마련하기 위해 고심하고 있다. 이 새로운 불을 발견한 상황에서 우리가 세상에 풀어놓은 프로메테우스적인 문제를 해결하려면 어떻게 해야 할까?

이런 형태의 중독은 유례가 없기에 과거를 아무리 들춰봐도 우리를 정확하게 이끌어줄 만한 사례를 찾을 수 없다. 그러나 과거 경험을 통해 중독이나 나쁜 습관에 대한 일반적인 조언 몇 가지를 얻을 수는 있다. 변화와 신기술을 접한 이들은 두려움과 개탄을 느끼는 한편 불안감을 누그러뜨리는 방법도 배울 수 있다. 일례로 기차가 처음으로 대중적인 운송 수단이 되었을 때 신문 기사는 일제히 흔들리는 기차가 야기할 수 있는 뇌 손상 가능성을 규탄했다. 전화 사용이 보편화되자 전문가들은 전화로 인해 뇌종양 발생이 급격히 증가하고 서로 얼굴을 맞대고 이야기하는 능력이 사라질 것이라고 경고했다. 요즘에도 텔레비전을 '바보상자'로 간주하면서 텔레비전 시청이 사람들의 정신적 능력을 저하시킨다고 개탄하는 새된 목소리를 듣곤 한다.

기우가 심하거나 신기술에 반대하는 사람처럼 과잉하게 반응하지 않으려고 주의하지만, 일상의 매순간에 교묘히 배어들어 있는 신기술 때문에 심각한 문제로 대두된 현상을 무시할 수는 없다. 물론 이런 현상으로 인해 발생한 문제는 그의 장점과 비례한다. 우리가 소유한 전자기기는 언제 어디서나 다양한 방법으로 우리에게 도움을 준다. 전자기기는 보스턴 마라톤 대회에서 폭탄 사고가 벌어진 날 밤, 선수와 방문객들이 묵을 곳을 찾도록 도왔다. 또 인도에 사는 가난한 사람들에게 건강과 물, 음식에 관한 중요한 정보를 제공하고, 독재자 치하에서 고통받는 이들이 자유를 찾아 도망칠 수 있도록 돕는다. 이런 측면에서 전자기기를 사용할 능력이 없는 사람들은 현대 사회에서 경제적, 사회적으로 올바르게 기능하지 못할 수도 있다. 불이 선과 악 양쪽에 엄청난 힘을 준 것처럼 전자기기도 마찬가지다. 긍정적인 면은 눈에 확실하게 들어오지만 부정적인 면은 감지하기가 쉽지 않다.

전자기기의 장점과 문제점

장점	문제점
음성, 문자, 동영상, 사진을 통해 즉시 의사를 소통할 수 있으며, 즉시 수백만 개를 복제할 수 있는 기능도 있다.	방해가 잦고 참조가 과도하다.
전송과 응답 시간이 빠르다.	충동성이 있다.
어디서나 사용할 수 있다.	무례함과 불쾌함을 느낄 수 있다.
모든 것에 즉시 접속할 수 있다.	이용할 수 있는 정보가 지나치게 많고, 신뢰할 수 없거나 선별되지 않은 정보도 있다.
휴대용 엔터테인먼트 장비다.	습관화되고 심하면 중독된다.
24/7/365 전 세계 사람과 접촉할 수 있다.	'전자기기와 함께하는 시간'이 '인간적인 시간'을 대체한다.
사적이다.	온라인상에서 나누는 대화를 감시나 해킹당할 수 있다.
속도가 빠르다.	깊이가 없다.
데이터 양이 거대하다.	지나치게 많은 데이터에 비례해 생각이 지나치게 부족하다.
화면이 집중력을 향상시킬 수 있다.	최면을 거는 시간 낭비 도구다.

화면 중독이란 무엇인가

당신은 습관적으로 텔레비전을 보거나 몇 시간씩 연달아서 라디오를 들을 수도 있지만 그건 일방적인 흐름이다. 방송국이 당신에게 전송하는 내용을 흡수할 뿐 당신이 원하는 내용을 다시 방송할 수는 없다는 말이다. 반면 디지털 장비는 쌍방향이다. 라디오나 텔레비전으로는 불가능한 방식으로 온라인 세상에 참여할 수 있다. 우리는 인터넷을 통해 창업부터 사랑에 빠지는 일까지 모든 것이 가능한 디지털 세상에 살게 됐다. 물건을 사거나 팔고, 대화를 나누고, 마음에 드는 사람을 유혹하고, 구직 면접을 하고, 정원을 어떻게 가꿀지 구상하고, 결혼 계획을 세우고, 집을 구입하고, 배우자를 찾고, 학위를 취득하고, 정치 운동을 시작하기도 한다.

온라인 활동에 쉽게 빠져들 수도 있다. 카지노의 모습을 화면상에 그대로 재현한 웹사이트에서는 신용카드만 있으면 자기만의 은밀한 라스베이거스를 즐길 수 있고, 실제 카지노에서만큼 많은 돈을 빠르게 따거나 잃을 수 있다. 진짜 카지노에 앉아 있는 것처럼 뇌에 도파민이 넘쳐흐른다. 웹에서는 섹스나 온라인 쇼핑 그리고 모든 중독성 있고 강박적인 활동이 가능하다.

상황은 갈수록 위험해지고 있다. 도박이나 섹스, 과소비처럼 잘 알려진 중독성 활동의 포로가 되지 않더라도 누구든 레스 같은 중독에 빠져들 수 있다. 그저 인터넷에 접속해 있다는 '느낌'에 중독될 수도 있다는 말이다. 생물학적인 면에서 보면 전형적인 중독자에게 활성화되는 것과 같은 도파민 분비 회로가 온라인상에서 많은 시간을 보내기만 해도 활성화될 수 있다.

나는 이런 문제를 겪는 여러 사람과 면담했다. 그들은 인터넷이 무슨 일이든 허용되는, 어느 것도 금지하지 않는 공간이라 생각해 인터넷에 접속해 있으면 자유로운 기분이 든다고 말했다. 인터넷에 접속해 있는 동안은 고통스런 일상에 둔감해졌고 그래서 더욱 인터넷을 갈망했다. 와이파이를 제공하지 않는 비행기에 타고 있으면 짜증이 나고 초조했으며 이런 욕망을 제대로 통제하지 못해 인간관계가 피폐해졌고 직장도 잃었다.

당신이 이런 상황이라면 어떻게 해야 할까? 우선 문제를 해결하는 방법을 마련하기 전에 이 상황을 명명해야 한다. 문제를 이해하기 위한 틀과 발을 들여놓은 곳에서 길을 안내할 용어가 필요하다.

묘하게도 항공사만큼 전자기기 사용에 대처하는 절차를 표준화한 집단도 없다. 그들은 여러 해 동안 이 문제를 논의해왔다. 그와는 다른 분야에서 일하는 우리는 이제부터 어떤 정책과 절차를 마련해야 할지 궁리해야 한다. 화면 중독 문제를 처리할 때는 경험이 부족한 사람이 자신보다 더 경험이 없는 이들을 이끌어야만 한다. 전자기기를 과도하게 혹은 부적절하게 사용하는 이런 현상을 뭐라고 불러야 할지 모르기에 이에 대한 이야기를 어떻게 진행해야 할지도 잘 모르는 상황이다. 심지어 인터넷을 얼마나 많이 사용해야 과도한지, 또 정확히 말해서 어떤 점이 부적절한지도 정의하기 어렵다.

10년 전에 마이크로소프트 임원으로 일했던 린다 스톤은 사람들이 모든 일에 대해 "지속적으로 불완전한 관심"을 기울이고 있다고 말했다. 우리는 항상 새로운 기회를 찾는다. 디지털 이미지나 생각 등을 통해 흥분, 기쁨, 분노와 같은 감정을 느끼며 뇌의 다양한 부분을 활성화한다. 화면이라는 주사위를 굴릴 때 다음에 무엇이 나올지 궁금하기에 도박판의 노름꾼처럼 계속 화면 앞에 달라붙어 있다.

스톤의 발언 이후로 지속적인 주의력 분산 문제는 우리 시대의 주목할 만한 문제 가운데 하나가 되었다. 다양한 집단이 전자기기를 남용해 생기는 새로운 증상에 다양한 이름을 붙이고 있다. 문제성 컴퓨터 사용problematic computer use, PCU, 컴퓨터 중독computer addiction, CA, 통신 중독 장애communication addiction disorder, CAD, 인터넷 중독internet addiction, IA 등이 그중 일부다. 정신의학 전문가들의 새로운 진단 매뉴얼인 DSM-5에 처음 등장한 인터넷 사용 장애internet use disorder라는 용어는 불행히도 자궁 내 피임 기구를 뜻하는 용어와 동일한 IUD라는 두문자어로 통하다가, 뒤에 증상을 정의하는 범위가 좁아지면서 인터넷 게임 장애internet gaming disorder로 이름이 바뀌었다. 이는 공식적인 진단은 아니며 DSM-5의 "연구가 더 필요한 문제" 항목에 기재되어 있다.

다른 사람과 함께하는 게임을 비롯해 집요하게 반복되는 인터넷 사용은 12개월 사이에 다음과 같은 임상적으로 심각한 장애나 고통을 5가지 이상 야기한다.

1. 인터넷 게임에 집착한다. 게임에서 진행한 활동을 생각하거나 다시 게임할 기회를 고대한다. 인터넷 게임이 일상생활의 주된 활동으로 자리 잡는다. 이 장애는 도박 장애에 포함되는 인터넷 도박과는 별개다.

2. 인터넷 게임을 못하게 될 때 금단증상이 나타난다. 이 증상

은 일반적으로 짜증, 불안, 슬픔으로 설명할 수 있으며 약물 중독의 금단증상인 신체적 징후는 나타나지 않는다.

3. 내성이 생긴다. 갈수록 인터넷 게임에 시간을 더 많이 쏟고자 하는 욕구를 보인다.

4. 인터넷 게임을 하지 않으려고 시도해보지만 실패한다.

5. 이전에 즐기던 취미와 여가 활동에 대한 흥미를 잃으나 인터넷 게임만은 흥미로워 한다.

6. 인터넷 게임이 심리적, 사회적으로 부정적인 문제를 야기한다는 사실을 알면서도 지속적으로 과도하게 게임을 한다.

7. 가족이나 치료사, 다른 이들에게 인터넷 게임을 하는 시간을 속인다.

8. 무력감, 죄책감, 불안감과 같은 부정적인 기분에서 벗어나거나 그런 기분을 달래기 위해 인터넷 게임을 한다.

9. 인터넷 게임 때문에 중요한 인간관계나 직장, 학력 혹은 경력과 관련한 기회를 잃을 위험에 처한다. 이 장애는 도박성이 없는 인터넷 게임만 포함하며 업무, 오락이나 사교, 성적인 욕구 충족을 위해 인터넷을 사용하는 일은 포함하지 않는다.

현재의 심각성 확인 :

인터넷 게임 장애는 정상적인 활동을 방해하는 정도에 따라 경도, 중등도, 중증으로 구분한다. 장애가 심하지 않은 사람은 위 항목 가운데 나타나는 증상 수가 적고 생활에 미치는 혼란도 덜하지만, 장애가 심각한 이들은 컴퓨터 앞에서 보내는 시간이 길고 인간관계나 직업 혹은 학업 면에서 중요한 기회를 잃을 가능성이 높다.

이 문제는 단순한 게임을 훨씬 뛰어넘는 범위까지 영향을 미치기 때문에 DSM-5의 정의는 너무 협소하다는 생각이 든다. 나는 이 증후군을 지칭할 때 문제성 전자기기 사용problematic use of electronic devices, PUED이라는 내가 생각할 수 있는 가장 폭넓고 포괄적인 용어를 사용하고자 한다. 내 분류에 따르면 사용자나 다른 사람 혹은 집단이 심각하다고 여길 만한 문제 행동을 야기하는 의사소통, 학습, 업무, 오락 혹은 다른 목적을 위한 전자기기 사용은 의료진이나 정신 건강 전문가의 진단과 치료를 받아야 한다. 이 용어를 여러 가지 의미로 해석할 수 있는 모호한 상태로 놔둔 이유는 실제로 우리가 확실하게 규정되지 않은 모호한 영역 안에 있기 때문이다. 상품거래소에서 일하는 트레이더의 사무실에서는 일반적인 상황이 장례식장 대기실 같은 엄숙한 장소에서는 과도해 보일 수 있다. 앞서 말한 것처럼 우리에게는 보편적으로 인정되는 사회규범이 없다. 통근 열차에서 휴대전화로 통화하는 사람이 어떤 승객 눈에는 거슬리지 않더라도 다른 사람이 보기에는 도리에 벗어날 수도 있다. 어떤 사람은 상대가 저녁 식사 중에 휴대전화를 받아도 아무렇지 않지만 누군가에게는 심각한 언쟁거리가 될 수도 있다. 어떤 사람에게는 문제가 되는 일이 다른 이에게는 아무런 문제가 되지 않는 것이다.

나는 PUED를 5단계로 분류했다. 앞서 말한 레스는 다섯 번째인 중독 단계에 도달해 있는 상태다. 그에게는 도움이 필요하다. 그는 자기가 곤경에 처했다는 사실을 어렴풋하게 인식하고 있지만 그가 회복하기 위해서는 외부에서 개입하는 일이 최선이다. 아무리 기우가 심한 사람이라도 우리 시대의 가장 큰 선물인 전자기기를 사용하는 데 "회복"이나 "중독" 같은 용어를 쓰는 것이 이상하게 들릴지도 모르겠다. 하지만 우리는 현재 이런 근사한 도구가 삶을 손상시키거나 심하면 완전히 망칠 수도 있는 단계에 와 있다. 다행히 레스나 그와 비슷한 상황에 처한 이들이 믿고 의지할 만한 지원이 있다. 전자기기 사용 문제를 극복하는 건 금연이나 금주만큼 힘들지 않다. 오늘날 전자기기를 사용하지 않고 살아갈 수 있는 사람은 매우 드물기에 이 경우에 필요한 건 자제심이 아니다.

레스와 같은 사람의 문제를 해결하려면 먼저 그 문제에 이름을 붙이고 심각성을 자백하는 일부터 시작해야 한다. 레스는 과도한 전자기기 사용이라는, 한때는 농담이었던 상황의 포로가 되었다. 이는 더 이상 농담이 아니라 빠르게 증가하고 있는 심각한 장애다. 모든 중독과 중독에 가까운 상태 혹은 악습관과 마찬가지로, 우선 자신의 상태를 인정해야 한다. 실제 생활보다 화면 속에서의 삶을 더 선

PUED의 단계

PUED 단계	증상
0. 증상 없음	
1. 대립	전자기기 사용이 최소 한 사람 이상을 짜증나게 만든다.
2. 경도	전자기기 사용 문제로 다른 이들이 짜증을 내고, 전자기기 사용을 줄이라고 충고해도 사용량이 줄어들지 않는다.
3. 중등도	전자기기 사용이 다른 이들을 짜증나게 하고 사용자의 사생활, 교육, 직업에 문제를 일으킨다. 사용자는 그런 문제를 부정하기도 하고 인정하기도 한다.
4. 중증	전자기기 사용이 다른 이들을 짜증나게 하고 사용자의 사생활, 교육, 직업에 명백하게 해를 끼친다. 사용자는 그런 문제를 부정하기도 하고 인정하며, 스스로 문제를 통제할 수 없다고 느낀다.
5. 중독	전자기기 사용이 다른 이들을 짜증나게 하고 사용자의 사생활, 교육, 직업에 명백하게 해를 미칠 뿐만 아니라, 중독 단계로 심화되면서 다음과 같은 중독의 본질적인 특성 6가지 가운데 최소 2가지 이상이 나타난다.

5. 중독

1. 현저성 — 전자기기 사용이 사용자의 삶에서 가장 중요한 활동이 된다.

2. 감정 변화 — 전자기기를 사용할 때 기분이 고조되거나 진정되거나 혹은 감각이 마비된 듯한 느낌이 든다.

3. 내성 — 동일한 효과를 얻기 위해 필요한 사용량이 늘어난다.

4. 금단증상 — 전자기기를 사용하지 못하면 다음과 같은 증상 가운데 일부 혹은 전부가 나타난다. 갈망, 짜증, 분노, 불안, 협상, 장비를 사용하기 위한 규칙 혹은 법률 위반, 불면증, 한밤중에 깨어남, 장비를 사용하는 꿈을 꿈, 집중하지 못함, 두통, 소화불량, 근육 경련, 서성거림, 비특이적 근골격통, 통증 등의 신체적 증상, 무기력, 지각 마비.

5. 갈등 — 전자기기 사용으로 인간관계나 자기 내면에서 갈등이 발생한다.

6. 재발 — 전자기기 사용을 허용하면 기존의 사용 유형이 다시 나타나는 경향이 있다.

호하게 된 레스는 자신의 '애착 대상'을 포기하고 싶지 않았다. 이는 모든 중독자들이 보이는 태도다. 중독은 평범한 삶에서는 쉽게 찾을 수 없는 즐거운 기분을 선사한다. 레스는 자신에 대한 근본적인 신뢰가 부족하고 경력을 올리는 문제와 관련한 무력감 때문에 좋은 아내와 기회가 널린 일자리, 그의 성장을 도우려는 상사가 있는데도 중독에 빠져들었다.

내가 해야 할 일은 레스의 사기를 꺾지 않으면서도 그의 집중력을 회복할 만한 과제를 부여하는 것이었다. 그는 이미 충분히 기가 꺾인 상태였다. 중독자들은 자기 자신을 별로 좋아하지 않고 바깥 세상에 대해서도 호의적이지 않다. 자기 자신은 물론 사회로부터도 멸시를 받는 그들은 우리 주위에서 가장 괄시받는 존재다. 내가 사용한 방법은 레스가 내면 깊숙한 곳에서 자신에 대해 내린 도덕적 진단을 중립적인 진단으로 대체해 희망을 주는 것이었다. 즉 "너는 질이 나쁘고 나약하고 통제가 안 되는 패배자야"라기보다 "네겐 아직 풀어보지 않은 중요한 선물이 있어"라고 생각하게 해, 한쪽에서는 "너는 재능 있는 사람"이라고 격려하면서 다른 한쪽에서는 "그러니 게으름 피우지 말고 그 재능을 활용하라"라고 북돋운다. 이는 레스가 내게 화가 나 있을 때 특히 효과적인 방법이다. 분노는 행동을 촉발하는 훌륭한 원동력이자 무기력한 상태에서 빠져나오고 있음을 보여주는 첫 번째 징후이기도 하다. 이때 그의 감정을 상하게 해서 마음을 닫고 자기 안으로 침잠하지 않도록 항상 주의를 기울여야 한다.

대부분 중독자들처럼 레스도 스스로 깨닫고 이용해온 것보다 훨씬 많은 재능을 지니고 있다. 내가 온갖 유형의 중독자들과 함께 일하는 걸 좋아하는 이유는 그들이 부인 상태에서 벗어나면 크게 진보할 수 있는 잠재력을 지니고 있기 때문이다. 모든 종류의 중독은 업무와 관련해 사람들이 생각하는 것보다 훨씬 큰 피해를 입힌다. 수백만 명을 질병과 죽음으로 몰아넣을 뿐만 아니라 직장에서의 업무 성과도 최선의 결과에 못 미친다. 레스의 사례가 이를 생생하게 증명한다.

해결책은 간단하지만 이를 실행에 옮기기는 매우 힘들다. 전자기기를 끄는 일이 말처럼 쉽다면 치료 프로그램도 필요 없고 중독(담배, 알코올, 불법 약물, 섹스, 음식, 도박 등) 문제를 해결하기 위해 미국에서 연간 5,590억 달러의 비용을 손실할 일도 없을 것이다.

그리 어렵지 않게 중독을 치료할 수 있다면 수많은 생명이 희생되거나 엄청난 비용이 들지도 않을 것이다. 중독은 과학의 힘으로는 해결될 기미조차 보이지 않는 어려운 문제를 안고 있으며, 일정 정도의 성과를 꾸준히 거두는 프로그램마저 아직 개발하지 못한 상황이다. 일반적으로 중독 치료의 표준으로 널리 인정받고 있는 알코올 중독자 갱생 모임Alcoholics Anonymous, AA과 12단계 프로그램도 실제 성공률은 충격적일 만큼 낮다. AA나 12단계 프로그램을 시작한 사람 15명 가운데 1명 정도만이 술을 끊고 일반적인 상태로 지낸다고 하니 성공률이 5~10퍼센트밖에 안 되는 참담한 상황이다. 그래도 이들이 거둔 실적이 지금껏 우리가 얻은 최고의 성과다.

AA와 12단계 프로그램은 현재 표준화된 프로그램 가운데 최고다. 이는 모든 치료 프로그램이 마땅히 출발해야 하는 지점인 인간관계를 출발점으로 삼았다. 12단계 프로그램은 약물 남용을 인간적인 유대감으로 대체했고 바로 그것이 이 프로그램이 성공한 핵심이다.

나는 레스를 상담하면서 화면을 들여다보며 보내던 시간을 사람들과 관계를 맺는 시간으로 대체하라고 처방했다. 물론 쉬운 일은 아니지만 우리가 택할 수 있는 가장 좋은 방법이었다. 그리고 이를 출발점으로 삼아, 중독과 씨름하는 이들을 돕기 위해 생애를 바친 전前 하버드 의대 교수 랜스 도즈 박사가 제안한 심리 모델을 따랐다. 도즈 박사는 중독이 압도적인 무력감을 역전하는 역할을 한다고 여겼다. 알코올이나 섹스, 과소비, 도박 등 자신의 중독 대상에 탐닉하기로 결심한 순간부터 중독자는 기분이 좋아진다. 이 단계에서 쾌락을 안겨주는 건 약물이나 활동 그 자체가 아니라 그걸 사용하겠다는 결정이다. 사용하겠다는 결정이 무력감을 통제감으로 바꾸고 특정 약물이나 활동이 우리 뇌에 실제로 영향을 미치기 전부터 그 효과를 느낄 수 있게 한다.

도즈는 무력감을 해소하는 게 중독의 기능이기는 하지만 그걸 떠받치는 원동력은 그런 무력감에 대한 분노라고 말한다. 감옥에 수감된 사람이 자기를 둘러싼 철창에 분노하듯이 말이다. 그 분노는 매우 강렬해 제대로 판단하고 사리를 분별하지 못하게 한다. 하지만

중독자는 중독 증상을 반전시킬 수 있는 분노를 느끼고 그걸 직접적
으로 표현하기보다는 피하려고 한다. 진정한 감정을 느끼기보다는
자기가 중독된 약물이나 활동을 이용한다. 도즈의 말처럼 "모든 중
독 행동은 보다 직접적인 행동의 대용품"이다.

레스와 나는 그와 내가 맺은 인간관계 속에서 그의 숨은 감정을
끄집어내 그것을 직접적으로 표현할 방법을 찾을 수 있었다. 그는
자기가 직업 면에서 더 이상 발전할 수 없으며 자기 자신이나 타인
의 기대에 부응할 수 없다는 무력감을 느끼고 있었다. 그리고 분노
를 느끼기를 영원히 억누르는 사람들만큼이나 그 사실에 분노했다.
그가 이런 감정에 접근할 수 있게 되자 중독 연구 분야의 또 다른 거
장인 에드워드 칸지안 박사가 "자가 치료"라고 명명한 것을 훨씬 쉽
게 포기할 수 있었고, 그것을 보다 건설적인 감정 표현으로 대체함
으로써 중독의 껍데기를 벗어던졌다.

중독, 근중독, 부적응적 사용 유형에 대처하기 위해 나는 12단계
프로그램과 도즈가 지지한 심리 모델을 조합해서 사용할 것을 권했
다. 우리는 운이 좋은 편이었다. 레스가 자발적으로 나를 만나러 왔
기 때문이다. 이는 아직 법정에서 명령을 받지 않은 중독자에게는
흔치 않은 태도다. 그가 자진해서 날 찾아온 건 내가 쓴 책에서 자신
의 모습을 발견했기 때문이었다. 레스는 이렇게 단언했다. "당신이
어떤 사람인지 확인하고 싶었습니다."

그가 스스로 문을 열지 않았다면 그는 도움을 청하기도 전에 직

장과 결혼 생활 모두를 잃었을지 모른다. 하지만 운명이 개입한 덕분에 우리는 남보다 일찍 시작하는 유리한 위치에 설 수 있었다. 나는 그의 아내 린과 상사 칼의 협력을 얻어 레스가 자기 행동을 객관적으로 바라보면서 내가 추천한 다양한 유형의 중독 증상을 앓는 사람들을 위한 단체에서 지원을 얻고, 전자기기 중독 증상을 경감하기 위해 그가 창의력을 많이 활용할 수 있도록 계획을 세웠다.

ADT를 치료하기 위한 기본 계획을 레스와 전자기기 중독으로 고생하는 다른 이들에게 적용하면서 다음과 같은 위험이 존재한다는 걸 알았다.

1. **기운** 전자기기 중독은 정신적인 에너지를 소모시켜 뇌의 혈류 속도가 느려진다.

2. **감정** 화면에 몰두해 있을 때는 일종의 무아지경에 빠져 감정적인 중립 상태가 되고 따라서 아무런 즐거움도 분노도 슬픔도 느끼지 못한다. 감정이 극히 줄어든다.

3. **참여** 다른 감정을 거의 느끼지 못하는 상태에서 눈앞의 화면이나 그것에서 오는 지속적인 시냅스 자극만을 받아들이므로 다른 경우라면 기꺼이 참여했을 중요한 업무나 사람, 아이디어와 유리된다.

4. **체계** 전자기기와 그것을 통해 연결되는 체계 때문에 집중하기를 포기하게 된다. 이는 그 체계가 당신에게 불리함을

뜻한다. 잘 사용하면 조력자가 될 수 있는 힘이 당신의 허락 아래 적이 되어버린 것이다.

5. **제어**　중독이나 나쁜 습관에 빠지면 자신이 가지고 있는 통제력을 발휘하지 못하고 순간순간 통제력을 잃는다. 치료는 그 통제력을 회복하기 위한 것이다.

컴퓨터로 일하는 대부분 사람은 레스처럼 전자기기에 중독되지도 않고 그와 유사한 증상도 보이지 않지만, 화면 앞에서 일하는 습관 때문에 업무 생산성이 크게 줄어들 수 있다. 이들을 돕기 위해 몇 가지 실용적인 방법을 안내한다.

이 문제를 어떻게 해결할까

화면 중독을 줄이는 10가지 방법 ─────────────

1. 날마다 전자기기를 사용하면서 보내는 시간이 얼마나 되는지 솔직하게 평가해보자. 대부분 사람은 이 수치를 너무 적게 추산한다. 가능하면 전자기기 사용 내역을 모두 기록하는 것이 좋다(이를 record of use of electronic devices, RUED라고 하자). 로그인한 시간과 로그오프한 시간을 적어놓거나 인터넷을 켜고 끈 시간을 음성 메모로 남긴다.

2. 자신의 실제 또는 추정 RUED를 바탕으로 사용 시간을 줄일
    수 있는 부분을 찾아낸다. 사용 시간을 절대 줄일 수 없다고는
    말하지 말라. 어떻게든 할 수 있다. 당신의 시간 중 가장 많은
    부분을 여기에 낭비할 가능성이 높으므로 자신이 포기한 시
    간을 되찾을 수 있는 좋은 기회를 놓치지 말자.

3. 하루 중 화면을 들여다보면서 보내는 시간을 따로 마련한다.
    아침에 30분, 오후에 30분처럼 자신에게 알맞은 시간을 정하
    고 그 외에는 전자기기를 꺼둔다. 당신을 다급하게 찾는 사람
    이 있을 경우에 대비해 그 사실을 알려줄 사람을 정해둔다. 그
    리고 당신과의 연락이 항상 가능하지는 않음을 동료와 고객
    들이 알고 있어야 한다.

4. 점심시간이나 휴식 시간 등 다른 이들과 함께 보내는 시간에
    는 전자기기를 꺼둔다.

5. 아무리 심심해도 전자기기를 반려동물이나 장난감처럼 이용
    해서는 안 된다. 따분할 때는 좀더 생산적인 일을 해보자. 읽
    고 싶던 기사를 읽거나 연락해야 하는 동료에게 전화를 걸거
    나 미뤄뒀던 메모를 작성하는 것도 좋은 방법이다.

6. 무료할 때 화면을 들여다보는 것 이외에 해야 할 일들의 목록
    을 적어둔다.

7. 중독성이 있거나 습관이 될 만한 웹사이트 방문과 게임을 피
    한다. 어떤 사이트와 게임이 자신에게 중독을 유발하는지 알

것이다. 그런 사이트에 방문하는 습관에서 벗어나면 자기도 모르는 사이에 그것을 잊어버리게 된다.

8. 당신이 일하는 단체나 부서 사람들과 협력해서 이메일 관련 정책을 만든다. 언제 메시지를 보내야 하고 언제는 보내면 안 되는지, 이메일 회신까지 예상하는 시간은 얼마고 읽기에 부담스럽지 않은 적당한 이메일 길이는 어느 정도인지 등을 정한다.

9. 타인과 함께하는 시간, 즉 직접 얼굴을 맞대고 의사소통하는 시간을 신중하게 이용한다. 온라인 소통에 비해 비용이 많이 들고 부담스러운 건 사실이지만 이런 인간미 넘치는 시간은 전자기기를 붙들고 보내는 시간보다 훨씬 풍요롭고 강력한 힘을 발휘한다.

10. 자신의 진척 상황을 측정하고 계속 관찰한다. 진척되는 모습이 보일수록 화면을 들여다보는 시간을 줄여야겠다는 의욕이 솟을 것이다. 절약하는 시간뿐만 아니라 이를 통해 늘어나는 업무량과 성과를 확인하면 보다 확실한 동기를 얻을 수 있다.

2

어떤 일도 제대로 해내지 못하는 멀티태스커

진은 알람이 달린 라디오의 일시 정지 버튼을 다시 눌렀다. 일어나야 하는 시간이 되기 전까지 몇 번이나 더 이 버튼을 누를 수 있을까? 그녀는 이 버튼을 누를 때마다 지지직거리며 울려 퍼지는 라디오 소리에 다시 잠을 깰 때까지 10분 더 행복한 잠에 빠져들 수 있다. 그녀는 전날 밤 너무 지쳐 새로 산 라디오의 버튼을 잘못 누르고 말았다. 좋아하는 방송국 주파수를 맞추는 방법을 아직 모르지만, 즐겨 보는 텔레비전 프로그램에 열중해 있는 남편을 방해하면서까지 주파수를 맞춰달라고 하고 싶지는 않았다.

"당신은 어른이니까 혼자 알아서 해봐." 남편 루는 그렇게 대답했을 것이다. 그녀가 기계 다루는 기술이 부족한데다가 게으르기까지 하다는 뜻을 넌지시 내비치면서 말이다. 진은 추운 겨울 아침에 라디오 잡음을 들으면서 잠을 깨게 되리라는 사실을 알면서도 그대로 잠자리에 들 수밖에 없었다. 얼른 자고 싶다는 욕구가 너무나도 강렬했기에 주파수야 어찌됐든 신경도 쓰지 않았다.

이제 그녀는 켄터키 주 출신의 아버지 말씀처럼 죄책감과 불가피함의 조합이 그녀를 침대 밖으로 끌어내기 전까지, 일시 정지 버튼을 누르고 얻는 10분간의 달콤한 잠을 양심상 몇 번이나 더 누릴 수 있는가 하는 문제에 직면했다. 진은 결국 버튼을 두 번 더 누른 뒤에야 겨우 샤워를 하러 욕실에 들어갔고, 지지직거리는 라디오 소리에도 계속 자던 루도 몸을 뒤척이기 시작했다. 진은 눈을 꼭 감은 채로 얼굴을 쳐들고 샤워기에서 쏟아지는 상쾌한 물줄기를 얼굴에 맞으면서 이 샤워가 종일 계속되기를 바랐다. 이곳은 그녀가 아무런 방해도 받지 않고 혼자 머물 수 있는 장소다. 홀로 생각에 잠길 수 있는 이곳에서 그녀는 종종 최고의 아이디어를 떠올리거나 계획을 세우곤 한다.

그녀가 마침내 물을 잠그고 밖으로 나오자 루가 애정이 담긴 손길로 아내의 엉덩이를 치면서 물었다. "샤워 한번 오래 하네. 더운 물은 좀 남겨뒀어?"

"미안해." 진이 말했다. "생각에 잠기는 바람에 시간 가는 줄도 몰랐어."

15분 뒤 진은 그럭저럭 머리 손질과 화장을 마쳤다. 그녀는 거울에 비친 퉁퉁 부은 얼굴을 보면서 못마땅한 표정을 지었다. 살을 족히 10킬로그램은 빼야겠다고 절감했다. "아무래도 다시 체육관에 다녀야겠어." 허둥지둥 속옷과 치마, 블라우스, 재킷을 껴입고 신발을 신으면서 생각했다.

루가 병원에 출근할 준비를 하는 동안 그녀는 서둘러 아래층 주방으로 내려가 릴리와 이사벨이 먹을 아침을 준비했다. 그녀와 루에게는 그럭저럭 돌아가는 일상의 틀이 잡혀 있지만, 진은 아무래도 그 틀이 자기보다는 루에게 더 유리하게 돌아가는 것 같다고 생각했다. 그렇긴 해도 진은 남편과 딸들을 사랑했다. 단지 자기 인생을 얼마나 사랑하는지 확신이 서지 않을 뿐이었다.

진은 딸들을 깨워서 아래층으로 내려오게 하는 일도 맡고 있다. 현재 초등학교 3학년과 5학년인 딸들은 각자 맡고 있는 집안일이 있다. 릴리는 집에서 키우는 바운시라는 고양이를 위해 통조림을 따줘야 하고, 이사벨은 검은색 래브라도 폴스타프에게 사료를 줘야 한다. 진의 입장에서는 자기가 직접 반려동물 먹이를 챙기는 편이 더 편하지만 딸들이 맡은 책임을 다하도록 가르치는 중이었다. 아이들은 자신들이 아래층에 내려올 때쯤이면 식탁에 아침식사가 차려져 있는 걸 당연하게 여겼다.

멀티태스커와 거절하지 못하는 사람들이 주로 보이는 경향

멀티태스킹을 하지 않고서는 맡은 일을 끝낼 수 없다.

거절을 잘하지 못한다.

시간을 좀더 효과적으로 관리할 수 있다면 어떤 어려운 일도 해낼 수 있다고 믿는다.

체계적으로 생활할 수 있다면 지금보다 훨씬 큰 성공을 거둘 것이라 생각한다.

혼자 모든 일을 해내기가 버겁다.

직장에서는 다른 사람들의 방해를 차단하는 일에 서툴러 맡은 일을 처리하기가 어렵다.

잠시라도 방해받지 않고 일하기를 바란다.

"아이들에게 자기 아침 식사를 직접 준비하게 하는 게 어때?" 루가 몹시 화를 내면서 이렇게 제안하기도 했다. 하지만 어릴 때 그녀를 위해 아침을 차려주는 사람이 없었던 진은 릴리와 이사벨에게 날마다 영양가 많은 아침을 꼭 먹이겠다고 결심했다. 부모가 자기에게 해준 것보다 더 많은 일을 아이들에게 해주면서 특별한 만족감을 느꼈다.

매일 아침 진이 주방에 들어가서 가장 먼저 하는 일은 충전기에 꽂혀 있는 스마트폰을 빼서 이메일을 확인하는 것이다. 휴대전화 조작에 매우 능숙한 진은 그것을 신체 일부처럼 느꼈다. 한 손으로 달걀을 휘저으면서 다른 손으로는 휴대전화를 조작해 아이들에게 따끈한 식사를 차려주면서 그날의 메시지를 확인한다.

늘 그렇듯 첫 번째 메시지부터 문제가 있었다. "진, 지금 당장 당신이 필요해요. 테렌스가 기절 상태예요. 언제쯤 와줄 수 있는지 알려주세요. 고마워요. 모트."

하버드 법학전문대학원 출신인 진은 딸들을 돌보는 한편 아버지의 뒤를 이어 평생 의학 분야에 종사하고 싶다는 루를 지원하기 위해 보스턴의 한 회사에서 비상근 직원으로 일하고 있다. 의과대학 부속병원에서의 삶, 특히 한창 경력을 쌓아가는 중인 의사의 삶은 심신을 기진맥진하게 만들 정도로 혹독해서 루는 원하는 만큼 가족들과 함께 보낼 시간이 많지 않다. 진은 자기가 그 틈을 메울 수 있다는 것이 기뻤다. 적어도 자기 자신과 세상 사람들에게는 그렇다고 말했다.

진이 하는 일이 유동적이라는 건 언제라도 파트너들의 호출에 응할 수 있도록 대기해야 한다는 뜻이다. 회사에서 통용되는 그녀의 비공식적인 직무 설명을 보면 파트너가 그녀에게 부탁하는 모든 일에 대한 "위기 관리자 겸 문제 해결사"라고 되어 있다. 진은 즉석에서 판단을 내리는 능력이 뛰어나고 매우 똑똑한데다 까다로운 사람들을 대하는 일에도 능숙해서 골치 아픈 문제가 생길 때마다 다들 그녀를 찾았다. 개중에는 법률과 관련 없는 문제가 많았음에도 파트너들은 그녀의 도움을 바랐다. 진은 근무시간 대부분을 비용을 청구할 수 있는 법률 서비스가 아닌 애매한 분야의 일들을 처리하는 데 썼다. 이런저런 일에 혹사당하면서도 제대로 보수를 받지 못하는 셈이었다.

테렌스는 재능은 매우 뛰어나지만 자신감이 부족한 클라이언트였다. 진은 이번 문제를 해결하려면 몇 시간이나 그의 손을 붙잡고 자존감을 북돋아줘야 할까 생각했다. 그녀는 테렌스의 문제를 자기에게 떠넘긴 모트에게 분개했다. "그에게 이 문제에 대해 말해야 해." 진은 짜증스럽게 발을 탁탁 구르면서 혼자 투덜거렸다.

바깥 기온은 영하 17도 이하였다. 진은 코트를 걸치고 차고로 가서 딸들이 달걀을 먹는 동안 자동차 엔진을 예열했다. 아이들이 서로 다른 학교에 다니기 때문에 진은 멀리 떨어져 있는 두 학교에 아이들을 데려다주고 차를 지하철역 근처에 주차한 뒤 시내까지 지하철을 타고 출근했다.

일단 지하철에 올라타면 족히 30분은 마음대로 시간을 보낼 수 있었다. 그동안 소설에 푹 빠져들 수도 있지만 진은 쌓여 있는 이메일을 마저 다 읽고 답장을 보낸 뒤 아침 일찍 온 문자메시지에 답하기로 했다. 이미 일을 시작한 셈이지만 그녀는 지하철에서 보내는 시간을 소중히 여겼다. 원하는 대로 시간을 보낸다는 착각에 빠질 수 있기 때문이다.

"세상에." 그녀는 혼잣말을 했다. "지하철 타는 시간이 기대되다니, 인생이 대체 왜 이렇게 됐지?"

지하철에서 내리자 휴대전화가 울렸다. 신호음도 번호도 낯설었다. "그래도 받는 게 낫겠지?" 그녀는 딸들 가운데 누군가에게 문제가 생겼을지도 모른다고 걱정하며 전화를 받았다.

"여보세요, 진!" 이사벨이 다니는 학교의 발전 책임자였다. 그는 이사벨이 얼마나 뛰어난 학생인지에 대해 늘어놓으며 진의 비위를 맞추더니, 그녀에게 학교에서 해마다 여는 경매 행사 의장을 다시 맡아주지 않겠느냐고 물었다. 갑작스러운 부탁에 당황한 진은 적당한 핑계가 떠오르지 않아 자신에게 그런 역할을 맡겨주다니 영광이라고 말했다. 학교에서 이사벨을 잘 돌봐주는 걸 생각하면 그 정도는 당연히 해야 하지 않겠느냐는 말까지 덧붙였다.

통화 종료 버튼을 누른 진은 울고 싶었다. 하지만 울고 있을 시간이 없었다. 대신 원 인터내셔널 플레이스^{One International Place}의 회전문을 밀고 들어가 평소 주문하는 줄에 서서 늘 마시는 무지방 라테를 산 뒤 엘리베이터를 타고 38층으로 올라갔다. "난 이 엘리베이터가 정말 좋아." 엘리베이터가 쉭 하는 소리와 함께 하늘을 향해 치솟는 동안 진은 생각에 잠겨 혼잣말을 했다. "사무실이 38층이 아니라

1,038층에 있다면 더 좋을 텐데!"

초고속 시대의 삶

진의 생활은 날마다 자신의 욕구를 억누르면서 사소한 일들을 위해 자신을 희생해야 한다고 생각하는 수백만 명이 살아가는 전형적인 일상이다. 그들은 그 과정에서 자신의 건강, 인간관계, 일자리를 위협받는다. 왜 이런 일이 벌어지는 걸까?

진의 ADT가 그녀에게 불리하게 작용하는 구체적인 방식을 좀더 자세히 살펴보자. 그녀는 남의 일에 지나치게 관여하고 만성적인 스트레스와 과로에 지쳐 있으며, 속도를 늦출 기회가 없어 더 이상 삶이 자기 것이라고 말할 수 없다. 진의 삶은 끝없이 쏟아지는 급류처럼 자신을 괴롭히는 다른 이들의 요청과 요구에 대한 응답으로 이루어져 있다.

진은 자신의 넓은 포용력을 낭비하고 있다. 학교에서 실시한 IQ 테스트에서 149라는 높은 점수가 나온 진은 그녀 오빠의 말처럼 "정말 똑똑"했다. 루와 결혼할 무렵 진은 날씬하고 아름답고 재미있으며 야심만만하고 생기발랄했다. 직장에서도 높은 평가를 받았다. 그러나 성실하고 지나칠 정도로 대응이 빨라 좋은 의도와 고귀한 야심과 관심사와 사랑의 잠재적인 희생양이 되고 말았다. 대응이 빠르다는 말은 그녀의 관심사가 한 주제에서 다른 주제로, 방해물에서 방해물로, 정신을 산만하게 만드는 대상에서 또 다른 대상으로 빠르게 옮겨 다니면서 한 번에 단 몇 초씩만 집중한다는 뜻이다. 그녀는 방해를 받는 데 매우 익숙해 어떤 대상이나 사람에게 아주 오랫동안 집중할 수 없는 상태가 되었다. 정신을 산란하게 만드는 대상이 도착하기도 전에 성급하게 반응을 보이면서 다른 데를 바라보는 일도 종종 있다. 이는 그녀가 '과잉 성실 장애'를 앓고 있기 때문이다. 그녀는 주변에서 벌어지는 일들을, 남들을 기쁘게 하거나 그들에게 도움이 되거나 중요한 인물로 보일 기회를 단 하나도 놓치고 싶어 하지 않았다.

ADT로 고생하는 많은 이들처럼 진도 집중력을 필요로 하는 정신의 근육이 약해져 그 무엇에도 정신을 집중하지 못했다. 그녀의 집중력은 마치 눈에 보이지 않는 수백 개의 자석에 이끌리는 것처럼 여기저기를 떠돌아다녔다. 그녀의 남편이나 아이들, 상사가 진이 주목하기를 바랄 때도 앞에 앉아 그들의 말에 귀를 기울이면서 한 손으로는 편지를 썼다. 예전에는 제대로 집중하는 법을 알았지만 이제는 아무리 그러려고 애써도 좌절하기만 할 뿐이다.

심지어 이제는 자기 의지대로 침대에서 벗어나지도 못하고 몇 분만 더 자겠다며 자신과 흥정한다. 그녀는 아침에 출근해 사무실에 도착하기도 전에 남편과 아이들, 회사 파트너, 딸이 다니는 학교 발전 책임자의 요구에 부응했다.

진은 자기가 모든 일을 책임져야 한다고 느낄 뿐만 아니라 당장 모든 일에 반응을 보여야 한다고 여긴다. 이는 훨씬 더 심각한 문제를 일으킨다. 너무 많은 프로젝트를 동시에 진행하는 진의 성향으로 인해 어떤 일에도 최선을 다하지 못하는 상황이 발생한다. ADT의 기본 성향이 '빠른 속도'기 때문에 진은 반사적으로 조급해하기도 한다. 뭔가를 기다린다는 건 그녀를 고통스럽게 한다. 빨라야 제대로 되는 것이며 느린 건 잘못됐다고 느낀다.

현대사회는 이 모든 것을 한층 더 강화한다. 진은 자기가 늘 정신없이 바쁘게 산다는 것, 시간은 없는데 할 일은 많다는 것, 자기를 찾는 사람들이 많다는 데 자부심을 느꼈다. 느긋하게 쉬는 일에 죄책감을 느껴 주방 청소, 벽장 정리, 개 빗질 등을 하며 언제나 동분서주했다. 당장 그런 일들을 해야 하는 절박한 이유가 없는데도 말이다.

언제나 초고속으로 살아가는 탓에 진의 시간 감각은 정상이 아니었다. 그녀는 자신이 항상 서두르고 있다고 느꼈다. 반면 최대한 짧은 시간에 최대한 많은 일을 해내고자 하는 욕구가 매우 강해 종종 자기가 5분 안에 그 누구보다 많은 일을 할 수 있다고 생각하면서 대부분 자신의 기대에 미치지 못해 스스로를 패배자처럼 느끼곤 했다.

진이나 그녀와 성향이 비슷한 이들은 불가능한 일을 제외한 모든 일을 놓고 미적거리면서 시간을 끈다. 진은 너무 많은 일을 곡예하듯 처리해야 하기에 남의 말에 귀 기울일 틈을 내지도 못하고 다른 사람 말을 중간에 끊거나 남이 하던 말을 자기가 끝맺기도 했다.

놀랄 일도 아니다. 그녀의 인생은 끝없는 방해와 중단으로 이루어져 있으니 이는 그녀의 세계관에서 볼 때 '현실'일 따름이다. 진은 그저 다음에 주어진 의무를 수행하기 위해 현재 진행 중인 대화를 끝내는 데 열심이었다.

대화나 교통 흐름, 식품점 계산대의 줄이 줄어드는 속도가 더디면 진은 폭발할 것 같았다. 물건이 가득 담긴 쇼핑 카트를 내팽개치고 슈퍼마켓을 나선 적이 한두 번이 아니다. 대화 도중에 다짜고짜 본론만 말하라고 요구하는 바람에 대화하던 상대방과의 협력 관계가 깨진 적도 여러 번이다.

시간이 흐르면서 스트레스가 타격을 주기 시작한 건 필연적이었다. 남들을 따라잡기 위한 경주 도중에 피로를 느끼거나 앞이 가로막혀 있다는 생각이 들 때마다 진은 한층 더 속력을 내서 달려야 한다고 느꼈다. 육체적, 정서적으로 고갈된 이들이 대부분 그렇듯이 진도 현명하게 일하기보다는 더 열심히 일하게 됐다. 다니던 체육관도 그만뒀다. 매일 20분씩 운동하는 시간도 아까웠기 때문이다. 전보다 더 열심히 일하고 늦게까지 깨어 있는 것이 자신의 문제를 해결할 유일한 방안이라고 여겼고 이로 인해 한층 더 자포자기한 광란 상태에 빠져들었다.

상담치료사를 만날 시간이 없는 그녀에게 단골 미용사인 조이는 그에 가장 가까운 역할을 해줬다. 진은 내심 죄책감을 느끼면서도 미용실에서 머리를 매만지는 그 시간을 가장 소중히 여겼다. 상황이 잘못 돌아가고 있다는 걸 깨달은 진은 해결책을 찾기 위해 어렵게 짬을 내 자기계발서를 몇 권 읽었다. 시간 관리와 조직화, 육아, 자기 권리 주장 등 자신이 처한 궁지와 조금이라도 관련이 있어 보이는 책이라면 모두 뒤적여보았지만 상황에 꼭 들어맞는 책은 하나도 찾지 못했다. 전부 진과는 전혀 관련이 없는 단순한 이들을 위한 책이었다.

진은 자기 혼자서도 시간을 잘 관리할 수 있다고 믿었다. 자신의 일과 아이들의 일, 루와 관련된 일들을 체계적으로 정리할 수 있었지만 문제는 그 모든 일에 대처할 시간이 부족하다는 것이었다. 한 달에 두 번씩 집을 청소해주는 사람이 오기는 하지만 그녀는 다른 식구들이 어질러놓은 걸 늘 자기 혼자 치우고 다니는 기분이었다.

진은 좋은 부모가 되는 법을 알고 있다고 생각했다. 아이들을 위해 더 많은 일을 해주지 못해 죄책감을 느끼기는 했지만 그래도 자신이 좋은 부모라고 여겼다. 너무 많이 먹고 운동도 충분히 하지 않아 스스로의 건강을 잘 돌보지 않는다는 것도 알고 있었지만 그런 습관들을 바꾸기만 하면 모든 일이 해결될 거라고 믿었다. 그런 사실을 말해줄 책 같은 건 필요 없었다. 게다가 대부분 책은 적극적으로 행동하는 일의 중요성을 강조했지만, 진은 이미 충분히 자기주장이 강했다. 자기 삶의 문제들을 해결하기 위해 대체 누구에게 자기주장을 해야 한단 말인가? 신에게?

잠자리에 들 시간이 됐을 때 진이 원하는 건 푹 자는 것뿐이었다.

루는 더 이상 그녀가 사랑을 나누고 싶은 다정하고 섹시한 남편이 아니었다. 진도 예전에는 남편 품에 안겨서 그의 가슴에 머리를 파묻기를 좋아했다. 이제 그는 단지 매트리스 맞은편에 누워 있는 몸뚱이에 불과했다. ADT는 배우자와의 관계에까지 나쁜 영향을 미쳤다.

위험 지대로 들어서다

"당신, 오늘이 내 생일이라는 걸 잊은 것 같아." 어느 날 밤 부부가 함께 잘 준비를 하던 가운데 루가 나직한 목소리로 말했다.

진은 남편의 생일을 완전히 잊고 있었다. 하지만 사과하기는커녕 이렇게 쏘아붙였다. "내가 모든 걸 기억할 수는 없어, 안 그래? 그리고 당신 생일 타령하기에는 너무 나이든 거 아니야? 내가 케이크를 구워놓고 당신 친구들을 다 초대해서 머리에 고깔모자를 씌워주고 촛불을 끄면서 생일 축하 노래라도 부르게 했어야 한다는 거야? 그놈의 생일 타령은 집어치우고 내 일이나 좀 도와주는 게 어때? 당신이 학계에서 귀중한 경력을 쌓을 수 있게 해주느라 내가 얼마나 많은 걸 희생하고 있는지 알기나 해? 당신이 완벽한 아버지의 발자취를 따라갈 수 있도록 온갖 잡일이란 잡일은 다 내가 떠맡고 있다는 건? 당신이 그놈의 빌어먹을 생일 타령이나 하는 동안 내가 얼마나 스트레스를 많이 받고 있는지 아냐고!"

자신이 퍼부은 장황한 비난을 이해할 수 있을 정도로 제정신이었다면 진은 자기가 무슨 짓을 했는지 깨닫고 하루, 아니 일주일, 아니 1년 내내 루에게 사과했을 것이다. 하지만 그녀는 사과하지 않았고 루는 아무 말도 하지 않았다. 그저 침대에서 일어나 손님방에 가서 잤을 뿐이다.

이 일이 결혼을 완전히 망치지는 않겠지만 둘 사이에 오랫동안 고통으로 남을 것이다.

진이 해야 할 일의 목록이 늘어나는데 마음에 상처를 입은 루는 도움을 주려 하지 않았다. 진은 갈수록 잠이 줄고 걱정이 깊어졌다. 이 걱정은 일종의 소음이 되어 잠들 때도 잠에서 깨어날 때도 걱정의 소리가 웅웅거리며 울려퍼졌다. 심한 압박감이 두건처럼 그녀의 머리 위를 뒤덮어 집안 분위기까지 암울하게 만들었다.

할 일이 많아질수록 미루는 일이 많아졌고 결과적으로 진의 업무 생산성에도 문제가 생겼다. 상사도 그 사실을 알아차렸고 업무 성과를 검토하는 자리에서 그렇게 말했다.

암담한 기분에 사로잡힌 진은 제어가 불가능해지기 시작했다. 운동이 부족해 건강에 대한 경각심도 줄면서 다른 종류의 '해결책'을 갈구하게 된 그녀는 마카로니앤치즈, 피자, 프라이드치킨 등이 주는 위안에 의지하게 되었다. 몸매도 건강도 걱정하지 않고 체중계에 올라설 생각도 하지 않았다. "뚱뚱해지라지 뭐. 그러면 안 돼? 누가 내게 신경이나 쓰겠어?" 체중이 늘면서 성격도 괴팍해졌고 매일 저녁

와인을 서너 잔씩 마시기 시작했다. 알코올로 인해 겨우 자는 약간의 잠마저도 깊이 들지 못하게 되어 아침에 깨면 자기 전보다 더 피곤하고 숙취까지 생겼다. 진은 자신이 인지하는 것보다 더 큰 위험에 처해 있었다.

루가 병원에서 늦게까지 일하다 오는 날이 늘어나자 진은 홀푸드 Whole Foods의 계산대 점원, 항상 진에게 눈길을 보내는 엉덩이가 멋진 주유소 직원, 고등학교 때 영어 선생님을 연상시키는 주류 판매점의 노신사 등 아무하고나 시시덕거리며 어울리기 시작했다. 바람을 피우지는 않았지만 자신을 제어하지 못하고 남을 유혹했다.

몸도 아프기 시작했다. 목과 어깨에 지금껏 겪어본 적 없는 통증이 생겼고 식후에는 소화불량으로 고생했다. 오랫동안 진의 트레이드마크였던 열정과 활력은 거의 사라져버렸다.

이따금 동료나 친구가 부드러운 말투로 무슨 일이 있느냐고 물어보면 진은 방어적인 태도로 "왜 그런 걸 묻죠?"라고 쏘아붙였다. "그래요, 체중이 몇 킬로그램 불었어요. 난 미디어가 만들어낸 터무니없는 이미지의 노예가 아니라고요. 이런 내가 자랑스러워요." 진에게 질문한 사람은 다시는 그녀에게 그런 말을 하지 않았다. 갈수록 진은 고립되어 혼자가 되어갔다.

진은 내가 위험DANGER 지대라고 부르는 영역에 진입했는데, 이 두 문자어가 상징하는 바는 다음과 같다.

Disappointment — 실망감과 패배감

Anger — 분노와 비난

Negativity — 부정적 성향

Globalizing — 부정적인 감정의 보편화

Escape — 헛되거나 위험한 행동으로의 도피

Rejection — 타인의 도움 거절

위험 지대 안에서는 인생의 모든 것이 위기에 처한다. 진의 경우도 마찬가지였다. 결혼 생활, 아이들의 행복, 직업, 인생 그 자체가 극히 불안정한 상태였다.

ADT를 앓는 아이들

일반적으로 어릴 때 발달된 세계관은 평생 동안 변하지 않고 그대로 유지된다. 하지만 어릴 때의 대처 방식이 성인이 된 뒤에는 상황에 잘 맞지 않을 수도 있다. 진의 경우도 그랬다.

진은 여섯 명의 형제자매 중 넷째로 자랐다. 그녀는 부모가 자녀에게 관심을 많이 기울이지 않고 애지중지하지도 않던 시대에 유년기를 보냈다. 진은 어른들이 칵테일을 마시는 시간에 이야기를 해달라고 졸랐다가 할머니에게 따끔하게 혼났던 일을 아직도 기억한다. "진, 아이들은 조용하고 얌전하게 행동해야 하는 법이야. 어른들이 이야기하고 있으니 당장 저리 가서 놀려무나."

그녀의 부모는 좋은 사람들이었지만 일로 바빠 진에게 많은 관심을 보이지 않았다. 진은 학교에서 어떤 성적을 받건 걱정해본 적이 없었다. 부모는 신경 쓰지 않았고 어쨌든 학교 공부는 쉬웠다. 복장 검사를 통과하지 못할까봐 걱정할 필요도 없었다. 어릴 때부터 혼자서 옷을 챙겨 입고, 자기가 먹을 아침을 준비하고, 뽀뽀는 고사하고 잘 다녀오라는 인사조차 듣지 못한 채로 집을 나서서 스쿨버스를 타러 갔으니 말이다.

무시당한다고 느끼지는 않았다. 그저 살아가는 방식이 그랬을 뿐이다. 당시를 되돌아본 진은 어린아이였던 자신이 어떤 선택에 직면해 있었음을 깨달았다. 우리가 하는 중요한 선택이 대부분 그렇듯이 그것도 의식적이지는 않았지만 어쨌든 선택은 선택이었다. 그녀가 부모에게 갈구했던 관심을 얻을 수 있는 방법은 단 두 가지, 나쁜 아이가 되거나 좋은 아이가 되는 것이었다. 진의 오빠 두 명은 나쁜 아이가 되는 쪽을 택했다. 물건을 훔치고 마약과 관련한 문제를 일으키면서 부모의 많은 관심을 받았다. 그런 관심을 받고 싶지 않았던 진은 좋은 아이가 되기로 했다.

착한 아이로 살아가는 생활은 서서히 그녀의 본질을 대체했다. 뇌의 기본 배선, 심리적 유전자의 일부가 되어 결국 착한 아이답지 않게 행동한다는 것이 완전히 불가능한 상태가 되었다. 진은 자라면서 남의 부탁을 들어주고 기대에 부응해야 사회에서 좋은 사람, 미덕을 지닌 사람으로서 인정받을 수 있음을 알았다. 걸스카우트 리더와 학교 선생님들을 통해 주어진 의무 이상으로 기여하는 게 중요하다는 것도 배웠다. 이런 믿음이 진의 성년기를 지배했다. 자신은 물론 다른 사람의 기대에 부응하지 못하면 그것이 애초에 불가능한 일이었다고 하더라도 그 일을 해내지 못했음을 자책했고 자부심에 타격을 입었다. 일하는 속도를 줄이고 잠시 쉴 시간이 있더라도 그 때문에 자신이 정한 규칙을 어기게 될까봐 자신에게 여유를 허락하지 않았다.

항상 남의 부탁을 들어주는 좋은 사람이 되어야 한다는 욕구가 단단하게 확립되어 있기에 뭔가를 거절하기란 아침에 일어나보니 갑자기 스와힐리어를 할 줄 알게 되는 것처럼 낯설고 불가능하게 느껴졌다. 진은 사람들이 그녀에게 요구하는 일을 모두 들어줄 수는 없다는 사실을 이해하지 못했다. 상사에게 주말에는 자기와 연락이 안 될 수도 있다고 말하거나 아이들에게 엄마가 샤워하는 동안에는 방해하지 말라고 하는 일은 상상만 해도 고통스러웠다.

역설적이게도 모든 상황과 모든 사람을 다 받아들이며 남들의 인정을 갈구하던 이 '착한 여성'은 더 이상 누구의 인정도 받지 못하게 되었다. 그녀의 노력은 실패하고 말았다.

멀티태스커와 부탁을 거절하지 못하는 사람의 장점과 문제점

장점	문제점
진행되는 모든 일에 관심을 기울이면서 무엇 하나 놓치고 싶어 하지 않는다.	모든 일에 지나치게 신경을 쓰다보니, 어떤 일에도 완전히 집중하지 못한다.
책임감 있고 성실하다.	책임감이 너무 강해서 자기 일이 아닌 데까지 책임을 느낀다.
야심과 많은 일을 해내고자 하는 욕구가 있다.	자신이 합리적으로 처리할 수 있는 양 이상으로 일을 떠맡는 경향이 있다.
활동적이며 어떤 일이든 덜컥 시작하고 참여하고자 하는 욕구가 강하다.	지나치게 활동적이며 너무 많은 일에 끼어든다.
새로운 소식이나 쟁점, 유행 등을 꿰뚫고자 하는 욕구가 있다.	최근 소식, 주변 사람들의 동향, 최신 정세 등에 집착한다.
배려심이 많고 타인의 감정에 공감하고 이해하는 능력이 뛰어나다.	타인에 대한 감정 이입과 동조가 심해서 자신이나 삶의 다른 중요한 일들에 충분히 관심을 기울이지 못한다.
열심히 일해서 공을 세우고자 하는 욕구가 있다.	일을 제대로 해낸 적이 없다고 생각하며 충족감이나 만족감을 느끼지 못한다.
삶에 대한 애정이 강하다.	인생의 근사한 순간들을 만끽하지 못한다.

이로운 점과 그렇지 않은 점

현대 생활에 치여 자기도 모르는 사이에 ADT 증상이 생긴 대부분 사람들에게 있어서 유용한 자질은 문젯거리가 되기도 한다. 진이 자라난 환경이 그녀가 ADT에 걸리기 유리하게 만들었음은 분명하지만 본격적인 환경을 조성한 것은 현대 생활의 여러 조건 때문이다.

앞서 제시한 표는 생활에 유익하도록 적응한 행동이 ADT인 사람에게는 어떻게 문제가 되는지를 보여준다.

다행히도 ADT 증상이 있는 사람은 투지와 회복력이 매우 뛰어나다. 이들은 대개 위험한 상태에서 빠져나올 방법을 찾아낸다. 물론 내게 상담을 받고자 스스로 선택한 사람들, 본인에게 문제가 있다는 사실을 인정하고 기꺼이 도움을 구할 줄 아는 사람들의 경우에 그렇다. 그런 이들은 나를 만나러 올 때쯤이면 십중팔구 최악의 상황은 이미 지나가고 평화로운 정신 상태를 회복하기 시작한 경우가 대부분이다. 가진 걸 거의 다 잃고 몰락한 이들은 도움 청하기를 거부하고 자멸할 때까지 스스로를 고립시킨다.

진은 기운이 없어 기본적인 계획조차 따라가기 어려운 상태였다. 그녀의 과제는 그저 충분히 자고, 먹고, 운동하고, 남편과 사랑을 나눌 약간의 여유 시간을 갖는 일이었다.

집중력을 되찾으려는 노력이 다 그렇듯 이 과제 역시 심리적이고 전략적이었다. 나는 진에게 항상 모든 사람을 기쁘게 해주지 않아도 된다고 스스로를 허락하기를 권했다. 그리고 그녀가 시간을 절약할 수 있는 새로운 체계를 습득하고 때때로 다른 사람의 부탁을 거절하는 방법을 배우도록 도왔다.

진에게 가르친 새로운 체계 가운데 하나는 CDE로, 이는 축소curtail, 위임delegate, 삭제eliminate를 뜻한다. 나는 그녀가 상사에게 직무를 바꿔달라고 부탁하도록 독려했다. 하지만 이를 위해서는 모든 요구에 응하려고 하는 태도를 버려야 했다. 이 문제를 해결하기 위해 제공하는 방법은 사람마다 다른데, 대개 격려와 역할 놀이를 통해 실생활에서 새로운 행동을 시험해보고 어떤 방법이 효과적이었는지 이야기하게 한다.

진이 이전에 이런 방법을 하나도 시도해보지 않은 이유는 누군가의 부탁을 거절하면 모든 것을 잃을지도 모른다는 두려움이 내면 깊은 곳에 자리했기 때문이다. 그녀에게 거절이란 자신이 평생 따라온 규칙을 위반하는 행동이었다.

앞서 말한 것처럼 성인들이 하는 행동 대부분은 어릴 때 생존에 필요한 것들을 얻기 위해 해야 했던 일, 해야 한다고 상상했던 일, 해야 한다고 들은 일들에 뿌리를 두고 있다. 진은 어린 시절의 규칙은 더 이상 적용되지 않는다는 것, 남의 부탁을 거절해도 안전하다는 것을 배워야 했다. 거절은 정말 좋은 아이디어다. 그녀가 스스로 가라앉고 있다는 절박감을 느끼기까지는 많은 위기가 있었다. 비록 바닥까지 추락하지는 않았지만 몸에 밴 생활양식이 허물어지는 지경에 이르렀다. 그녀는 고통 속에서 새로운 생각, 붙잡고 매달릴 뭔가를 향해 손을 뻗었다. 그것은 바로 자신을 위한 인생이었다. 영화 〈네트워크〉에서 창밖을 향해 "난 완전히 미쳤고 더 이상 이 상태를 용인하지 않을 거야"라고 외치던 주인공처럼 분노는 진을 자유롭게 했다. 그 분노를 꽁꽁 감춰둔 금고 문을 녹이기까지는 엄청난 열기가 필요했다.

진을 힘들게 한 문제를 정리해보자.

1. **기운** 진은 완벽하게 좋은 사람, 모든 일을 떠맡아 잘해내는 사람이 되겠다는 고집 때문에 늘 녹초였다.

2. **감정** 과소비를 하면 빚이 늘어나는 것처럼 그녀 내면에는 분노가 쌓였다.

3. **참여** 지나치게 많은 일에 개입했던 진은 한 가지 일에 오래 집중할 시간이 없어 어떤 일도 제대로 해내지 못했다.

4. **체계** 어린 시절에 만들어진 감정적 구조 때문에 자신을 보호할 수 있는 체계와 경계를 설정하지 못했다.

5. **제어** 까다로운 의무감과 다른 이들을 기쁘게 하려는 충동에 자신의 통제권을 내줬다.

이 문제를 어떻게 해결할까

멀티태스커와 거절하지 못하는 사람들을 위한 10가지 방법

1. 동시에 두 가지 일에 집중하기는 신경학적으로 불가능하다. 사람들이 말하는 멀티태스킹의 진정한 의미는 빠른 속도로 연달아서 한 가지 일에서 다른 일로 주의를 전환하는 것이다.

두 가지 일이 다 지루한 경우, 예를 들어 따분한 사람과 통화하면서 식기세척기에서 그릇을 꺼낼 때에는 이 방법이 그럭저럭 통한다. 하지만 둘 중 하나 혹은 두 가지 일이 모두 복잡할 때, 즉 영리한 사람과 통화하면서 복잡한 투자 관련 보고서를 쓰는 경우라면 통화와 보고서 양쪽에 문제가 생길 수 있다.

2. 동시에 여러 가지 일을 하면 재미있고 시간도 절약한다고 착각하기 쉽기에 통화하면서 이메일을 쓰고 블룸버그^{Bloomberg} 단말기로 쏟아져 들어오는 정보를 따라잡으려고 하는 사람들이 무수하다. 하지만 주의하자. 멀티태스킹을 하고 있을 때는 마치 자신이 우주의 지배자라도 된 것 같겠지만, 일을 추가할 때마다 중요한 정보를 놓칠 확률도 그만큼 높아진다.

3. 지금 하고 있는 일이 숨을 쉬는 것처럼 자율적으로 조정할 수 있는 일이거나 샤워를 하면서 음악을 듣는 것처럼 집중할 필요가 없는 일이라면 멀티태스킹이 가능하다. 엄격하게 말해 우리는 모두 잠을 자는 동안에도 멀티태스킹을 하고 있는 셈이다. 몸과 정신은 항상 많은 일을 하고 있기 때문이다.

4. 한 가지 이상의 일에 지금 당장 주의력과 집중력이 필요한 경우 멀티태스킹은 음주운전만큼이나 위험하다. 라디오를 들으면서 운전하다가도 고속도로 출구에 가까워지면 라디오에 신경을 끄고 운전에만 집중해야 한다. 경로에 익숙하지 않은 이상 자칫 출구를 지나칠 수도 있기 때문이다. 회의 혹은 운전

중에 문자메시지를 보냈다가는 출구를 지나치는 것보다 크나큰 대가를 치르게 될지도 모른다.

5. 거절을 못하면 계속해서 과부하 상태에 시달릴 수 있다. 정중하게 요청을 거절하는 연습을 하자.

6. 좋은 거절 방법은 이렇게 말하는 것이다. "제가 시간만 있다면 해드리고 싶은데 보시다시피 이 일에 필요한 만큼 관심을 기울일 수가 없네요. 그러니 당신이 원하시는 만큼 일을 제대로 해내지 못할 겁니다."

7. 거절하는 게 옳고, 좋고, 적절하다는 걸 자신에게 설명한다. 남의 부탁을 다 받아주다가는 머지않아 극도로 피로해져 당신의 조직이나 가족 그리고 자기 자신에게 쓸모없는 사람이 될 것이다.

8. 책임을 나누는 법을 배운다. 오늘날 이 세상의 목표는 독립적인 인간이 되는 게 아니라 자기가 받은 만큼 남에게 주는 방식으로 상호 의존하는 존재가 되는 것이다.

9. 한 가지 일이라도 제대로 하기 위해서는 자신이 잘하고 좋아하는 일을 해야 한다. 그런 기회가 주어진다면 바로 받아들이자.

10. 거절은 모든 사람에게 호의를 베푸는 일이라는 사실을 이해하자. 당신이 현재 그 일을 하기에 적합한 사람이 아니라고 말하자. 그 사실을 인지하는 건 조직에도 도움이 된다.

3

넘쳐나는 아이디어를
실현하는 방법

"아니, 아니, 아니, 아니, 안 돼!" 브라이언은 고래고래 소리를 질렀다. "이 길을 또 지나갈 수는 없어. 당신이 하고 싶어 하는 건 뭐든지 도와주겠다고 했지만 결심하기를 거부하는 일만큼은 더 이상 도와줄 수 없어."

"브라이언, 거부하는 게 아니야. 그냥 못하는 것뿐이라고. 제발 이해해줘."

"아니, 이해 못하겠어! 나도 노력했다고. 지금으로서는 당신을 버릇없이 부유하게 자라서 호사가가 된 여성이라고 밖에는 생각하지 않을 수 없어."

애슐리는 벽돌로 한 대 얻어맞은 것처럼 망연자실했다. "닥쳐, 브라이언. 그런 끔찍한 말을 지껄이다니. 당신한테는 모든 일이 쉽게만 돌아갈 테니 사는 데 아무 문제도 없겠지. 그러니 의기양양하게 나를 비판하는 대신 이해심을 좀 보여주면 얼마나 좋아?"

"미안해, 애슐리. 당신 말이 맞아. 정말 비열한 비난이었어. 하지만 너무 좌절해서 뭐라고 말해야 할지 몰랐어."

"당신이 좌절했다고? 그럼 난 어떻겠어? 나는 내 인생을 낭비하고 있잖아."

"당신 인생 전체를 낭비한 건 아니지. 나와 아이들은 그래도 당신에게 좀 중요한 존재이길 바라."

"그야 물론이지. 하지만 원하기만 하면 필요한 도움을 모두 얻을 수 있는데도 지금껏 아무런 경력도 쌓지 못했고 머릿속에 떠오르는 거라고는 마무리도 안 되는 아이디어뿐이라면 기분이 어떻겠어? 마치 두 살배기 아이가 된 기분이라고. 그 어떤 일도 진득하게 하질 못하잖아."

애슐리와 브라이언은 절대 화난 채로 잠자리에 들지 않는다는 규칙을 세웠기에, 11시에 불을 끄고 잠자리에 들자 브라이언은 아내를 향해 팔을 뻗었다. 애슐리는 그의 어깨 사이로 바싹 파고들었다. 브라이언은 애슐리의 등을 부드럽게 쓰다듬었다. "사랑해." 그는 아내에게 가볍게 입을 맞추면서 말하고는 몸을 돌려 옆으로 누웠다. 곧 그의 숨소리가 느려지더니 잠에 빠졌다.

늘 그렇듯 애슐리는 또렷한 정신으로 누워 천장을 응시하면서 밖에서 들리는 귀뚜라미 소리에 귀를 기울였다. 눈꼬리에 눈물이 맺혔다. 그녀도 브라이언 말이 맞다는 걸 안다. 자신은 부유한 남성의 응석받이 아내다. 호사가다. 지금껏 한 가지 일을 끝까지 해낼 만큼 인내심을 발휘해본 적이 없다. 아이디어가 나쁘지는 않았다. 다만 너무 많은 게 문제였다. 꽃이 가득한 정원에서 갈팡질팡하는 꿀벌처럼 달콤한 향이 풍기는 빨간 장미에 발을 내딛자마자 키가 크고 푸른 델피늄이나 인동덩굴에 마음을 빼앗기기 일쑤였다. 어째서 그녀는 한 꽃의 꿀을 다 빨아들일 때까지 기다리지 못할까?

애슐리는 ADT 증상과 관련이 있는 기업가적 욕구를 가지고 있다. 그녀는 아이디어가 너무 많아서 어찌해야 할지를 모른다. 돌풍이 불면 사방으로 흩날리는 낙엽 더미처럼 애슐리의 머릿속에는 수많은 아이디어가 빙빙 소용돌이친다. 돌아다니는 아이디어를 포착해 정리하려고 할 때마다 또 다시 돌풍이 불어와 그것들을 어지럽힌다.

생각이 이리저리 튀는 사람들이 주로 보이는 경향

아이디어는 정말 많은데 그걸 어떻게 써야 하는지 모른다.

프로젝트를 시작하고 끝내기는 좋아하지만 중간 과정이 없다.

밤에도 머릿속에 새로운 아이디어가 돌아다녀 깨어 있곤 한다.

어려운 일을 피하기 위해 바쁘기만 하고 쓸모는 없는 일을 맡는다.

행동이 상상력을 따라가지 못한다.

새 프로젝트의 참신함이 사라지면 금세 지루해한다.

우선순위를 정하기 어렵다.

일이 지루해졌을 때 인내할 수 있도록 자신을 잡아주는 것이 없다.

애슐리의 아이디어 공장

애슐리는 대학원에 다니다가 실리콘밸리의 성공적인 벤처 기업 창업자인 브라이언을 만나 결혼했다. 그녀는 첫 아이를 임신했을 때 이베이에서 물건을 팔기 시작해 상당히 성공했다. 하지만 그 일을 계속하지는 않았다. 아들이 태어난 뒤 다른 여성과 손을 잡고 젊은 가족들의 구미에 맞춘 온라인 여행 사업을 시작했지만 그 일에도 크게 마음이 끌리지 않았다. 그다음에는 한 애니메이터와 함께 그래픽 디자인 소프트웨어 사업을 해보려고 했으나 사업을 계획하는 단계에서 어려워졌다.

애슐리는 사업 계획을 세우는 능력이 뛰어나다. 계획을 즉석에서 뚝딱 만들어낸다. 작년에는 시장을 조사해 새로운 사업을 시작하기 위한 계획을 두 가지나 세웠다. 하나는 사무용 가구에 관한 것이었다. 그녀는 스위치만 누르면 평범한 사무실 책상을 입식 책상이나 러닝머신 책상으로 바꿀 수 있는 아이디어를 떠올렸다. 서 있거나 아주 천천히 걸으면서 일하는 생활의 장점을 증명하는 연구가 늘어가는 추세이므로 시장에서 관심을 끌 만한 아이디어였다. 책상 아래에 접어 넣었다가 필요할 때 빼낼 수 있는 소형 침대에 대한 아이디어도 내놓았다. 이는 밤늦게까지 일하는 기술 전문가들에게 안성맞춤인 제품이었다.

어느 날 밤 브라이언과 사랑을 나누던 가운데 고안한 여성용 속옷에 대한 아이디어도 있다. 제자리에 단단히 고정되어서 무릎 위까지 흘러내리지 않는 실크 스타킹과 쌀쌀할 때 쓰기 좋은 가운이었다.

애슐리는 머릿속을 돌아다니는 모든 아이디어와 사랑에 빠졌다. 그녀의 뇌는 24시간 쉬지 않고 가동하는 꿈의 공장처럼 계속 윙윙거리며 돌아간다. 애슐리는 밤에 자지 않고 깨 있을 때가 많다. 첫 데이트를 앞둔 것처럼 흥분한 상태가 끝없이 지속되기 때문이다. 한 아이디어의 제안서를 쓰기도 전에 다른 아이디어가 튀어나와 그걸 쫓아간다. "그게 어떤 기분인지 알아?" 애슐리가 친구에게 말했다. "정말 자극적이야. 그 아이디어들을 내 머릿속에서 키우는 것도 재미있는데 그 하나하나를 성공적인 사업으로 만들어서 홈런을 날릴 수 있다고 생각하면 더 재미있어. 하지만 그 과정을 실행에 옮기기는 너무 힘들어."

애슐리가 한 가지 일을 끝까지 완수하지 못하는 건 시간과 돈이 부족해서가 아니다. 자녀 둘은 학교에 다니고 있고 집에는 아이들을 돌봐주는 도우미가 상주한다. 남편은 대규모 보험사 창업주의 아들이기에 집안이 부유하고 자기 힘으로도 많은 돈을 벌었다.

애슐리는 돈을 벌기 위해서가 아니라 자신이 원해서 사업 계획을 세웠다. 스탠포드 대학교에서 MBA를 취득한 애슐리는 어린 시절에 품은 열정을 바탕으로 작은 사업을 구상하며 즐거워했다. 하지만 수년간 꿈을 좇으며 한 번도 그 꿈을 실현하지 못하자 자신의 에너지와 창의력으로는 아이디어를 실현하기가 어려움을, 마음에 드는 아이디어를 하나 골라 그걸 발전시키는 데만 집중하기가 불가능함을 깨달았다. 나이가 들수록 주의가 흐트러져 세세한 부분까지 신경 쓰는 게 더욱 힘들어졌다. 잠깐 동안 하나의 일에 집중하다가도 이내 머릿속에 있는 모든 아이디어를 생각했다. 그녀는 중간에 다른 사람이 끼어들어 자기 대신 프로젝트를 마법처럼 완수해주기를 바랐다.

애슐리는 브라이언이 느끼는 좌절감을 이해했다. 결국 그도 자신의 꿈을 이루기 위해 힘든 시간을 견뎌온 사람이다. 하지만 그는 결국 성공했다. 자기 힘으로 큰 부자가 되었다. 애슐리는 남편처럼 성공하지 못해 좌절했다. 자신도 쿠키를 팔아서 성공한 데비 필즈나 바디샵The Body Shop 창업주인 애니타 로딕, 구두부터 선글라스에 이르기까지 멋진 제품들을 내놓는 토리 버치, 속옷 브랜드 스팽스Spanx를 만들어 자기 힘으로 세계 최연소 여성 억만장자가 된 사라 블레이클리처럼 되고 싶었다. 그러나 꿈을 실현하기까지의 여정은 견딜 수 없을 정도로 길고 지루했다.

무한한 가능성이 주는 절망감

오랫동안 하버드 대학교 정신의학과 교수로 재직했고 내가 만나 본 최고의 스승인 고 레스턴 헤이븐스가 예전에 내게 이런 말을 한 적이 있다. "모든 정신요법은 '당신은 대체 무엇을 원하는가'라는 한 가지 질문을 중심으로 시행할 수 있네. '당신' '대체' '무엇' 원하다' 라는 4개의 단어 가운데 어디에 주안점을 둘 것인지 정하면 완전히 다른 네 방향으로 논의를 진행할 수 있지."

애슐리의 경우 그녀를 가장 괴롭히는 것은 '대체'일 것이다. "애슐리, 네가 원하는 게 대체 뭐야?" 그녀는 천 번도 넘게 스스로에게 이 렇게 물었을 것이다.

헤이븐스의 믿을 수 없을 정도로 단순한 질문에 대한 답은 그 순 간 바로 나올 수도 있고 평생 동안 찾아야 할 수도 있다. 어떤 사람 은 이 질문에 결코 답을 하지 못하는데, 이는 답하고도 본인이 원하 는 걸 얻지 못하는 것보다 훨씬 끔찍한 기분을 느끼게 한다. 만약 당 신이 이 질문에 답을 하지 못한다면 목적지가 없이 영원히 헤매다니 는 신세가 될 것이다.

쇠렌 키르케고르는 《죽음에 이르는 병》에서 "무한한 가능성이 주는 절망감"에 대해 설명했다. 삶은 한정적이기에 때때로 가능성이라는 주제는 인간을 절망하게 한다. 알렉산더 대왕이 더 이상 정복할 땅이 없음에 절망했던 것처럼 말이다.

하지만 어떤 이들은 가능성이 한정되어 있기 때문이 아니라 오히려 무한하기 때문에 절망을 느낀다. 대부분 사람은 살면서 필요한 것을 얻기 위해 어떤 일에 매이지만 개중에는 그런 필수적인 일이 자신의 상상력을 가로막지 못하게 한다. 그들은 끊임없이 새로운 가능성을 상상한다. 그중 하나도 실현하지 못할지라도 말이다. 키르케고르의 말처럼 "그 무엇도 실제가 되지 않기 때문에 점점 더 많은 것들이 가능해"진다.

한 아이디어를 실행에 옮기기 위해서는 노동력이 필요하다. 대부분 사람들은 하나의 일을 진행하는 동안에는 다른 프로젝트에 관심을 기울이지 못한다. 하지만 무한한 가능성에 사로잡힌 사람은 오직 기회만 보기에 절망한다. 애슐리에게는 "무슨 일이든 가능하다"라는 낙관적인 문구가 종말의 전조와도 같다.

"무한한 가능성"을 느끼는 사람들이 그 가능성을 실행에 옮기지 못하는 이유는 이미 부자라서 돈을 벌거나 상사의 비위를 맞출 필요가 없기 때문이 아니다. 그런 건 단지 표면적인 이유일 뿐이다. 그보다 내밀한 이유는 기술, 그러니까 일을 완수할 인지적 능력이 부족하기 때문이다. 캐시 콜비는 '의지'에 관한 연구로 사람들이 저마다 문제에 대처하는 방식이 유전적으로 다름을 입증했다. 의지는 심리학 분야에서 아무도 들어본 적 없는 가장 강력한 개념이다. 모든 이에게는 자신만의 '능동적인 방식'이 있다. 어떤 일을 마무리하는 선천적인 방식인 의지는 프로젝트를 진행하거나 문제를 해결하는 데 쓰인다.

다음과 같은 실험을 해보면 자신의 능동적인 방식을 간단하게 알 수 있다. 어떤 사람이 손수레에 가득 담긴 쓰레기를 당신 앞에 버린다고 상상해보자. 지금 당신 앞에는 온갖 잡동사니와 고철, 옷감 조각, 단추, 전구, 작은 바퀴, 오렌지 껍질, 개가 씹던 뼈다귀, 자전거 체인, 펠트로 만든 모자, 낡은 다목적 오일 캔, 유목流木 조각, 살을 다 파먹은 바닷가재 집게발, 달걀 껍질, 낡을 대로 낡은《허클베리 핀》문고판, 다 닳은 타이어, 빈 그림 액자, 경적, 가죽 끈이 달린 오래된 나무 눈 신 등이 무더기로 쌓여 있다. 쓰레기를 버린 이가 "이것들을 가지고 뭔가를 만들어보세요"라고 말한다면 어떨까?

그러면 당신은 자신의 능동적인 방식으로 상황을 판단할 것이다. 어떤 사람은 "내가 왜 그래야 하죠?"라고 물을 것이고 또 어떤 사람은 "어떤 용도로 만들어야 합니까?"라고 물을 것이다. 잡동사니를 모아서 뭔가를 만들라고 요구하는 동기가 뭐냐고 묻는 사람도 있을 것이다. 누군가는 즉시 쓰레기를 다양한 카테고리로 분류하기 시작할 것이고, 잡동사니를 깔끔하게 정리해 부스러기를 버리는 사람도 있을 것이다. 어떤 사람은 도움을 청하면서 문의 전화를 걸거나 참고 자료를 이용해도 괜찮냐고 물을 것이다. 그 자리에 서서 잡동사니 더미에 대해 곰곰이 생각하는 사람이 있는가 하면, 주위를 돌아다니면서 다양한 각도에서 관찰하는 사람도 있을 것이다. 누군가는 휴대전화로 사진을 찍어서 엔지니어 친구에게 보낼 것이며 누군가는 폭소를 터뜨릴 것이다. 손바닥에 설계도를 그리는 사람도 있을 것이다. 반대로 말을 듣자마자 일을 시작해서 머릿속에 의식적인 설계도도 없는 상태에서 잡동사니를 부품 삼아 조립하는 사람도 있을 것이다. 이런 사람들은 대개 기업가다.

이 요구에 대한 정답은 없다. 단지 나타내는 반응이 매우 다양함을 통해 사람들이 의지의 영역에서 얼마나 큰 차이를 보이는지 알 수 있다. 아이디어를 시작하는 데부터 완성하는 데까지 필요한 것들을 생각해보면 그 일을 혼자 힘으로 해낼 수 있는 사람이 드문 것도 당연하다. 초기 아이디어부터 완성품이 나오기까지 프로젝트를 진행하는 데 필요한 일을 모두 해낼 수 있는 인지적, 능동적, 감성적 능력을 두루 갖춘 사람이 거의 없기 때문이다.

애슐리의 능동적 방식에는 혼자 힘으로 일을 해내는 능력이 없다. 이는 도덕적 결함이 아니라 그녀가 타고난 능동적 방식의 특징이다. 이런 방식을 지녔다면 자기가 아닌 사람이 되려고 애쓰기보다 적절한 조력자나 파트너를 구해야 한다. 하지만 애슐리는 그렇게 하지 않았고 절망에 빠졌다. 정신이 풍요로움에 기뻐하는 대신 앞으로도 무산될 아이디어만 내놓을 것이라는 두려움에 사로잡혔다. 시인 존

그린리프 휘티어의 글처럼 "혀와 펜에서 나오는 모든 슬픈 말들 가운데 가장 슬픈 건 '~이었을지도 몰라'다."

무한한 가능성이 절망으로 이어지는 이유는 결코 실현하지 못한 일이 무엇인지를 알기 때문이다. 거기에 더해 스스로를 책망하는 행동은 그런 절망을 더욱 키운다. 책임지지 않는 것이 아니라 너무 많은 책임을 진 탓에 목표를 달성하지 못하는 자신의 무능함을 혹독하게 비난하는 것이다.

애슐리의 고민거리는 사실 그녀의 엄청난 강점인 상상력에 뿌리를 내리고 있다. 새뮤얼 존슨의 강렬한 문구를 인용하자면 애슐리의 "상상력에 대한 허기"는 그녀의 삶을 끝없이 갉아먹으면서 결코 채워지지 않는다. 대부분 사람이 하늘이 내린 재능이라 여기는 것이 애슐리에겐 저주가 되었다.

천부적인 기업가들이 대개 그렇듯 애슐리도 뛰어난 능력과 활력을 갖추고 있다. 그녀는 자유기업 제도가 기능하는 최선의 방식을 상징한다. 기회를 사랑하고, 자립을 받아들이며, 위험을 기꺼이 감수하고, 열심히 일하기를 좋아하며, 큰 보상을 소중히 여기고, 스스로 일해서 얻은 정직한 결실만을 손에 넣을 자격이 있다고 여긴다. 일이 잘못 돌아가기 전까지는 실패가 두려워 일을 단념한 적이 없었다. 빈손으로 집에 돌아가는 어부처럼 다음 날 아침 일찍 일어나서 다시 시도했다. 애슐리는 최신형 어군 탐지기보다 더 큰 도움을 줄 수 있는 중요한 질문에 답하지 못했다. "나는 왜 원하는 것보다 적은 물고기를 들고 집에 돌아가는 걸까? 어디에서 도움을 받을 수 있을까?"

애슐리의 성장 배경

애슐리가 겪는 ADT 유형은 전자 통신 기술로 인해 과거보다 훨씬 많은 일이 가능해진 요즘 특히 흔해진 증상이다. 많은 가능성은 애슐리 같은 사람들의 주의를 계속해서 산만하게 만들면서 현대적인 유형의 ADT를 유발한다. 현대 생활의 크나큰 축복이 저주가 된 것이다.

다른 유형과 마찬가지로 애슐리와 같은 형태의 ADT를 야기하는 원인이 현대 생활만은 아니다. 애슐리는 똑똑하고 호기심 많은 아이였다. 약간 과체중이기는 했지만 한눈에 호감이 가는 매력적인 소녀였다. 내면의 에너지 때문에 눈에는 언제나 생기가 넘쳤고 대부분 사람은 그녀의 창의력이 내뿜는 활기에 즉시 마음을 뺏겼다. 재치 있고 열정적인 그녀는 주변 분위기를 고조시키는 역할을 하곤 했다. 고등학교와 대학교 시절부터 모험을 즐겨 15미터 높이의 다리 위에서 대담하게 번지점프를 하거나 패러세일링을 하기도 했다.

애슐리는 어릴 때부터 모험적인 사업가 기질을 보였다. 어린 음악 천재들이 바이올린을 들고 연주하기 시작하는 것처럼 누가 부추기지 않아도 자연스럽게 그 일을 해냈다. 10살 되던 해 어느 여름날, 그녀는 중산층 이상의 백인들이 모여 사는 코네티컷 주의 자기 동네에 지금껏 그 누구도 보지 못한 최고의 레모네이드 판매대를 설치했다. 그것을 뒤뜰에 있는 테라스처럼 만들어 사업을 완전히 새로운 차원으로 끌어올렸다. 그녀의 오빠들이 차고에서 커다란 플라스틱 테이블과 접이식 의자를 꺼내왔고, 거대한 비치파라솔을 펴서 그늘을 만들었다. 애슐리는 자기 용돈을 털어서 부채와 집에서 만든 초콜릿칩 쿠키, 견과류가 담긴 그릇을 진열했다. 어린이용 물놀이 수영장에 물을 채워서 손님들이 발을 담글 수 있게 하고 커다란 휴대용 CD 플레이어를 들고 나와 비치 보이스와 비틀스 그리고 존 콜트레인의 음악을 틀었다. 그 앞을 지나가던 사람들은 그늘에 앉아 음악을 들으며 시원한 음료를 마실 수 있어 기뻐했다.

메이플라워호를 타고 미국에 건너온 프로테스탄트 가문 출신이자 집안에서 아이들의 양육을 담당하는 애슐리의 어머니는 사교 클럽에 갔다가 돌아와 집 앞마당에 그런 장면이 펼쳐진 것을 보고 충격을 받았다. 당황한 어머니는 늘어놓은 걸 전부 치우라고 명령했다. 그날 저녁 애슐리가 울고 있는 걸 본 아버지 프레스턴은 아내와 말다툼을 했다. "제발 대프니, 아이들은 원래 창의적이잖아. 이웃 사람들도 좋아하고. 애슐리가 좀 즐기게 놔두자고. 여름이잖아"라며 아내를 설득하려고 했다. 하지만 이긴 건 대프니 쪽이었다, 언제나 그랬듯이.

프레스턴은 유능한 정형외과 의사였다. 애슐리는 아버지를 아주 좋아했지만 그는 매우 바빠 딸에게 충분히 관심을 쏟을 수가 없었다. 애슐리는 아버지를 자주 보지는 못했어도 그에게서 힘을 얻었다.

남편이 명망 높고 보수가 많은 직업을 가진 덕택에 대프니는 엘리트 사교 클럽에 초청받을 수 있었다. 큰 포부를 지닌 사교계 명사인 대프니는 상류계급 남자들의 이미지에 딱 들어맞는 애슐리의 오빠들을 아꼈다. 금발에 늘씬하고 자신감이 넘치는 사내아이들은 공부와 운동도 잘했다. 대프니가 종종 말한 것처럼 아들들은 "완벽"했다. 그녀는 매주 일요일이면 교회에 가서 자기가 숭배하는 척하는 신에게 이런 아들들을 내려준 데 감사했다. 그 애들은 그녀가 실제로 숭배하는 왕국, 그러니까 코네티컷 주와 더 넓게는 세상 전체의 엘리트들이 모인 왕국에 들어서기 위한 열쇠였다.

애슐리의 어머니에게 딸은 당혹스러울 정도로 불완전한 존재였다. 대프니는 애슐리가 버릇없고, 통통하고, 산만하고, 어리석으며, 상류사회에 발을 들여놓을 수 있을 만큼 아름답거나 세련되지도 않다고 비난했다. 애슐리는 오빠들과 같은 사립학교에 다녔지만 그들만큼 학업 성적이 우수하지 않았다. 애슐리의 오빠들은 꾸준히 성적이 좋았던 반면 애슐리는 성적이 들쑥날쑥했다. 그녀의 카운슬러와 교사들은 언제나 애슐리가 조금만 더 정진하면 최고의 성적을 받을 수 있을 거라고 말했다.

애슐리는 믿기 어려울 만큼 독창적이었지만 공부에 전념해 지겨운 과제를 참고 공부하거나 하나의 목표를 향해 전진하는 아이는 아니었다. 사람들이 그녀에게 커서 뭘 하고 싶으냐고 물으면 언제나 55가지의 다른 대답을 늘어놓았다. 나중에 대학에 가서 뭘 전공하고 싶은지 물어도 눈알만 이리저리 굴려댔다.

대프니가 보기에 애슐리는 매사에 어설프고 통통한 말괄량이에 약간 어두운 면이 있는 아이였다. 언젠가는 이렇게 말한 적도 있다. "너도 네가 나한테 얼마나 큰 실망을 안겨줬는지 잘 알겠지. 하지만 우리 가족이 세상에서 마땅히 누려야 하는 지위에 올라서는 걸 네가 방해하게 놔두지는 않을 거야. 절대 그런 일은 없을 거야." 말을 마치자마자 대프니는 휙 돌아서서 성큼성큼 걸어갔다.

애슐리는 바닥에 주저앉아 울음을 터뜨렸다. 이후 그녀는 자기 어머니가 비슷한 방식으로 자기를 모욕할 때마다 눈을 가늘게 뜨고 결연하게 1학년 때 담임 선생님이 가르쳐준 내용을 되새겼다. "나는 나 자신의 주인이다. 비열한 세상이 날 상처 입히게 하지 않을 것이다." 이 방법은 효과가 있었다.

애슐리의 회복력

애슐리가 경쟁심 강한 자기 어머니의 부정적인 성향과 맞서 싸워이길 수 있었던 데는 몇 가지 이유가 있다.

첫째, 애슐리는 낙관적인 성향과 투지, 배짱, 아이디어를 생성하는 능력, 기업가적인 의욕이 높은 유전자를 타고났다. 이 속성들이 전적으로 유전자에 의해 결정되지는 않지만 핵산이 적절하게 조합된 상태로 태어난 이들은 이런 면에서 날 때부터 남들보다 유리한 선상에 있다는 사실을 알고 있다. 애슐리는 '당돌한 아이'라는 자기 별명을 싫어했는데, 그 말이 활기차기는 해도 별로 똑똑하지는 않다는 느낌을 풍긴다고 생각했기 때문이다. 하지만 당찬 회복력과 상상력은 그녀가 계속 앞으로 나아가는 데 도움이 되었다.

둘째, 애슐리는 아버지와 애정 어린 관계를 유지했다. 애슐리가 아버지와 맺은 것과 같은 단 하나의 긍정적인 관계는 부정적인 관계의 피해를 줄이거나 상쇄하기도 한다. 그녀의 아버지는 딸의 양육에 깊이 관여하지는 않았지만 그녀의 곁에 있었고 단지 그것만으로도 중요한 영향을 미쳤다. 애슐리는 살아가는 데 필요한 힘을 얻을 수 있을 만큼 아버지와 소통했고, 날이 가고 해가 갈수록 그저 그가 자신의 아버지이고 자신이 그의 유일한 딸이라는 사실에서 힘을 얻었다. 아버지가 곁에 없을 때에도 아버지에 대한 애슐리의 애정이 항상 혈관을 따라 온몸을 흐르면서 그녀의 몸 안에서 제 기능을 다했다.

적절한 조건 아래서는 이런 애정이 영혼을 구할 수도 있다. 우리는 누군가를 사랑하면서 생명을 구하는 자양분을 얻는다. 소통을 많이 하지 않더라도 서로를 인정하는 유익한 관계라면 가능하다.

셋째, 애슐리는 운 좋게도 암기하기보다는 생각하기를 중시하고 교사 말에 일방적으로 귀 기울이기보다는 아이디어를 갖고 노는 쪽을 중요하게 여기는 학교에 다녔다. 그 결과 생각하고 실험하기를 좋아하게 되었다. 성적이 썩 좋지 않아 우등생 명단에는 오르지 못했지만 학교에 다니기를 좋아했고 스탠포드 대학교에 입학할 정도로 성적을 올렸다. 그녀는 경제학을 전공하기로 결심했고 졸업한 뒤에도 공부를 계속해 MBA를 취득했으며 손가락이 피아노에 이끌리듯이 경영대학원에 마음을 붙였다. 그곳에 다니는 동안 그녀는 평생 연주하고 싶은 자기만의 악기를 찾았다.

하지만 조직적인 면은 그리 쉽지 않았다. 그녀는 항상 논문을 늦게 제출했지만 사례를 학습하는 방식을 좋아했고 특히 기업가 정신에 대한 강좌를 선호했다. 기업가 정신이 주는 모험심과 위험, 성장 기회가 그녀를 흥분시켰다. 하지만 당시에도 프로젝트를 마무리하는 능력이 부족했기에 성적은 그다지 좋지 않았다.

애슐리처럼 자기 모순적인 특성들을 가진 기업가들이 많다. 한쪽 성향은 개인을 성공으로 이끄는 반면 다른 쪽 성향은 발전을 방해한다. 다음 표에 나열된 속성을 모두 가지고 있는 사람은 많지 않지만 대부분 기업가는 자기 안에 도사리고 있는 몇 가지 특성을 알아볼 것이다. 자신에게 어떤 속성이 있는지 확인하고 부정적인 면을 제어하는 데 집중하면 자기를 발전하는 데 도움이 된다.

생각이 이리저리 튀는 사람들의 장점과 문제점

장점	문제점
자유롭고 독립적이며 운명의 주인이 되어 누구의 지배도 받지 않고자 하는 욕구가 강하다.	팀을 이뤄서 일하기 힘들다. 사적으로 친밀한 관계에서 문제가 생긴다.
창의적이어서 계속해서 새로운 아이디어를 내놓는다.	충동적이다.
어떤 일을 진행할 때 초반에 흥분이 고조되는 경향이 있다.	흥분이 금세 가라앉는다.
극도로 부지런히 일한다.	투지가 넘치고 강박적이며 광적이다.
위험을 감수하는 능력이 뛰어나다.	바쁘게 살아가고 있다고 느끼기 위해 위험한 상태에 있고 싶어 한다.
몽상가, 선견지명, 개척자의 기질이 있다.	일을 실행하고 세부적인 부분까지 처리하는 능력이 부족하다.
혁신적이다.	지시를 따르지 못하거나 따르려고 하지 않는다.
리더십이 강하다.	내면에 갖가지 자기 회의가 숨어 있다.

애슐리가 앞으로 나아가기 위해서는 내면의 어떤 힘이 일의 진행을 방해하는지 알아내야 했다. 그녀가 한 가지 일에 계속 집중하려면 무엇이 필요할까? 바로 안전하다는 느낌이었다. 오르테가 이 가세트의 말에 따르면 그녀가 이런 어려움을 겪게 된 것은 어머니의 이기심 때문이다. 애슐리는 그런 감정과 맞닥뜨릴 때마다 회피했고 그러다보니 성장마저 피하게 되었다.

애슐리는 우리 삶을 심하게 훼손하는 심리적 약점 가운데 하나인 자기도취적인 부모 때문에 고통받았다. 어린 애슐리가 자신의 모든 창의력과 야심을 끌어모아 세계 최고의 레모네이드 판매대를 만들자 그녀의 어머니는 그걸 위협으로 받아들이고 질투를 느껴 가판대를 모두 치우게 했다.

다정하지만 곁에 잘 없는 아버지의 노력에도 애슐리는 트라우마를 극복하지 못했다. 어머니의 잔인함과 질투 때문에 애슐리의 내면에는 어떤 일을 성취하는 일에 대한 공포가 깊게 뿌리를 내렸다.

우리는 그 시절로 돌아가 원초적인 야수의 모습을 한 그녀의 어머니와 대면했다. 어머니의 무시무시한 어금니를 제거하고 슬픔과 분노를 함께 견딘 뒤에 의기양양하고 안전하게 다음 단계로 넘어갔다. 이런 심리요법은 하버드 대학교 강단에 섰던 또 한 명의 전설적인 정신의학과 교수인 고 엘빈 셈라드 박사가 설명한 것이다. 셈라드 박사는 책이나 논문을 남기진 않았지만 에픽테토스처럼 그의 제자들이 스승의 다양한 가르침을 후대에 전해 오늘날까지 구전으로 이어지고 있다. 셈라드는 애슐리와 내가 진행한 3단계 과정을 요약해 "심리치료사와 의뢰인은 강력하고 고통스러운 감정과 기억을 인정하고, 견디고, 넓게 바라봐야 한다"라고 말했다. 의뢰인은 그 과정을 통해 성장하고 보다 건전한 삶을 영위할 수 있다.

나는 애슐리에게 그녀가 하고 싶은 일에 집중하라고 권했다. 애슐리에게는 무엇보다 체계가 필요했다.

"샤워하는 중에 근사한 아이디어가 굉장히 많이 떠올랐는데 하나도 써먹지 못했어요." 애슐리가 내게 말했다.

이에 내가 대답했다. "샤워실 근처에 고리를 달아 공책과 펜을 매달아두세요. 샤워를 끝내고 나와서 바로 적을 수 있게요. 샤워 도중에 잠깐 나와서 적을 수도 있고요. 스쿠버다이버들이 사용하는 수중 메모판을 하나 구해서 샤워실에 걸어두는 것도 좋은 방법이에요."

"좋은 생각이에요." 애슐리가 말했다. 그러고는 잠시 말을 멈췄다. "하지만 그러면 제가 실행에 옮기지 못하는 아이디어가 더 늘어날 뿐인 걸요."

"그 문제를 해결하기 위한 방법을 써봤나요?" 내가 물었다.

"어떤 해결책이요?" 그녀가 물었다.

"한 가지 아이디어에만 공을 들이도록 노력하는 방법 말입니다."

"그게 바로 문제인 걸요. 저는 어떤 아이디어에 공을 들일지 정할 수 없어요."

"그럼 제가 대신 정해드리죠." 내가 자원했다.

"어떻게 그게 가능하죠? 제가 동의한다고 해도 어떤 아이디어가 제게 가장 잘 맞는지 모르시잖아요."

"어째서 그렇게 생각하세요?"

"그야 선생님은 선생님이고 전 저니까요."

"좋아요." 내가 말했다. "당신은 자기 자신에 대한 전문가고 나도 그 점에는 동의하니까 어떤 아이디어가 당신에게 가장 적합한지 말해보세요."

"모르겠어요! 그게 제 딜레마라고요. 그래서 여기에 와 있는 거고요."

"그러니 제가 대신 정해드린다니까요. 아이디어를 10가지만 말해주면 그중에서 당신이 공을 들여야 할 걸 골라드리죠."

"지금 절 화나게 만들려고 하시나요? 대체 뭐하시는 거예요?"

"전 그저 당신의 딜레마를 다음 단계로 끌고 가려는 것뿐입니다." 내가 말했다. "당신이 결정을 내리지 못한다면 다른 사람이 대신 해줘야 한다고 생각하지 않으세요? 저는 왜 안 됩니까?"

"선생님은 어떤 아이디어가 제게 적합할지를 판단할 만큼 저를 잘 모르시니까요."

"흠, 그럼 누가 당신을 그렇게 잘 알까요?" 내가 물었다.

"아무도 몰라요! 그게 바로 중요한 점이라고요." 애슐리는 격노해서 말했다.

"아무도 어떤 아이디어를 실행해야 할지 모른다면 앞으로도 밤새 이 아이디어 저 아이디어 번갈아가며 떠올리다가 결국 그중에서 제대로 하는 건 하나도 없는 상태가 계속되겠네요. 왜 그러고 싶어 하는 겁니까?"

"저도 그러고 싶지 않아요! 그래서 여기 온 거라고요. 꼭 말꼬리 잡기 놀이를 하는 것 같네요. 선생님도 제 문제를 해결해주지 못하시나요?"

"전 벌써 당신 대신 결정해드리겠다고 제안했습니다. 그건 정신과 의사 대부분이 자청해서 하는 일보다 훨씬 힘든 일입니다."

"하지만 선생님이 저 대신 결정해주시는 건 싫어요."

"네, 그렇게 말했죠."

"그럼 대체 어떻게 결정해야 하죠?" 그녀는 좌절해서 물었다.

"당신은 알 거라고 생각합니다." 나는 애슐리의 화를 돋우지 않으려고 최선을 다하면서 말했다.

"제가 그걸 알면 왜 여기 와 있겠어요?"

"왜냐하면 결정을 내리고 싶지 않기 때문이죠. 당신은 저를 도피처로 이용하고 있습니다. '결정을 내리도록 도와줄 상담 전문가를 찾았어. 그가 날 위해 문제를 해결해줄 거야'라고 스스로에게 말하면서 계속 결정을 하지 않죠."

"지금 이게 다 게임이라는 말씀이신가요?" 그녀가 맞받아쳤다.

"게임이 아니라 자기기만이자 자기 파괴 행위일 뿐이죠. 사람들은 종일 자신을 속이고 또 방해합니다. 우리 모두는 이 일을 매우 잘합니다. 이건 인간 본성의 일부입니다. 저도 당신만큼이나 그 일을 잘하고 어쩌면 더 뛰어날지도 몰라요."

"이런 문제를 해결해주는 약 같은 건 없나요?" 애슐리가 물었다. "약이라도 있으면 정말 좋겠어요."

"누구나 다 약을 원하죠. 저도 약물을 처방하는 데 반대하지는 않아요. 제가 당신 입장이라도 약을 원할 겁니다. 하지만 당신 문제는 약물을 처방하기에 적절하지 않습니다. 열정은 지나치게 넘치는데 그걸 뒷받침할 능력이 부족한 게 문제 아닙니까."

"맞아요." 애슐리가 말했다.

"하지만 조만간 결정을 내려야만 합니다. 약물 없이, 그 일을 대신해줄 다른 사람 없이 말입니다. 당신은 그 일을 피하길 간절히 바라면서도 그게 불가능함을 알 겁니다. 어떤 이들은 심리요법이란 곧 함께 기다리는 과정이라고 말합니다. 우린 함께 기다릴 수 있어요. 당신과 함께 기꺼이 기다려드리죠. 서두를 필요는 전혀 없어요. 하지만 언젠가 반드시 결정을 내려야 할 겁니다." 나는 말을 잠시 멈췄다가 미소를 지으면서 한마디 덧붙였다. "물론 내가 대신 결정해주길 바란다면 이야기가 다르겠지만요."

"왜 제게는 이 일이 이토록 힘들까요? 제가 뭔가를 두려워하는 걸까요?"

"물론 그렇습니다. 우리 모두 그렇죠. 그 문제에 대해서는 적당할 때 이야기하기로 하죠. 그 전에 당신은 뭔가를 정해야 해요."

"제가 그걸 어떻게 할 수 있을까요?"

"방법은 아주 많습니다." 나는 다양한 체계를 제안했다. "아마 들어본 방법들일 겁니다. 가능성 있는 아이디어를 모두 모아 목록으로 만든 뒤 각각 1부터 10까지의 점수를 매기는 거예요. 아니면 목록 각각에 대한 장점과 단점을 적는 방법도 있고, 당신을 잘 아는 사람과 함께 브레인스토밍을 하면서 목록을 살펴보는 방법도 있습니다. 지금 당장 실행하기에 가장 실용적인 아이디어가 무엇인지 분석해볼 수도 있을 테고요. 만약 원한다면 기도를 한 뒤에 신이 어떤 계시라도 내려주는지 지켜보세요. 가능한 일들의 목록을 큰 글씨로 적어서 매일 볼 수 있는 벽에 붙여놓는 방법도 있습니다. 그 모든 가능성이 잠재의식 속에서 자유롭게 헤엄쳐 다니다가 개중 하나가 툭 튀어나와서 당신 시선을 사로잡을지도 모르죠. 아니면 최면요법을 시도해서 무아지경에 빠져 있을 때 뭐가 나오는지 보는 것도 괜찮습니다. 농담이 아닙니다. 어떤 사람들은 그런 방법을 통해 중요하고 올바른 결정을 하기도 하거든요. 최종 기한을 정해놓고 '다음 금요일 정오까지는 결정을 해야만 해'라고 스스로에게 말하는 건 어떨까요. 그러면 날짜가 다가온다는 두려움이 자기 안에 숨어 있던 정답을 쥐어짜낼지도 모릅니다. 아예 반대로 2주 동안 그 프로젝트에 대해 생각하지 말라고 자신에게 지시하는 방법도 있습니다. 그렇게 하면 지금부터 2주 뒤에 어떤 느낌이 드는지 알 수 있겠죠. 혹은 각 프로젝트의 장점과 단점에 일정한 수치를 부여한 다음 어떤 게 가장 높은 점수를 얻는지 살펴보는 방법도 있고요."

"와." 애슐리가 말했다. "방법이 엄청나게 많네요."

"결정을 내리는 방법은 이것 말고도 수십 가지는 더 될 겁니다. 시각적인 방법도 대개 효과가 있죠. 큰 글씨로 목록을 작성하거나 거대한 바퀴를 그린 다음 바퀴살 부분에 각각의 옵션을 적는 겁니다. 머릿속에 들어 있던 가능성을 모두 꺼내 정리해서 한눈에 볼 수 있게 하는 거죠. 그러면 대부분 사람은 좀더 균형 잡힌 방법으로 자기가 정말 원하는 것에 집중할 수 있습니다.”

“그러니까 일반적인 목록만 사용하는 게 아니란 말씀이시죠?”“대개의 경우 아닙니다.”내가 말했다. “당신이 일반적으로 작성하는 목록은 힘들고 단조로운 일을 떠오르게 할 뿐입니다. 여기에 생기를 불어넣고 싶다면 색깔을 이용하세요. 포스터 판이나 빛을 사용해도 좋습니다. 속임수를 써서라도 당신이 정말 원하는 게 무엇인지 알 수 있는 방법을 모두 동원하는 겁니다.”

“속임수를 쓴다고요?”애슐리가 물었다.

“네.”내가 대답했다. “문제를 게임처럼 만들고 그걸 해결하는 과정에 재미를 불어넣어 자신을 유혹하는 거죠. 현재 당신 마음은 결정을 내리지 않는 쪽으로 당신을 유도하고 있습니다. 마음속에 두려움을 품은 부분이 우유부단함을 좋아하기 때문에 지금까지 감춰온 비밀을 포기하고 싶어 하지 않는 거죠.”

“무슨 비밀이요?”애슐리가 물었다.

“그야 물론 당신이 정말 하고 싶은 일이 뭐냐는 거죠!”내가 대답했다. “이해하시겠어요? 결정을 내리지 못하고 엎치락뒤치락하는 대신 뭔가 더 몰두할 수 있는 걸 만들어내야 합니다. 더 나은 성과를 통해서 그 우유부단함이 낳은 성과를 능가해야 한다고요. 그러면 자기가 원하는 게 무엇인지 알게 될 겁니다.”

이와 비슷한 작업을 병행한 끝에 우리는 어머니에 대한 그녀의 감정을 서서히 인정하고 견디고 넓게 바라봤고, 다양한 선택지를 정리해서 그중 한두 가지를 골랐다. 결국 겉으로 드러난 그녀의 아이디어들은 매우 간단했다. "난 성공하고 싶어요. 그리고 꼭 성공하고 말거예요." 어느 날 애슐리는 이렇게 말했다. 그리고 그 희망을 이뤘다. 애슐리의 이리저리 튀는 아이디어가 낳는 위험성을 정리해보겠다.

1. **기운** 애슐리는 한 아이디어에서 다른 아이디어로 계속 옮겨 다니며 스스로를 소모해 자기 열정의 희생양이 됐다.
2. **감정** 끊임없는 자책이 부정적인 기운을 만들었고 거기에 기력을 뺏겼다.
3. **참여** 한 아이디어나 프로젝트에 몰입할 수 없어 참여와 이탈을 반복하며 살아갔다.
4. **체계** 체계를 확립해야 문제를 풀 수 있으나 혼자 힘으로는 체계를 만들 수 없었다.
5. **제어** 정신에 압도당해 통제력을 잃었다. 자신이 마음을 제어하는 것이 아니라 마음이 자신을 통제했다.

생각이 사방으로 튀는 사람들을 위한 10가지 방법 ————

1. 기운, 감정, 참여, 체계, 제어 가운데 자신에게 가장 필요한 게 무엇인지 생각해본다. 생각이 이리저리 튀는 사람들은 대부분 네 번째 요소인 체계에 문제가 있다.

2. 자신의 아이디어를 쭉 적어본다. 목록을 꼼꼼히 살펴보면서 자신의 뇌가 가장 밝게 반응하는 부분이 어디인지 찾는다. 하나만 정할 수 없다면 항목을 3개 이내로 고른다.

3. 그런 다음 결정을 내리고 그걸 실행에 옮기도록 도와줄 체계를 만든다. 내가 애슐리에게 제시한 방법들을 참고해도 좋다.

4. 이 일을 하는 동안 당신을 도와줄 수 있는 다양한 인물들을 적어본다. 기꺼이 도움을 줄 만한 사람이라면 친구, 전문가, 동료, 친지 누구라도 좋다. 이런 문제는 팀을 이뤄서 노력할 때 가장 확실한 결과를 얻을 수 있다.

5. 기업가 코치와 상담한다. 댄 설리번과 그의 아내 뱁스가 토론토에서 운영하는 스트래티직 코치Strategic Coach라는 회사는 지난 수십 년간 기업가들이 다양한 목표를 달성할 수 있도록 도움을 줬다. 모든 이에게 효과를 발휘하는 체계 같은 건 없으니 당신에게 맞는 코치와 체계를 찾는 게 중요하다. 혼자서 문제를 해결할 수 있다고 여기는 함정에 빠져서는 안 된다.

6. 친밀한 사람과 함께 당신을 방해하는 감정적 장애물이나 강렬한 감정적 반응을 일으키는 것들에 대해 곰곰이 생각해보자. 당신이 애슐리와 비슷한 상황이라면 어릴 때 느낀 위험과 성공이 서로 뒤엉켜 성공을 두려워하지 않을까?

7. 경기를 포기하지 말자. 자신의 힘을 활용해야 한다. 이기거나 상대방을 다치게 할까봐 물러나서는 안 된다. 자신이 지닌 힘을 두려워한 나머지 총력을 기울이는 대신 물러서는 쪽을 택하는 사람이 많다. 목표를 달성하는 과정에서 누군가를 조금이라도 다치게 할지도 모른다고 두려워하기도 한다. 인생은 제로섬 게임이 아니다. 대체로 당신이 목표를 이루면 다른 사람들도 함께 이익을 얻는다. 심지어 직접적인 경쟁에서 이기더라도, 예를 들어 테니스 경기에서 상대방을 물리치는 경우에도 경기에서 진 쪽은 다음에 더 잘해야겠다는 의욕을 불태우거나 당신에게 조언을 얻고 서로 관계가 깊어지는 등 그를 통해 귀중한 경험을 할 수 있다. 진짜 패자는 경기를 하지 않은 사람뿐이라는 상투적인 말은 진리다.

8. 자신을 하찮게 여기는 함정에 빠지는 것은 금물이다. 대부분 사람은 평소 발휘하는 것보다 더 큰 힘을 지니고 있다. 교수진 중에 노벨상 수상자가 5명이나 있는 세계적인 집단인 하버드대학교 화학과 사람들을 장기간 컨설팅 하며 알게 된 사실 하나는, 대학원생과 박사 후 과정을 밟는 학생 대부분이 자신은

그 프로그램에 정당하지 않게 끼어들어 그곳에 있을 자격이 없다는 생각을 남몰래 하고 있다는 것이었다. 자신이 부족한 존재라고 느끼는 건 그저 느낌일 뿐 사실이 아닌 경우가 많다. 자아 가운데서 성공할 수 있다고 생각하는 부분을 편들자. 그 부분이 서서히 자라날 것이다.

9. "할 수 있다고 생각하면 할 수 있고, 할 수 없다고 생각하면 할 수 없다"는 속담은 옳다. 심리학자 캐럴 드웩은 성장하는 사고방식이 고정된 사고방식을 능가한다는 사실을 입증했다. 성장하는 사고방식은 "내가 어떤 목표를 세우건 나는 그 목표를 달성하는 데 필요한 자원을 찾아낼 수 있다"고 말하는 반면 고정된 사고방식은 "나는 IQ나 수입, 외모, 인종, 성별 그리고 내가 지닌 다른 모든 속성 때문에 제약을 받는다"고 여긴다. 드웩의 연구에 따르면 두 가지 사고방식 모두 자기 충족적 예언이며 누구나 성장형 사고방식을 습득하고 발전시킬 수 있다. 정말 좋은 소식 아닌가!

10. 자신의 재능에 기뻐하자. 당신에게는 많은 아이디어가 있다. 그저 적합한 사람과 팀을 이루기만 하면 자신의 아이디어를 실현할 수 있다.

4

걱정을 해결책으로 바꾸는 기술

잭 로젠블룸은 자명종이 울리는 새벽 4시 30분이 되기 훨씬 전에 일어나 머릿속으로 오늘 할 일의 목록을 작성하고 있었다. 그는 7시 30분에 마빈과 조찬 회의를 할 예정이고 11시에는 배니언과 늘 하는 전화 약속이 잡혀 있다. 그 두 가지 약속 외에도 사이사이에 전화를 몇 통 걸고 조사도 좀 해야 한다.

잭은 세레나와의 점심 약속이 떠오르자 속으로 '윽' 하는 소리를 냈다. 바이오테크 사업에 투자하자는 세레나의 제안에 대해 논의할 예정이었다. 그는 별로 이야기하고 싶지 않은 사람과 식사하기를 싫어하지만 일하다보면 늘 이런 상황이 생기기 마련이다.

자명종이 울리자 잭의 아내인 낸이 큰 소리로 투덜거리면서 베개로 귀를 막으며 돌아누웠다. 잭은 침대에서 나와 커다란 욕실로 들어갔다. 그는 제일 먼저 욕실 선반 위에 주유 펌프처럼 설치되어 있는 에스프레소 기계의 버튼을 누르며 문자메시지를 확인했다.

"우리 스쿼시 치기로 한 약속 잊지 않았지?" 앤디에게서 온 메시지다.

"미안한데 취소해야겠어." 잭이 답신을 보냈다. "미치도록 바빠."

"알았어." 곧바로 앤디의 답이 왔다. "나도 숙취가 심해서 다시 자야겠어. 다음에 봐."

잭은 휴대전화를 내려놓고 수도꼭지를 열었다. 자신의 표현에 따르면 그는 "늘 들떠 있는 녀석"이다. 전도유망한 헤지펀드매니저인 잭은 항상 다른 사람들과 연락할 수 있는 상태를 유지했고 그 사실을 자랑스럽게 여겼다. 그는 하루에 4시간만 자고도 무리 없이 하루를 보낼 수 있도록 몇 년에 걸쳐 훈련을 쌓았다고 자랑하곤 했다. 낸이 그보다 많이 자야 한다고 조언하면 잭은 "죽으면 계속 잘 수 있어"라고 대답했다.

5시 15분이 되자 낸이 짜증나고 기진맥진한 상태로 아래층에 내려와 주방으로 들어갔다. 그녀는 잭이 이른 시간에 또 자기를 깨운 것에 화가 났다. 남들처럼 밤에 잘 수 없다면 적어도 손님방에 가서 자는 배려를 해줄 수 있지 않은가. 그녀는 좀비가 된 듯한 기분이었고 자기가 결혼한 남자도 좀비 같다고 느꼈다. 낸은 남편에게 고함을 지르고 싶은 욕구를 억눌렀다.

잭은 낸이 비난하는 말투로 그의 "봉제인형"이라고 부르는 노트북을 앞에 놓고 20분째 선물 시장 상황을 확인하는 일에 몰두하고 있었다. 그는 화면이 뚫어지게 응시하면서 엄지손가락 주변에 혹처럼 튀어나온 부분을 씹었다. 그가 어릴 때 아버지에게 물려받은 오래된 습관으로 불안할 때마다 나타나곤 하는데, 낸은 그런 모습을 볼 때마다 미쳐버릴 것만 같았다.

그는 아내가 카푸치노를 만드는 동안 전날 발생한 시장 폭락에 관한 기사를 읽는 데 푹 빠져 있었다. 그녀는 자기가 그곳에 있다는 사실을 남편이 알아차리기까지 시간이 얼마나 걸릴지 궁금했다. 한때 소울 메이트라고 여긴 남자는 결혼 생활 9년 만에 명석하고 재미있는 것을 좋아하는 보스턴 대학교 전미대표 하키 선수에서 불안한 일 중독자이자 월스트리트의 진부한 수완가로 바뀌어버렸다. 이제는 예전의 그를 알아보지도 못할 지경이었다.

학창 시절에도 꽤 수완이 좋았던 잭은 밤새 파티를 즐기고도 다음 날 치른 통계 시험에서 뛰어난 점수를 받곤 했다. 그와 함께 9년을 살면서 두 아이를 낳고 난 지금, 한때 그렇게도 매력적이던 퀸즈 출신 소년은 사냥감을 찾아 조용히 주위를 두리번거리는 상어를 연상시키는 사람이 되었다.

잭은 지금도 자기가 충분히 즐거운 시간을 보내고 있다고 생각했다. 그는 투자할 회사를 찾아다니면서 환희와 비슷한 감정을 느꼈다.

거래를 체결할 때면 하키 경기 중에 골을 넣던 순간의 느낌이 되살아나기도 했다. 마음속에서 "와!" 하는 함성이 솟구쳤다. 그는 일하지 않을 때에도 투자나 매매, 거래, 돈을 벌 수 있는 방법, 이왕이면 한번에 많은 돈을 버는 방법과 관련된 이야기하기를 좋아했다. 잭은 이 게임에 완전히 사로잡혀 있었다.

걱정이 지나친 사람들이 주로 보이는 경향

현실을 걱정할 필요가 없을 때에도 걱정한다.

아무리 열심히 일해도 충분히 일한 것 같지 않다고 느낀다.

전 세계 수십억 명의 새로운 자본가와 경기 침체로 늘 걱정이다.

가족 가운데 습관처럼 걱정하는 사람이 많다.

성공이 가까우면 불안하다.

걱정을 덜할 수 있다면 더 큰 성공을 거둘 것이라 생각한다.

일터에서 불만을 잘 말하지 못한다.

뭔가를 걱정하지 않은 때가 언제인지 기억나지 않는다.

준비가 되어 있지 않은 사람들을 보면 짜증이 난다.

세상은 곧 엉망이 될 것이라고 생각한다.

두려움 때문에 살면서 망설이는 일이 많다.

물론 낸은 미다스 왕처럼 돈을 벌어들이는 잭의 능력 덕분에 얼마나 많은 혜택을 받고 있는지 잘 안다. 두 사람 다 변변치 않은 집안 출신이지만 지금은 수백만 달러의 재산과 어퍼웨스트사이드의 호화로운 아파트, 잭이 뉴욕에 '입성'하기 위한 필수 조건이라고 여기는 햄프턴의 여름 별장도 있다. 아이들은 맨해튼의 사립학교에 다닌다. 이들 부부를 잘 모르는 사람들은 두 사람을 '이상적인' 커플로 여긴다. 그러나 대리석으로 장식한 욕실과 운전기사를 두기 위해서는 값비싼 대가를 치러야만 하고, 낸은 그 대가가 날로 더 커지는 것 같다고 느꼈다.

"손가락 좀 그만 물어뜯어!" 낸이 쏘아붙였다.

현장을 들킨 잭은 얼른 피가 맺힌 손을 내리고 계속 화면을 응시했다.

자신이 동정심을 중요하게 여기는 사람임을 떠올린 낸은 다시 한 번 남편과 원만한 관계를 시도해보기로 했다. 그녀는 잭에게 다가가 어깨에 손을 올리고 부드럽게 주무르면서 그의 시선과 주의를 화면에서 돌리려고 애썼다. 하지만 잭은 긴장을 풀기는커녕 오히려 몸이 더 딱딱하게 굳었다.

"여보." 그녀가 말을 걸었다. "제발, 이번엔 또 뭘 걱정하는 거야?"

그는 늘 뭔가를 걱정하고 있다.

"계획을 세우는 중이야." 잭이 조바심을 내며 말했다. "우리 생활이 전부 여기에 걸려 있다고. 남들보다 앞서 가지 않으면 어떻게 그들을 이길 수 있겠어?”

낸은 바람 빠진 풍선처럼 몸에서 공기가 빠져나가는 것 같았다. 이제는 남편이나 그들 관계를 구하기 위해 노력할 기운이 남아 있지 않았다. 그들에게는 충분하고도 남을 만큼의 돈이 있지만 가공의 ‘미래’에 대한 남편의 걱정은 끝없이 계속되었으며 그 걱정은 전염성까지 있었다. 그녀와 아이들은 잭 근처에 있을 때마다 엔진이 열기를 뿜어내듯 그에게서 불안감이 뿜어져 나오는 걸 느꼈고, 심지어 그가 곁에 없을 때에도 종종 그런 느낌을 받았다. 가족이 그의 일을 방해하려고 하면 잭은 방어적이고 퉁명스럽게 굴었다. 아이들은 이제 겨우 6살과 8살밖에 안 됐지만 벌써 아버지 주변에서는 발끝으로 걸어야 한다는 걸 배웠다. 낸이 늘 꿈꾸던 결혼과 가족생활은 팽팽한 긴장감이 감도는 불행한 사중주가 되었다. 그녀는 피로와 패배감을 느꼈다.

“그래도 오늘 밤 제레미가 하는 연극은 보러 오려고 노력할 거지?” 낸은 미처 통제할 틈도 없이 “노력”이라는 말에 비난조의 날카로운 목소리가 섞여 들어갔음을 느꼈다.

“아버지가 꼭 참관하지 않아도 되는 연극을 하는 학교에 다니는 편이 낫지 않겠어?” 잭이 화난 목소리로 딱딱거렸다. “아니면 내가 다녔던 것 같은 형편없는 학교에 다니게 하면서 절대 상연될 리 없는 연극을 보러 다니는 게 좋을까?”

낸은 양손을 쳐들고 비명을 질렀다. “그만해! 그만! 그 빌어먹을 유년기에서 이제 그만 좀 벗어나라고!"

망연자실해진 잭은 입을 다물었다.

"지금은 우리가 당신 가족이야!" 낸이 소리쳤다. "당신 아버지는 돈은 많이 못 벌었어도 매일 새벽 4시에 당신을 아이스링크에 데려다줬어! 당신이 자기 손자들과 보내는 시간이 얼마나 적은지 알면 당신을 부끄러워하실걸?"

낸의 말은 잭에게 커다란 충격을 줬다. 잭의 아버지는 여전히 가난에서 벗어나지 못한 채 겨우 1년 전에 세상을 떠났기 때문이다.

일터로 향하는 열차 안에서 잭은 이메일을 확인하고 업계 소식을 전하는 팟캐스트를 들으면서 아내가 한 말이 남긴 쓰라림을 잊으려고 했다. 투자할 만한 좋은 기회가 없는지 계속 살피면서 평소보다 훨씬 불안해했다. 엄지손가락을 물어뜯고 머리를 긁적이고 손가락으로 박자를 맞추고 무릎을 위아래로 덜덜 떨어대는 동안 걱정이 온몸을 휩쓸었다.

잭은 자기에게 문제가 있음을 알고 있었다. 낸이 고집을 부려 자신의 만성적인 불안을 해결하기 위해 몇 가지 방법을 건성으로 시도해보기도 했다. 그러나 부부 상담이나 명상도 거기에 집중할 수 있을 만큼 충분히 평정을 찾지 못해 소용이 없었다. 잭은 성욕을 감퇴

시킨다는 이유로 우울증 치료제인 프로잭Prozac 복용도 중단했다. 외부에서 도움을 얻고자 시도했다가 실패하자 그는 자기 일에 더 몰두했다. 더 열심히 일하는 건 거의 모든 일에 대한 그의 해결책이었다. '더 많이'가 그의 변하지 않는 목표였고 '충분'하다고 느낀 적은 단 한 번도 없었다.

그는 돈을 더 많이 벌 수만 있다면 불안감이 자신감으로 바뀔 거라 여겼다. 그래서 자신을 더 단련하고 더 오래 일해야겠다고 다짐했다. 그가 늘 하는 말처럼 크게 성공한다면 집에서 시간을 많이 보내고 낸과 아이들과도 오래 같이 있어줄 것이었다.

무척 힘든 하루를 보내고 집에 돌아온 잭은 집 안에 아무도 없음을 깨달았다. '지금쯤이면 제레미의 연극도 끝나고 다들 집에 돌아와 있어야 할 시간인데 왜 이렇게 늦을까?' 잭은 궁금해하면서 주방으로 들어가 머리 위의 조명을 켰다. 그리고 차가운 대리석 카운터 위에서 아내가 직접 쓴 쪽지를 발견했다.

사랑하는 잭,

난 우리 관계에 많은 희망과 달콤한 꿈을 안고 있었어. 우리가 예전에 계획하고 약속했던 대로 그 꿈을 함께 추구하고 싶다면 알려줘. 그동안은 혼자서 지내. 아이들과 함께 애니네 집에 머물 거야.

잭은 아연실색했다. 한동안 그는 아무것도 느끼지 못했다. 그러더

니 무슨 신호라도 받은 것처럼 노트북을 펼치고 시장 상황을 살펴
봤다.

누구도 믿지 말라

늘 그렇듯이 잭이 겪는 ADT도 그의 유년기와 그가 성장해서 일하
게 된 세상 양쪽에 원인이 있다. 오늘날 걱정과 두려움의 시대를 살
아가는 많은 성인은 뇌리에서 걱정이 떠나지 않아 뭔가에 주의를 기
울이기가 불가능하다. 빠른 속도로 전해지는 나쁜 소식들은 이런 감
정을 더욱 증폭하므로 잭과 같은 유형의 ADT는 상당히 흔하다.

그의 문제는 주로 두려움에서 유래했다. 잭의 유전자에는 이미 걱
정하는 성향이 가득하지만 그런 가족적 소인을 극단까지 몰고 간 건
홀로코스트Holocaust였다.

잭은 가난한 독일계 유대인 이민 가정에서 태어났다. 그의 할아버
지 요제프는 어릴 때 부헨발트Buchenwald의 나치 강제수용소에 끌려갔
다가 살아남았다. 강제수용소의 굶주림과 공포에서 해방된 요제프
는 1940년대에 가까스로 퀸즈로 이주했고, 정통파 유대교 집안 미국
여성과 결혼해서 잭의 아버지를 비롯해 세 아이를 낳았다. 요제프는
평생 시에 고용돼 잡역부로 일했다. 가족은 가난했지만 종교 규율을
엄격하게 지키며 서로 단결했고 유대교 공동체의 일원임을 기쁘게

여겼다.

하지만 잡역부 급여로 살아가는 인생은 고달팠다. 언제나 돈 문제가 화두였다. 아메리칸드림을 이뤄 중산층으로 올라가는 사다리의 낮은 단에서라도 계속 버티려고 애쓰는 동안, 이 가족은 지속적인 두려움에 사로잡혀 있었다. 사회과학자들은 죽음에 대한 잠재적이고 지속적인 공포가 인간 행동의 많은 부분에 뿌리내리고 있음을 밝혔다. 공포 관리 이론에 따르면 자신이 언젠가 죽을 것임을 아는 유일한 생물인 인간은 죽음의 공포에서 달아나기 위해 할 수 있는 모든 일을 한다. 사람들은 종교는 물론 애국심이나 마약, 타인에 대한 증오 외에 다양한 형태의 심리적 생존 방식에 의지한다.

나치 손에 절멸당할 위기에 처했던 유럽 출신 유대인들에게는 공포 관리가 중요한 생존 도구였다. 절멸의 공포에 맞서 자신을 지키기 위해 요제프나 그와 비슷한 처지의 많은 사람은 두려움을 바탕으로 한 생존 정신을 발달시켰다. "나를 죽이지 못하는 고통은 나를 더 강하게 만들 뿐이다"라는 한 생존주의자의 신념처럼 말이다. 위협으로 가득한 인생을 살았던 요제프는 실제와 가상을 막론하고 모든 공격을 막아낼 수 있도록 자신과 가족을 위한 방위책을 마련했다.

잭은 5살 때 할아버지가 이웃에게 하는 이야기를 우연히 들었다. 할아버지는 강제수용소에서 어떻게 쥐를 잡아먹었는지, 화장터에서 뿜어져 나오는 희생자의 엷은 재를 보는 기분이 어땠는지 등 수용소 생활을 이야기했다. 그날 밤 잭은 비명을 지르며 잠에서 깼고 그의 부모는 요제프에게 다시는 강제수용소 생활에 대해서 이야기하지 말라고, 특히 잭 앞에서는 절대 안 된다고 단호하게 못 박았다.

가족이 집단 학살, 근친상간, 알코올중독, 약물중독, 학대와 같은 일을 경험한 아이들에게는 가족의 트라우마에 대해 논하는 일을 엄격히 금한다. 커다란 고통을 야기하기 때문이다. 요제프는 자기 손자에게 희생자 의식victimhood을 가르칠 다른 방법을 찾아냈다. 어느 날 요제프는 잭과 '신뢰 게임'을 했다. 그는 잭에게 계단을 8칸 올라간 다음 뒤로 넘어져보라고 했다. "내가 잡아줄 테니까 걱정 말고."

잭은 할아버지의 말에 따랐다. 하지만 요제프는 떨어지는 잭을 잡지 않고 옆으로 비켜섰다. 어린 소년은 계단에서 떨어져 바닥에 머리를 찧었다. 우는 잭에게 할아버지는 이렇게 말했다. "이 일로 교훈을 얻었을 게다. 절대 누구도 믿지 말라는 교훈 말이다."

이 교훈은 잭의 마음속에 깊이 박혔다. 잭은 일찍부터 인생은 결코 안전하지 않다는 걸 배웠다. 그가 받은 가정교육은 그 무엇도, 누구도 신뢰하지 말라는 가르침이었다.

불안이 없던 시절

잭의 아버지 대니얼도 잭과 비슷한 나이에 요제프에게 불신에 대한 교훈을 얻었고, 그의 내면에는 트라우마 생존자와 관련된 여러 문제가 잭과 비슷하게 각인되어 있었다. 위협과 희생자 의식은 냉장고가 웅웅대는 소리처럼 잭의 집안 전체에 울려 퍼졌고, 잭은 그걸 이해하기는커녕 제대로 듣지도 않은 채 자기 내면의 일부로 포함시켜버렸다. 그는 자기가 퀸즈의 이웃에 사는 다른 아이들과 다르다고 느끼면서도 그 이유를 알지 못했다.

그와 동시에 잭의 부모는 성취를 강조했다. 대니얼은 중학교 수학 교사였고 잭의 어머니 엘렌은 주부였다. 두 사람은 요제프보다 경제적으로 풍요롭지 않았지만 잭과 세 형제자매는 괜찮은 공립학교에 다녔고 히브리어 수업을 받았으며 화려하지는 않아도 훌륭한 성인식을 치렀다. 또 잭의 아버지는 아들을 하키 팬으로 키웠다. 그는 새벽 4시에 잭을 깨워 연습장에 데려갔다. 빠른 두뇌 회전과 뜻밖의 재능 덕분에 잭은 하키로 학사 학위까지 땄다.

하키는 하늘이 준 뜻밖의 선물이었다. 그 덕분에 대학에 갈 수 있었을 뿐 아니라 적어도 하키를 하는 동안은 긴장을 풀 수 있었기 때문이다. 그는 자기에게 재미를 추구하는 면이 있다는 사실을 발견했다. 어쩌면 그런 면을 발전시켰다고 하는 편이 맞을지도 모르겠다. 그는 미국 최고의 하키 프로그램을 가진 보스턴 대학교에서 하키 장학금을 받았다. 대학에서 잭은 난생 처음 두려움에서 벗어났다고 느꼈다. 그의 새로운 일면이 아이스링크 위와 커먼웰스 가에 있는 기숙사에서 구체화되었다. 잭은 세상을 음울하고 두려운 장소라고 여기지 않는 다양한 출신의 친구들을 사귀었다. 믿을 수 없을 정도로 좋은 사람들을 만났고, 가끔은 방어 태세를 풀어도 괜찮음을 깨달았다.

잭은 삶에 사랑이 스밀 정도로 마음을 열었다. 대학교 2학년 때 그는 뜻하지 않게 깊은 사랑에 빠졌다. 그가 낸과 사랑에 빠진 이유는 "그날 밤 그곳에 있던 여자들 가운데 낸이 가장 예뻤기" 때문이었다.

낸의 가족은 잭의 가족과 사뭇 달랐다. 그녀는 매사추세츠 주 웰슬리 출신의 행복한 중산층 유대인 가정에서 자랐다. 성격이 밝으면서도 진지한 영문학도였고 부전공으로 음악 공연을 공부했다. 잭은 그녀 내면에 감춰진 동물적인 부분을 찾아내 밖으로 이끌어냈다. 사회에 진출해서 경력을 쌓는 일에 별로 관심이 없었던 낸은 무엇보다 기쁨과 사랑, 축하 행사가 가득하고 서로 긴밀한 관계로 맺어진 가족을 꾸리기를 꿈꿨다. 그녀는 잭이 자기보다 똑똑하다고 생각했다. 또 운동을 좋아하는 강인한 남자의 내면에 상처 입은 소년이, 술을 마시며 흥청거리는 파티광의 내면에 불안정한 남성이 숨어 있다는 사실도 알아차렸다.

잭이 낸의 모성을 느끼게 하는 큰 가슴에 성차별적인 태도를 보이자 낸은 그를 나무랐고, 그는 되레 낸을 놀렸다. "미안해. 하지만 난 운동밖에 모르는 바보인걸. 내겐 섹스가 최고야." 낸은 잭의 팔을 주먹으로 때렸고 두 사람은 침대로 돌아가 사랑을 나누며 행복한 시간을 보냈다. 막 엄마가 된 유대인 여성처럼, 낸은 길 잃은 강아지를 품듯 잭을 품어주었고 그에게 정신 건강과 비슷한 사랑을 불어넣었다. 잭은 자기도 모르는 새에 낸에게 마음을 활짝 열었다. 그는 할아버지가 계단참에서 자기를 잔인하게 속였던 일이며 어린 시절의 피해망상, 그리고 자기 가족 위에 늘 떠돌던 어두운 그림자에 대해 이야기했다. 냅은 이야기를 귀담아 듣고 전부 받아들인 다음 잭에게 가장 편안하고 신뢰가 담긴 말을 들려주었다. "사랑해."

잭이 입버릇처럼 하는 말마따나 이들에게는 "자라면서 접한 형편없는 것들을 모두 배제한" 행복한 가족을 꾸리겠다는 크고 담대한 꿈이 있었다.

대체된 공포

그러나 잭이 골드만삭스Goldman Sachs를 나와 직접 헤지펀드를 운영하기 시작하자 그의 불안 유전자가 복수라도 하려는 것처럼 활발하게 움직였다. 잭은 넉넉지 않은 가정에서 자랐다는 사실을 보상받기라도 하려는 듯 성공하기 위해 남보다 곱절로 노력했다. 자기 가족이 살던 작고 볼품없는 집과 낡은 가구에 굴욕감을 느낀 그는 아버지가 일을 그만둘 수 있도록 부모님에게 돈을 주려고 여러 차례 시도했다. 하지만 대니얼은 항상 아들의 제안을 거절하면서 이렇게 말했다. "난 내 일을 좋아한단다. 이런 내가 부끄럽다면 참 유감이구나."

잭이 항의했다. "아버지를 부끄러워하다니, 절대 그렇지 않아요. 그저 저를 위해 해주신 일들에 조금이나마 보답하고 싶을 뿐이에요."

"그럼 훌륭한 사람이 되어 행복하게 살려무나. 내가 원하는 건 그것뿐이다."

"제가 그렇지 않다고 생각하세요?"

"잘 모르겠구나."

대화는 거기에서 끝났다. "잘 모르겠구나"라는 수수께끼 같은 말만 허공을 맴돌았다.

대니얼은 아들이 주는 돈을 받는 건 자신이 탐탁지 않게 여기는 생활양식과 공모하는 일이라 여겼다. 그는 일에만 빠져 사는 삶이란 불경하다고 생각했다. 예전에 이 일로 잭을 꾸짖었을 때 두 사람은 2달 동안 서로 말을 하지 않고 지냈다.

"넌 일에만 집중하느라 가족들을 등한시하는구나." 대니얼이 책망했다. "돈을 아무리 많이 벌어도 하느님은 네가 지금 올바른 방식으로 살고 있지 않다는 걸 아신다."

"전 아버지가 벌지 못한 돈을 벌충하고 있는 거예요." 잭은 가시 돋은 말투로 대꾸했다. "적어도 전……." 잭은 자기 머릿속에 떠오른 뒷말을 바로 밖으로 꺼내지 않았다. "적어도 전 우리 가족이 정말 괜찮게 생활할 수 있을 정도로 돈을 번다고요."

마음의 상처를 입은 두 사람은 서로에게서 멀어졌고 부자 관계는 냉담해졌다.

마음껏 스케이트를 탈 아이스링크도, 기분을 들뜨게 하는 라커룸 문화도, 함께 술잔을 기울일 대학 친구도 사라진 잭은 자기 안으로 숨어들더니 곧 지나치게 의욕이 넘치면서 불안에 휩싸인 사람으로 변모했다. 요제프가 가르친 것처럼 마치 아내가 옆에 없는 것처럼 행동했다. 잭은 대학이 환상의 나라라고 여겼다. 그가 "진짜 세상"이라고 칭하는 곳에서는 모든 이가 냉혹하게 사리사욕을 추구하기에 누군가를 신뢰했다가는 잡아먹히고 말 것이다.

헤지펀드매니저의 롤러코스터 같은 생활 때문에 잭은 뼛속까지 걱정으로 가득 찼다. 하지만 그런 불안감이 자신에게 어떤 심각한 피해를 입히는지 몰랐기에 그는 그 감정을 받아들였다. 마음이 불안하지 않으면 오히려 남들 앞에 벌거벗고 서 있는 것처럼 나약해진 기분이었다. 근심 걱정 없는 순간을 즐길 만큼 대담해지면 과거에 요제프가 그랬듯이 운명이 자신을 계단 아래로 굴러 떨어지게 할 것이며, 반대로 항상 걱정에 휩싸인 채로 산다면 운명이 자신을 안전하게 지켜줄 거라는 말도 안 되는 믿음을 품고 있었다.

낸이나 친구가 그에게 좀 쉬라거나 주말에 햄프턴의 별장에 가서 긴장을 풀고 오라고 권할 때마다 잭은 그들의 말을 무시했다. 잭에게 가족 휴가란 늘 '일과 병행하는 휴가'였다. 가족들과 자전거를 탈 때도 그의 마음은 항상 주식시장에 가 있었다. 일을 하지 않을 때는 혼자 뭘 해야 할지 도통 알지 못했고 항상 뭔가 잘못됐다는, 자신이 뭔가를 놓치고 있거나 패배자 같다는 느낌을 받았다.

불안에 지배당하다

잭은 자신이 얼마나 불행한지, 또 주변 사람들까지 불행하게 만들고 있는지 알지 못했다. 그는 본인이 성공의 절정에 있다고 생각했지만 불안감은 그가 완전히 잘못된 방식으로 행동하게 만들었다. 잭은 스스로를 고립시켰고 낸과의 사이도 점점 멀어졌다. 행복한 가정을 일구자는 두 사람의 꿈에 기여하고 있다고 확신했으나 어느새 함께 나누는 가족생활의 중심축을 잃어버렸다.

지나친 걱정에 중독되다시피 한 잭은 자신에게 심리적인 속임수를 쓰기까지 했다. 자신의 불안감은 긍정적인 것이고, 어떤 걱정거리에 사로잡혀 있을 때만 편안함을 느낀다고 생각하기로 한 것이다. 그는 불안감이 주는 고통스러운 위로가 없으면 주변의 공격에 취약한 상태에 있다고 느꼈다. 고통스럽게 걱정할 때만 집중할 수 있기에 그는 걱정을 자초했다. 성공을 이루고자 하는 욕구가 강렬한 만큼 가장 높은 목표를 이루지 못했을 때 생길 결과가 너무 두려웠기에, 잭은 완전히 일에만 몰두하면서 잘못될 수 있는 모든 상황에 대비할 수 있도록 완전무장을 해야 한다는 강박관념에 사로잡혔다. 삶이 얼마나 공허해지고 있는지 깨달을 때 느낄 진짜 고통이 두려웠던 그는 한층 더 일에 몰두했다.

낸은 갈수록 실망이 커졌고 상황을 지켜보다가 결국 개입하지 않게 되었다. 잭을 붙잡을 능력을 서서히 잃었다. 잭은 갈수록 세상을 극도로 힘들고 위험한 장소로 여겼고, 붙잡기에는 너무 크고 강한 존재가 되었다. 한때는 낸도 잭을 자기가 사랑에 빠졌던 예전 그 남자로 되돌려놓을 수 있으리라고 기대했지만, 희망의 빛이 완전히 꺼지자 그의 곁을 떠났다.

중요하지 않은 문제에 과도하게 집중해 지나치게 걱정하는 경향은 오늘날 많은 사람에게 공통적으로 나타나는 현상이다. 이들은 인생의 모든 위험을 감지하는 한편 긍정적인 부분은 보지 못하고 걱정 때문에 주의가 흐트러진다. 나는 1998년에 현대사회의 여러 쟁점 때문에 생기는 지나친 걱정과 관련한 문제에 관한 책을 썼다. 이후 그 문제들은 급속하게 늘어나 일종의 환경 소음이 되었다.

걱정이 많은 잭의 성향은 유전적인 요인에서 비롯했지만 그가 택한 업무 환경은 그 성향을 더욱 악화시켰다. 지난 20년간의 연구에 따르면 걱정을 비롯해 우리가 느끼는 모든 기분과 감정의 토대는 유전자에 내재한다. 잭은 불안 유전자를 타고났다. 과학자들은 잭의 아버지와 할아버지가 경험한 것과 같은 환경적 스트레스에 대한 민감성을 고조시키는 원인이 되는 유전적 변형체를 찾아냈다. 그들에 의하면 또 다른 유전적 변형체 때문에 잭이 자초하는 부정적인 기분에 선천적으로 민감해질 수 있다.

기분을 안정시키는 강력한 신경전달물질인 세로토닌이 부족한 성향이 유전적으로 대물림되면서 우울증과 지나친 걱정이 생길 수 있다는 사실은 오래전부터 알려져 있었다. 이에 따라 우울증과 불안을 치료하기 위해 가장 일반적으로 사용되는 약물이 바로 뇌의 세로토 닌 수준을 높이는 선택적 세로토닌 재흡수 억제제, SSRI다.

그러나 유전자만으로 모든 상황을 설명할 수는 없다. 키처럼 유전 적 소인이 매우 강한 특성도 환경에 따라 달라진다. 만약 지하 감옥 에서 자라 한 번도 해를 본 적이 없거나 영양소가 불충분한 음식만 먹고 산다면 유전자에 정해진 만큼 키가 클 수 없다.

잭은 걱정에 사로잡히도록 훈련받았다. 그의 할아버지는 대부분 사람이 아동 학대라고 비난할 만한 방법으로 대니얼과 잭을 속였다. 그러나 요제프는 자기가 아들과 손자에게 호의를 베풀었다고 생각 했다. "이 일로 교훈을 얻었을 게다. 절대 누구도 믿지 마라. 네가 사 랑하는 아버지나 할아버지라 하더라도 말이다."

요제프의 속임수가 남긴 심리적 상처와 가족 모두가 갖고 있던 세 계관은 잭과 그의 아버지에게 지하 감옥에서 빛을 보지 못하고 자란 것과 맞먹는 영향을 미쳤다. 잭의 유전자와 그의 경험이 결합해 지 나치게 걱정하는 사람을 만들어냈다. 다행히 잭이 보스턴 대학교에 입학하면서 환경이 긍정적인 방식으로 개입했다. 새로운 친구들과 하키 팀의 영향을 받아 아버지와 할아버지의 어두운 그림자 아래서 벗어난 잭은 남을 신뢰하고 인생을 즐기고 심지어 사랑에 빠지는 법 까지 배웠다.

그러나 훗날 잭이 경쟁이 극심한 월스트리트에 발을 들이면서 3번 째 환경이 개입하게 되었다. 요제프의 끔찍한 교훈이 잭의 머릿속에 다시 밀려들었고 그의 원초적인 뇌는 유전적인 성향이 그의 세계를 지배하도록 허락했다.

걱정과 연결된 고립

잭처럼 걱정에 대한 유전적 소인을 지닌 사람이 수백만 명이지만 이들 모두가 잭처럼 지나친 걱정에 빠져 살아가지는 않는다. 잭은 가장 높은 수준의 목표를 달성하려면 근심 걱정이 꼭 필요하다고 믿어 마음속에서 이를 일종의 자산으로 전환시켰고, 기묘하게도 이 상태를 즐겁다고까지 여기게 되었다.

현대 생활은 이런 성향을 지닌 사람은 누구라도 지나친 걱정에 사로잡힐 수 있는 조건을 만들어냈다. 운이 좋은 몇몇 사람은 사실 절대 근심 걱정에 빠지지 않는 '행복' 유전자로 무장하고 있고 또 어떤 사람은 대단히 침착한 성품을 타고나 어떤 상황에서도 결코 흔들리지 않지만, 잭과 같은 유전적 구성을 지닌 이가 훨씬 많다.

현대 세계와 인간 정신의 다양한 요소는 서로 결합해 지나친 걱정에 빠질 수밖에 없는 최악의 상황을 조성한다. 오늘날의 전자 통신 기술은 걱정 유전자가 힘을 발휘하도록 돕는다. 즉각적이고 지속적으로 전달되는 나쁜 소식들로 포화 상태가 되기 때문이다. 계속 나쁜 소식만 듣고 싶은 사람은 아무도 없겠지만, 나쁜 소식은 좋은 소식보다 훨씬 빠르게 관심을 끌고 흔하다. 인생에는 나쁜 소식이 끊이는 법이 없다. 공포는 사람들의 마음을 끈다. 광고주들은 소비자의 관심을 사로잡는 대가로 돈을 지불하는데, 공포보다 신속하게 사람들의 관심을 끄는 건 없다. 이 감정은 심지어 섹스도 이긴다. 그래서 창의적인 인재들이 공포로 점철된 정보를 최대한 많이 찾아내 유포하는 일에 몰두하는 것이다.

무엇보다 중요한 점은 오늘날 우리가 독특한 역설의 시대에 살고 있다는 것이다. 전자기기는 인류 역사상 유례없는 방식으로 사람들을 연결하지만 사람과 사람 사이의 관계는 갈수록 단절되고 있다. 말 그대로 서로를 더 이상 보지 않게 되기 때문이다. 요즘 사람들은 20년 전보다 서로 얼굴을 맞대고 대화하는 시간이 적다. 하버드 대학교 사회학자인 로버트 퍼트넘의 《나 홀로 볼링Bowling Alone: The Collapse and Revival of American Community》과 MIT 사회학자이자 심리학자인 셰리 터클의 《외로워지는 사람들Alone Together: Why We Expect More from Technology and Less from Each Other》에서 설명한 것처럼 요즘 사람들은 내가 "연결된 고립"이라고 부르는 상태에서 살아간다.

연결된 고립은 사람들이 타인이나 세계와 포화 상태에 이를 정도로 서로 연결되어 있지만 자신이 원하는 것보다 더 외롭다는 낯선 감정이 점점 커지면서 고통받는 현상을 가리키는 역설적인 용어다. 이런 고립 상태는 가장 뛰어난 항불안제인 '인간관계'를 우리에게서 앗아간다.

우리가 살아가는 시대가 이렇게 지나친 걱정을 낳는 중요한 원인 가운데 하나는 잭처럼 혼자서 고민하는 사람들이 너무 많다는 것이다. 지나친 걱정에 사로잡히도록 잠재되어 있는 성향이 사회 영향으로 활성화된다. 아래 표는 건설적인 걱정처럼 유익한 행동이 어떻게 제대로 진단되지 않은 주변적 초점이라는 문제로 발전할 수 있는지를 보여준다.

걱정이 많은 사람의 장점과 문제점

장점	문제점
문제를 해결하는 능력이 있다.	문제에 집착한다.
책임감이 있고 성실하다.	경계심이 지나치게 많다.
야심적이고 근면하다.	긴장을 풀고 즐길 줄 모른다.
자립적이다.	남을 신뢰하지 못해 고립된다.
집중력이 좋다.	강박적이다.
기회를 탐색한다.	위협을 탐색한다.
보호하려는 성향이 강하다.	피해망상이 있다.
경쟁심이 강해 압박감이 심한 환경을 즐긴다.	압박감이 심하지 않은 상황에서는 쉽게 지루함을 느낀다.

오늘날 세계가 위험하다고 가정한 잭의 생각은 틀리지 않았다. 실제로 인생은 미칠 정도로 불확실하고 걱정해야 할 일이 매우 많다. 누군가를 믿는다는 건 위험한 일이고 곳곳에서 인원 감축, 아웃소싱, 소송이 이루어지고 있다. 격심한 글로벌 경쟁은 누구라도 불안감을 느끼게 만들고 경제는 휘청거린다.

하지만 잭은 대부분 사람보다 훨씬 걱정을 많이 했고 그 방식도 자멸적이었다. 그는 걱정이 자신을 안전하게 보호해준다고 믿었지만 사실 그건 정말 중요한 일에 쏟아야 할 관심을 다른 곳으로 돌렸다.

잭은 낸과 아이들을 잃은 고통을 깊이 통감하기 시작할 무렵 나를 만나러 왔다. 그와 함께 상담을 진행하는 과정에서 나는 그가 하는 정당한 걱정들을 인정한 뒤 그가 그것을 어떻게 증폭시키거나 과장하고 있는지 생각해보게 했고, 그가 만성적으로 지나친 걱정에 빠져서 자신에게 심각한 피해를 입히고 있다는 사실을 지적했다. 지나친 걱정을 해소하는 가장 좋은 방법은 혼자서 걱정하지 않는 것이다. 그래서 나는 잭의 걱정에 동참하되 그걸 좀 덜 위협적인 방향에서 바라보게 하는 한편 그가 그토록 집요하게 걱정에 매달리는 이유를 캐물었다. "왜 걱정에서 벗어나지 못하는 겁니까?"

"벌거벗고 뉴욕 5번가를 활보하지 않는 것과 같은 이유죠."

"걱정이 자신을 보호해준다고 생각하는군요."

"그게 날 보호해준다는 걸 알고 있습니다."

"걱정은 당신이 생각하는 것 이상으로 당신을 해치고 있어요."

"그걸 어떻게 아십니까?" "왜냐하면 난 당신이 보지 못하는 걸 볼 수 있거든요."

"당신이 그렇게 똑똑하다고요?"

"아뇨, 당신이 너무 맹목적인 거죠."

"제가 멍청하다고 생각하십니까?"

"아뇨. 사실 당신이 똑똑하다는 걸 압니다. 하지만 당신이 어렸을 때 벌어진 일들과 당신 할아버지에게 있었던 일들 때문에 현재 앞을 못 보는 상태예요."

역설적이게도 잭은 안전하다고 느끼기 위해 걱정에 매달렸다. 그는 끊임없이 공포를 느끼며 살아갈 때에만 비로소 안전하다고 느낄 수 있었다. 나는 잭을 도와서 이런 통찰을 의식적으로 자각할 수 있는 수준까지 높이고 여러 실험을 통해 성인의 삶은 끊임없는 공포 속에서 살아가지 않아도 될 만큼 안전함을 깨닫게 했다. 그러기까지 시간이 상당히 걸렸다.

또 잭에게 날마다 사람들과 많이 접촉하고 운동을 하라고 처방했다. 그는 선택적 세로토닌 재흡수 억제제인 렉사프로Lexapro도 복용했다. 잭의 걱정은 그 뿌리가 매우 깊고 유해해 다른 치료 방법과 약물 치료를 병행해야 했다. 약물 복용은 건강 회복을 촉진했다.

잭은 완전히 파괴된 상태였지만 본인은 그 사실을 몰랐다. 난 그와 함께 바보 놀이를 하면서 그가 듣고 싶어 하지 않는 말들을 귓전에 속삭였다.

"당신은 낸과 아이들을 그리워하고 있어요."

"그게 질문입니까?"

"아뇨."

"당신 정말 개자식이군요." 그가 말했다. "개자식은 당신이죠." 내가 대꾸했다.

긴 침묵, 깊은 한숨, 또 한 번의 침묵이 이어졌다.

"난 당신이 정말 싫어요." 잭이 말했다.

"그럴 만도 하죠. 나도 내 잘못이 무엇인지 똑똑히 보여주는 사람을 좋아하지는 않을 테니까요."

다시 긴 침묵, 또 한 번의 깊은 한숨이 있었다. "정말 짜증 나네요. 그만둬야겠습니다." 이 말과 함께 잭은 나가버렸다. 상담 시간이 끝나려면 멀었는데 말이다.

하지만 그 다음 주가 되자 그는 약속한 시간에 모습을 드러냈다. 그리고 스스로 변화하는 방법을 배울 때까지 꾸준히 찾아왔다. 지나친 걱정 때문에 생긴 ADT도 성공적으로 해결할 수 있다. 특히 잭처럼 문제를 해결하기 위해 열심히 노력하면 나아질 가능성이 더 높다.

레스, 진, 애슐리의 경우에 그랬던 것처럼 잭의 상황에도 다음과 같은 위험에 주목했다.

1. **기운** 걱정과 만성적인 불안은 추운 겨울날 창문을 열어놓으면 실내 온도가 떨어지는 것처럼 정신적 에너지를 많이 앗아간다. 걱정을 통제하면 자연히 정신적인 활력이 생긴다.

2. **감정** 감정은 학습과 최고의 성과를 위한 점멸 스위치다. 지나친 걱정과 만성적인 불안은 학습을 방해하고 성과를 올리지 못하게 막는다.

3. **참여** 걱정에 사로잡힌 상태에서는 완벽하게 참여하기가 불

가능하다.

4. **체계** 뭔가를 심하게 걱정하면 어떤 체제의 규율을 따르기
어렵다. 구내염이 자꾸 재발하는 것처럼 생각이 자꾸 걱정거
리로 돌아간다.

5. **제어** 지나친 걱정에 빠져 있으면 걱정하는 과정에 통제권을
넘겨주게 된다.

이 문제를 어떻게 해결할까

지나친 걱정에 대처하는 10가지 방법 ─────────────

1. 절대 혼자서 걱정하지 말자. 지나친 걱정은 두 사람이 힘을 합
치면 달아나버린다.

2. 진상을 파악한다. 지나친 걱정은 정보 부족이나 잘못된 정보,
혹은 그 두 가지 모두에 뿌리를 내리고 있다.

3. 계획을 세운다. 지나친 걱정은 소극적인 희생자를 좋아하지만
확실한 계획이 있는 사람 앞에서는 몸을 웅크린다.

4. 계획이 효과가 없으면 수정한다. 인생이란 효과가 없는 계획
을 수정해나가는 과정이다.

5. 적절한 전문가와 함께한다. 그들은 대개 지불하는 돈만큼의
값어치를 한다.

6. 꾸준히 운동을 하면 지나친 걱정을 물리치는 데 도움이 된다.

7. 약물 복용도 지나친 걱정을 막는 방법 가운데 하나다.

8. 걱정하는 일과 전혀 상관이 없는 일을 해서 기분을 전환한다.

9. 균형 감각을 유지한다. 자기가 살면서 얼마나 많은 걱정을 했고 그 가운데 실제로 벌어진 일은 얼마나 적은지 기억하자.

10. '걱정의 기초 방정식'을 풀어보자. 자기가 취약하다는 느낌이 강해지고 힘과 통제력을 갖고 있다는 느낌이 줄어들면 이게 곧 지나친 걱정으로 이어진다. 따라서 자기가 취약하다는 느낌을 줄이거나 힘과 통제에 대한 감각을 높일 수 있는 것이라면 무엇이든 지나친 걱정을 줄여줄 수 있다.

5

누구보다 자신이 우선이다

"내가 지금 이 자리에서 당신들을 다 해고하면 사기가 어떻게 될까?" 양손을 불끈 쥐고 얼굴은 시뻘겋게 달아오른 스탠이 고함을 질러댔다. 회의실은 죽음과도 같은 정적에 감싸였다. 다들 스탠을 빤히 쳐다보고만 있었다.

"지금 우리한테 사기 운운하는 건 사치라고!" 그가 다시 소리쳤다. "그러니 직원을 더 많이 해고하기 전에 다들 입 닥치고 가서 일이나 해."

망연자실해진 직원들은 조용히 일어나 열을 지어 회의실을 빠져나갔다. 자기 자리로 돌아가는 복도에서 머리를 절레절레 흔들며 뭐저런 사람이 다 있냐는 눈빛을 주고받았다.

스탠은 아까 있던 자리에 그대로 선 채로 회의실 탁자에 손바닥을 올려놓고 한곳을 응시하고 있었다. 옆에 있던 부사장 메리는 계속 자리에 앉아 아무 말도 하지 않았다.

다른 직원들과 달리 메리는 스탠에게 마음이 쓰였다. 그녀는 언제나 스탠의 기분을 잘 감지했다. 그는 재능이 뛰어났지만 오만했고 이렇게 갑작스럽게 폭발한 분노의 근원을 이해할 수 있는 심리적인 통찰력이 없었다.

메리처럼 그도 이 회사에 오래 근무했다. 하지만 조직이 과도기를 겪는 요즘 스탠은 임시 CEO가 주는 압력을 직접적으로 받고 있었는데, 메리는 그가 그런 압박감에 대처할 자질이 부족함을 알고 있었다. 스탠은 압박감을 받아들이고 제대로 관리하기보다는 자기를 위해 일하는 직원들을 공격하기 시작했다.

"압박감에 시달리는 건 다들 마찬가지예요, 스탠." 메리는 스탠의 화를 돋울 위험을 무릅쓰고 조용히 말문을 열었다.

스탠은 메리에게 날카로운 시선을 던졌다. "확실히 그래 보이긴 하네요." 그가 퉁명스럽게 대꾸했다.

메리는 그의 눈길이 약간 부드러워진 것 같다고 생각했다. 그녀는 일어나서 복도로 나왔다. 직원 몇몇이 서로의 개인 공간 위로 몸을 구부리고 숨죽여 속삭이고 있는 모습이 보였다. 메리가 자기 자리로 돌아오자 북서 지역 담당자인 제니퍼가 그녀를 기다리고 있었다.

"대체 이게 무슨 난리에요? 전 그저 직원들의 사기가 떨어졌다고 말한 것뿐이에요. 그건 누구나 아는 사실이고요. 스탠은 왜 이 문제에 대처하지 못하죠? 새로운 CEO가 등장하길 기다리면서 다들 가시방석에 앉은 기분이라는 걸 모르나요?" 제니퍼가 물었다.

"지금 시점에서 도움이 될 만한 태도는 결코 아니었죠. 하지만 그렇게 좌절감을 느끼는 걸로 그를 탓할 수는 없어요. 그는 지금 엄청난 압박을 받고 있으니까요. 사람들이 자기에게 요구하는 일을 해내려고 최대한 애쓰고 있지만 그는 아랫사람들과 윗사람들을 연결하는 중간자 역할이잖아요. 요새 같은 상황에서는 중간에서 끼여서 죽을 맛일 거예요. 그런 점을 생각하면 저렇게 발끈발끈 성을 내는 것도 이상한 일은 아니죠." 메리가 달래는 어조로 말했다.

"그건 누구나 다 마찬가지예요. 스탠도 이제 발을 구르면서 떼를 쓰는 5살짜리 어린애가 아니라 진짜 관리자처럼 행동해야 해요. 회사의 유능한 인재들이 단지 새로운 CEO측 사람들에게 자리를 만들어줘야 한다는 이유로 해고당했어요. 무슨 말로도 옹호할 수 없는 상황이 됐다고요. 저도 이제 견딜 만큼 견뎠어요." 제니퍼는 메리에게 봉투를 하나 건넸다. "다른 일자리를 구했어요. 2주 뒤에 그만둘 수 있게 사직서를 제출할게요."

주변 사람들의 문제 해결에 집중하는 사람들이 주로 보이는 경향

일터에서 다른 사람들의 문제를 자기 문제인 양 떠맡곤 한다.

직장에서 누군가가 고충을 겪는 모습을 보면 즉시 그 사람을 도와야 한다고 생각한다.

다른 사람들을 돌보면서 자랐다.

직장에서 고생하는 사람을 보고도 그를 돕기 위해 최선을 다하지 않는 건 옳지 않다.

마음이 약하다.

다른 사람들의 문제를 너무 쉽게 떠맡는다.

주변 사람들에게 좀더 이기적으로 행동하라는 말을 듣는다.

일을 끝내야 하는 상황에 어떻게 그 일을 거절할 수 있는지 이해할 수 없다.

"착한 사람은 늘 뒤로 밀려난다"라는 말을 싫어한다.

죄책감이 언제나 큰 골칫거리다.

1990년대 중반 이 회사에 입사했을 때 메리는 세상을 다 가진 듯 행복했다. 경영대학원을 졸업한 직후 원하는 자리에 안착한 그녀는 빠르게 일을 익혔다. 메리는 끈기 있고 호기심이 많고 열심히 일했으며 직감까지 날카로웠다. 마케팅 담당자에서 시작해서 빠른 속도로 승진을 거듭해 마침내 기업 커뮤니케이션 책임자가 되었다. 그녀와 일하는 직원들은 헌신적이고 유대가 긴밀하며 높은 보수를 받았고 서로를 존중했다.

그러다가 9.11 사태 직후 불경기가 찾아오고 닷컴 기업들이 붕괴하면서 상황이 더욱 나빠졌다. 대형 소매업체들이 문을 닫기 시작했고 연간 상여금 액수가 줄었으며 돈이 말라붙었다. CEO, 회계 담당자, HR 부서 등이 마케팅 자원을 감독하는 데 혈안이 되었고, 출장비와 이사 보좌관 월급부터 복사 용지에 이르기까지 모든 것을 아껴야 했다. 전보다 적게 지원받으면서 더 오래 열심히 일해야 하는 상황이 되었다.

자기들보다 훨씬 규모가 큰 경쟁사가 회사를 매입했다는 소식이 들려오고 은밀한 합병 과정이 시작되었다. 거대 자문 회사에서 온 파트너와 관리자들이 모습을 드러냈다. 사람들은 마음에서 우러난 대화를 피하기 시작했고 닫힌 문 뒤에서만 이야기를 나눴다. 파벌이 형성되었고, 사내 정치란 게 없던 곳에서 소문이 잡초처럼 번져 나갔다. 직원들에게 존경받던 CEO가 자리에서 물러나고 합병 과정을 이끄는 컨설턴트 회사에서 추천한 새로운 CEO 채용을 기다리게 되었다.

새로운 인물이 현장에 나타나기를 기다리는 사이에 더 많은 소문이 퍼졌다. 직원들은 새 CEO가 불필요한 인원을 정리할지 불안해했고 사기는 계속 곤두박질쳤다. 자기 일에 흥미를 잃어갔고 윗사람들의 눈 밖에 날까 두려워 일찍 출근해서 늦게 퇴근하면서도 업무는 늘 건성으로 처리했으며 정신이 흐리멍덩해 어디에도 집중하지 못한 채 자리만 지켰다. 몸은 사무실에 있지만 마음은 늘 다른 곳을 헤매다녔다.

몇 시간마다 한 번씩 가장 최근 소문을 전하거나 메리의 어깨에 매달려서 울고 싶어 하는 동료들이 그녀 사무실의 유리문을 두드렸다. 메리는 한숨을 내쉬면서도 들어오라고 손짓을 했다. 자기를 찾아온 사람을 쫓아버린다는 생각은 지금껏 해본 적 없었다. 그녀는 직원들에게 어미닭 같은 존재였고 이 회사에서 오랫동안 그런 역할을 해왔다.

메리도 제니퍼처럼 다른 회사의 기업 커뮤니케이션 부서에 괜찮은 자리가 있는지 알아보기 시작했지만 멀리 떨어진 지역에 있는 일자리들조차 그녀의 전문 지식이나 급여 수준에 한참 못 미쳤다. 회사를 그만둘 수도 없었다. 그녀가 벌어오는 돈에 가족들이 의지하고 있기 때문이다. 자영 하청업자인 남편이 버는 돈으로는 그들 가족이 지출하는 비용을 대기에 턱없이 부족했다. 게다가 만성 천식을 앓는 아들이 있어서 응급실에 가는 일이 잦아 그녀의 고용주가 제공하는 의료보험 혜택에 의지하고 있었다.

메리는 날이 갈수록 더 지치고 걱정스러운 모습으로 집에 돌아왔다. 그녀와 남편 더그는 자주 말다툼을 했다. 더그는 이렇게 말하곤 했다. "봐, 당신은 지금 비참한 모습을 하고 있고 우리까지 비참하게 만들고 있어. 회사를 그만두는 게 어때? 좀더 작은 회사에서 일할 수도 있잖아. PR 쪽 일을 할 수도 있고. 젠장, 전에는 식당 종업원 일도 했잖아. 뭘 하더라도 지금 하는 일보다는 나을 거야.”

남편의 이런 반발에 메리는 당연히 길길이 날뛰었다. “난 평생 경영 분야에서 일했어. 내 일을 아주 잘한다고. 지금 회사를 그만두고 식당 종업원 일을 할 생각은 추호도 없어. 어떻게 내게 그런 말을 할 수가 있지? 그건 당신한테 잔디나 깎는 게 어떠냐고 묻는 거나 마찬가지라고.”

문제 상황 해결자의 저주

일반적인 통념이나 전통 심리학, 경제법칙은 사람들이 자신의 이기심에 따라 행동한다는 사실을 알려준다. 겉치레와 위선을 벗겨낸 우리에게는 본인이 원하는 걸 얻기 위해 다른 사람들을 밀쳐내려는 성향이 내재한다. 인간은 본질적으로 이기적이거나 그런 기본 방침을 갖고 살아간다.

지금 우리가 살아가는 시대는 이기심을 부추기고 심지어 그걸 미화하기까지 한다. 자기도취증이 전성기를 맞아 어디에서나 그 모습을 한껏 드러내고 있는 것처럼 말이다. 1979년에 크리스토퍼 래시가 현대 생활을 가리키는 별명이라고 규정한 자기도취증은 그 이후로 갈수록 흔해지고 있다. 오늘날의 시대정신 혹은 적어도 그 일부는 이기심을 진정한 선^善처럼 대한다. 1987년에 제작한 영화 〈월스트리트〉에서 고든 게코가 외치는 "탐욕은 선이다!"라는 대사는 그 당시보다 지금 더 적절하게 다가온다.

어디를 가든 자신이 최고라고 생각하는 재능 있는 포획자를 만날 수 있다. 자신이 대단히 중요한 인물인 양 과장하는 멍청한 운동선수나 힙합 스타, 자신은 비양심적으로 많은 급여를 챙기면서 시간급 노동자에게 의료보험 혜택을 주지 않는 CEO, 뒤집어쓸 만큼 돈이 많으면서 최소한의 자녀 양육비도 지급하지 않으려는 연예인, 사람들이 형편에 맞지도 않고 결코 사용하지도 않을 물건에 돈을 낭비하게 만드는 능력을 자랑하는 기업가 등이 그런 사람들이다.

그리고 스스로도 어쩔 수 없을 만큼 타인과의 공감을 위한 유전자가 부족해 보이는 사람들이 있다. 이런 사람들은 자기가 권모술수를 부리거나 뒷공론을 해서 야기한 고통에 마음이 흔들리지 않거나 아예 그런 사실을 알아차리지 못하는 경우가 많다. 부서나 팀이라는 좁은 테두리 안에 이렇게 남에게 해를 끼치는 사람이 있으면 조직에 독을 퍼뜨릴 수 있다. 기자이자 작가 겸 사회 평론가인 마리 브레너는 "자기도취증은 우리 시대의 소아마비 같은 존재"라고 말했다. 이에 대한 백신이 개발될 기미는 보이지 않는다.

어떤 이들은 더없이 이타적으로 보이는 행동조차도 실은 스스로에게 도움이 되고자 하는 타고난 욕구에서 유래한 이기적인 행동이라고 주장한다. 하지만 최근 연구 결과는 이와 다른 이론을 제시한다. 어떤 종種에게는 몇 가지 이타적인 행동이 내재되어 있다는 것이다. 가장 극적인 사례는 하버드 대학교 생물학자이자 박물학자인 E. O. 윌슨이 "지구의 또 다른 정복자"라는 별명을 붙여준 개미에게서 찾아볼 수 있는데, 개미의 개체 수는 인간보다 백만 배나 많다.

어떤 개미 종은 일상적으로 수행하는 과업 때문에 다른 개미들보다 일찍 죽기도 한다. 개미의 이타심은 유전적으로 결정된 것이기에 억누를 수 없다. 자유의지는 감안하지 않는다. 인간은 어느 정도의 자유의지를 갖고 있는 듯하지만 최근 연구 결과에 따르면 우리는 가끔씩 자신의 이기적인 욕구에 반하는 행동을 한다고 한다. 우리가 스스로 느끼는 것보다 개미와 공통점이 많은 셈이다.

대부분 인간은 이기적인 목표와 이타적인 목표 중에서 하나를 고를 수 있는 능력을 갖고 있으나 유전적으로 자기 자신보다는 타인의 욕구에 관심을 집중하도록 타고났다. 2005년에 레이첼 바흐너-멜먼과 여러 연구진은 "자신의 욕구를 무시하고 타인의 욕구를 들어주고자 하는 성향"을 평가하는 설문지를 이용해 연구 조사를 실시했다. 바흐너-멜먼은 354가구의 응답을 바탕으로 "인간이 지닌 이타심의 유전적인 구조는 부분적으로 혈족과 상관없이 이타적인 행동 유형을 야기하는 유전자에서 만들어진다"라고 말했다. 다시 말해 어떤 사람들은 유전자에 이타심이 내재한다는 것이다.

이타주의자의 경우 다른 사람을 돕는 게 즐겁다고 말할 수도 있다. 신경학에 기반해 말하면 이때 핵심이 되는 신경전달물질은 도파민이다. 도파민이 분비되면 쾌락을 느낀다. 약물이 도파민을 분비시켜 약물에 중독되는 것처럼 같은 이유로 이타주의자가 될 수도 있다. 다른 사람을 위해 뭔가를 하는 것이 도파민 농도를 높이는 것이다.

이제 우리는 기능적 자기 공명 영상법, 즉 fMRI로 뇌의 쾌락 활동을 관찰해 어떤 사람이 어느 정도의 쾌락을 느끼는지를 세포 수준에서 평가할 수 있게 되었다. 조지 몰과 동료들은 자선 기부에 관한 기발한 실험을 실시해 뇌 활동을 스캔했다. 그들은 피실험자에게 돈을 주면서 그 돈을 가질 것이냐고 물었다. 물론 그는 돈을 받아들였고 fMRI에는 즐거운 상태가 기록되었다. 그런 다음 피실험자들에게 그들이 받은 돈의 40퍼센트를 자선단체에 기부하겠느냐고 물었다. 돈을 기부하기로 결정한 이들의 경우, 쾌락 중추에서 자신이 그 돈을 갖기로 했을 때보다 더욱 강렬한 움직임이 일어났다. 아시시의 성 프란치스코의 "우리는 베풂으로써 받으며"라는 기도에 생물학적인 근거가 있었다.

메리는 이타적인 성격을 타고났다. 그것을 이용해 스탠처럼 주위에 나쁜 영향을 미치는 이들을 너그럽고 익숙하게 다뤘다. 1999년에 피터 프로스트와 샌드라 로빈슨은 대개 권력이 높은 자리에서 주위에 유해한 영향을 퍼뜨리는 개인과 그 외의 다른 사람들 사이를 중재하는 인물을 설명하는 "문제 상황 해결자toxic handler"라는 용어를 만들어냈다. 프리마돈나의 독설이 그녀의 대외적인 이미지를 너무 심하게 훼손하기 전에 그걸 자기 선에서 받아들이는 에이전트라든가 슈퍼스타급 운동선수를 대신해 그의 행동을 변명해주는 동료 팀원, 유능하지만 오만한 CEO 때문에 흘린 직원들의 피를 매일같이 닦고 희생자들의 상처에 붕대를 감아주는 충성스러운 부관, 집안에서 폭군처럼 행동하는 할머니의 비열하고 잔인한 말과 행동에 대한 핑계거리를 찾는 충성스러운 손자, 적과 일절 타협하지 않는 범죄 조직 두목을 대신해 살인을 자살처럼 꾸미는 일을 맡은 그의 오른팔 등이 그 예다.

가족뿐만 아니라 모든 유형의 조직에 매우 귀중한 존재인 메리 같은 문제 상황 해결자는 집단과 그들이 맡은 사명을 보호한다. 이런 이들은 상대가 지속적으로 유해한 행동을 하지 못하도록 막을 수는 없지만 그 유해성이 너무 멀리 퍼져나가지 못하게 차단한다. 이들이 나서서 상황을 중재하지 않으면 집단이 하는 일이 위기에 처할 수도 있다.

문제 상황 해결자들이 행하는 모든 선한 일들을 생각하면 하늘이 내려준 존재라고 말하고 싶지만, 이들이 하는 행동은 남에게 도움이 되는 만큼 자기 자신이나 가까운 주변 사람들에게는 많은 고통을 야기할 수 있다. 이들은 다른 사람들을 구해주지만, 정작 자신은 혼자만의 독특한 내적 문제와 씨름하는 경우가 많다. 심리학에서는 문제 상황 해결자를 상호 의존적 존재 혹은 스톡홀름 증후군의 희생자로 일축한다. 긍정적인 면을 배제한 경멸적인 말이기에 이 용어를 사용하고 싶진 않지만 상호 의존과 스톡홀름 증후군의 특정 요소들이 메리 같은 사람들에게 해당하는 건 사실이다. 메리는 '간접적인 상호 의존적 존재'라고 정의할 수 있다. 그녀는 자기가 돕는 사람들을 통해 살아간다. 다른 이들이 각광받도록 도우면서 만족감을 얻는 한편 스스로 이목을 끄는 일은 피한다. 내 경험에 따르면 남성보다 여성이 이런 유형을 띠는 경우가 많다. 아무래도 자신이 주목받기를 꺼리고 다른 사람들이 이름을 높이도록 기지를 발휘하는 방식으로 타인과 어울리기 때문일 것이다. 사실 타인의 성취를 돕는 것보다 자신의 성취를 강조하는 건 남성적인 가치관일지도 모른다. 본인이 스타가 되는 것과 남을 스타로 만드는 것 중에 어느 쪽이 더 좋은 일인지 누가 알겠는가?

남성적이고 정신분석적인 전통 심리학에서는 남의 주목을 피하는 일이 나약하고 죄책감과 두려움에 근거한 완전히 신경증적인 행동인 반면 남들의 주목을 받는 건 강인하고 자신감이 넘치며 대담하고 매우 건전한 행동이라고 평가한다. 그러나 이런 전통적 심리학은 겸손, 너그러움, 양육하고 보호하려는 욕구, 뭔가를 성취하기보다는 남들과 관계를 맺고자 하는 중대한 소망을 지나치게 병리적인 현상으로 간주한다. 이 둘의 우열을 가리기는 불가능하다. 두 가지 방식 모두 잠재적으로 건전한 동시에 잠재적으로 해롭기 때문이다.

예컨대 겸손하고 남을 잘 보살피는 사람이 상호 의존적 존재가 될 수도 있고 스톡홀름 증후군의 경우처럼 극단으로 치달을 수도 있다. 스톡홀름 증후군은 인질들이 처음에 강도들에게 품었던 적대감이 완전히 반직관적으로 역전되는 현상을 가리키는 용어다. 시간이 지나면서 자신을 억류한 이를 존경하고 그들과 함께 머무르고 싶어 하는 것이다. 이 증후군은 1973년에 스웨덴 스톡홀름에서 벌어진 은행 강도 사건에서 이름을 따왔다. 당시 은행 직원 몇 명은 6일 동안 은행 금고실 안에 인질로 억류되었다. 놀랍게도 이 피해자들은 강도들과 동맹을 맺어 외부의 도움을 거절할 정도가 되었다. 실제로 사건이 끝난 뒤에는 인질들을 옹호하기까지 했다.

은행 금고실에서 벌어진 일은 사실 인간 본성만큼이나 오래된 현상이며 이 사건이 벌어지기 수십 년 전부터 이름이 붙어 있었다. 지그문트 프로이트의 딸인 안나 프로이트는 1935년에 출간한 명저 《자아와 방어 기제The Ego and the Mechanisms of Defense》에서 자신이 "방어 기제"라고 칭한 것을 설명했는데, 이는 정신적 외상을 초래할 정도로 충격적인 상황에 처해 자포자기한 사람들이 때로 자기도 모르는 사이에 의존하는 심리적 자기 방어 형태를 말한다.

어린이들의 정신을 분석한 안나 프로이트는 어린이는 무력감이나 취약감에 맞서 자신을 보호하기 위해 "공격자와 자신을 동일시"하는 방법을 쓴다고 말했다. 어린이는 자신을 위협하는 사람과 자신을 동일시하고 그와 친밀한 관계를 유지하고 싶어 한다. 아슬아슬한 순간에 무의식의 작용으로 알려진 완전히 반직관적인 역전이 발생해, 상대방에 대한 적의가 그와 제휴를 맺고자 하는 욕구로 바뀐다.

안나 프로이트의 말처럼 "공격자를 흉내 내거나 자기도 그와 같은 속성을 취하거나 그의 공격을 모방함으로써 어린이는 자신을 위협받는 사람에서 위협을 가하는 사람으로 변모시킨다." 프로이트는 어린이들을 관찰해 그들의 초자아 발달에 대해 썼지만 성인들도 그녀가 "공격자와의 동일시"라는 적절한 이름을 붙인 방어기제를 똑같이 이용할 수 있다.

안나 프로이트와 그 이후에 활동한 정신분석 전문의들은 좀더 일반화된 형식의 이런 방어기제를 "반응 형성"이라고 불렀다. 반응 형성을 이용하는 개인은 의식적으로 상대방을 옹호함으로써 용납할 수 없는 감정이 드는 걸 무의식적으로 차단한다.

영문학에 등장하는 가장 유명한 사례는 《햄릿Hamlet》이다. 3막에서 거트루드 왕비는 "그 귀부인은 군소리를 너무 많이 한 것 같군요"라고 말한다. 햄릿이 왕의 양심을 자극하기 위해 꾸민 극중극에 등장하는 허구의 왕비는 남편이 죽어도 절대 재혼하지 않겠다고 약속한다. 통찰력 있는 거트루드는 자신이 그랬던 것처럼 그 약속 안에 그와 정반대로 행동하고자 하는 욕망이 숨어 있는 것을 알아차렸다.

우리는 이런 반응 형성을 이용해서 자신의 동성애적 갈망을 두려워하는 사람들이 동성애를 맹렬하게 규탄하고, 신앙이 부족한 사람이 비신자를 지독하게 비난하며, 누군가를 미워하는 사람이 그에게 사랑을 말하고, 지독하게 시기하는 사람이 시기심은 7대 죄악 가운데 하나라고 규탄하며, 부자가 되고 싶어 하는 사람이 부를 비난하고, 성적인 감정으로 마음이 산란한 사람이 육신의 삶을 규탄하며, 야심이 엄청난 사람이 지금 가진 것에 만족한다고 주장하고, 노발대발한 사람이 침착함을 가장하며, 누군가를 죽이려는 사람이 평화주의를 공언하는 모습을 보곤 한다.

위선과 반응 형성의 차이는 무의식이 하는 역할이다. 위선자는 자기가 거짓말을 한다는 사실을 안다. 그러나 반응 형성을 이용하는 사람은 무의식 속에는 매일 살인의 욕구가 들끓고 있으면서도 의식적으로는 자기가 평화주의자라고 믿는다.

메리의 성장 배경

메리가 겪는 ADT 증상은 가장 친절한 사람들, 자기 자신보다도 진정으로 남을 더 돕고자 하는 사람들에게 가장 흔한 ADT 유형이다. 모든 것에 즉각적으로 접근할 수 있는 현대 생활 덕분에 다른 사람의 문제를 조사하고 해결하려고 노력하는 게 전에 없이 쉬워졌다.

문제 상황 해결자로서 메리가 발휘하는 능력은 유전자의 영향도 물론 있지만 그 능력이 처음 드러나기 시작한 건 나고 자란 가족들 틈에서였다. 메리의 어머니인 플래너리는 수줍음 많고 독실한 가톨

릭 신자이자 바이올린 연주자였다. 그녀는 보스턴 교향악단이 여름을 보내는 곳인 탱글우드Tanglewood에서 공부하던 중 데번 데이빗이라는 전도유망한 지휘자와 만나 사랑에 빠졌는데, 당시 두 사람의 나이는 20대 초반이었다.

플래너리는 데번이 자신에게 관심을 보이자 하늘에라도 오를 듯한 기분이었다. 탱글우드의 전문가들은 자기들이 흠모하는 지휘자 레너드 번스타인에게 붙인 애정 어린 별명을 따서 데번을 "차기 레니"라고 불렀다. 그해 여름 데번의 별은 그 어느 별보다 밝은 빛을 발하며 반짝였다. 플래너리는 그가 탐욕스러운 바람둥이이자 명백하게 자기에 도취한 사람이라는 사실에도 전혀 아랑곳하지 않았다. 그의 눈길과 손길, 키스를 받는 것만이 그녀 삶의 목적이었다. 데번은 전혀 힘들이지 않고 간단하게 그녀를 정신없이 빠져들게 만들었다.

두 사람은 결혼한 지 4년 만에 세 아이를 두었다. 플래너리가 아이들을 키우기 위해 음악가로서의 경력을 포기한 덕분에 데번은 음악가로 성공했으며 혹독한 연주회 일정을 따라가는 데 필요한 자유를 얻을 수 있었다. 그는 이런 상황을 대단히 기뻐했다. 대부분의 자아 도취적인 남자들처럼 그도 자기가 모욕을 당하거나 위신이 떨어지거나 무시당한다고 여길 때면 격분했다. 그는 집에 돌아올 때면 늘 남을 공격할 태세가 되어 있었다. 연주회에 결함이 있었다거나 플루트 연주자가 음표를 하나 놓쳤다거나 두 아들 중 한 명이 현관 입구에 장난감을 놔두는 등 어떤 상황이라도 그의 분노를 촉발할 수 있었다. 그는 화가 나면 물건을 집어던지거나 상대를 거칠게 밀치고 심하게 구타해서 때때로 피를 보기도 했다.

플래너리와 데번의 첫째인 메리는 4살 때부터 아버지의 움직임을 영리하게 파악해 형제와 어머니를 보호하는 법을 배웠다. 그녀는 본 능적으로 분노 폭발이 임박했음을 알리는 신호를 익혔다. 아버지가 눈썹을 치켜올리거나 안경을 닦거나 평소보다 높은 강도로 목을 가 다듬거나 왼손 약지를 씰룩거리거나 목소리 크기가 아주 약간 작아 지거나 "지금 뭐라고 했지?" 혹은 심지어 "오늘 잘 지냈니?"라고 물 어보는 억양이 미묘하게 달라지는 등 분노가 폭발할 것임을 예고하 는 많은 징후를 숙지했다.

이 재능 있는 아이는 경고 신호를 익히는 동시에 아버지의 분노를 진정시키는 기술도 익혔다. 그녀는 아버지가 허리께에 팔을 둘러 안 는 건 좋아하지만 손을 잡는 건 싫어함을 알았다. 메리가 거실 양탄 자 위에서 옆으로 재주넘기를 하면 아버지의 기분이 진정되지만 피 아노를 치다가 건반을 잘못 누르면 질색한다는 것도 알았다. 사랑한 다는 말은 듣고 싶어 하지만 질문하거나 뭔가를 해달라고 부탁하는 건 싫어한다는 것도 깨달았다. 메리가 좀더 자라자 플래너리는 데번 과 함께 시내를 돌아다니는 여자들에 대해 이야기하지 말라고 단단 히 주의를 주었다.

메리는 5살 때 데번의 바텐더가 되는 법도 배웠다. 아버지가 메리 에게 음료수를 한 잔 만들어달라고 하면, 그녀는 냉동실에서 얼음을 꺼내와 그걸 알맞은 크리스털 잔에 담고 얼음 위에 스카치위스키를 부은 다음 탄산수를 적당히 첨가했다. 6살이 되자 마티니를 만들어 거기에 레몬을 곁들여 서빙하는 법도 배웠다. 레몬 껍질을 한 조각 벗겨내 마티니 잔 가장자리에 문지르고 그 즙을 음료에 섞는 기술을 익히는 6살 어린이는 그리 많지 않을 것이다. 더욱 놀라운 사실은 그녀가 아버지의 알코올 섭취량을 교묘하게 조절해 아버지가 난폭해지기 전에 잠들도록 했다는 것이다.

메리는 아버지가 집에 있을 때면 날마다 그렇게 했다. 사람들의 목숨을 구하는 메리의 이런 능력을 언급하는 사람은 아무도 없었다. 그녀의 어머니와 형제들은 그런 말을 꺼낼 경우 아버지가 메리의 속임수를 간파해 참상이 벌어질 것이라고 감지했다. 그들은 메리가 부리는 마술을 보지 못한 척했다. 플래너리는 신이 데번 안에 깃든 악마를 진정시키기 위해 메리에게 이런 능력을 준 것이 틀림없다고 생각하면서 밤마다 신과 딸에게 감사하며 기도했다.

메리가 대학에 들어가기 위해 집을 떠나자 남은 가족들은 두려움에 떨며 숨을 죽였다. 하지만 운명이 그들을 도왔다. 데번이 출혈성 뇌졸중을 일으켜 전신이 마비된 것이다. 그는 더 이상 지휘할 수도, 누군가를 폭행할 수도 없게 되었다.

문제 해결에 따르는 대가

메리는 어릴 때 아버지에게 받은 상처 때문에 남을 치유하는 힘과 엄청난 너그러움을 지닌 여성으로 자랐다. 해가 갈수록 자신의 독특한 기술을 연마하여 보기 드문 수준에 올려놓았고 집 밖에서 다른 사람들을 대할 때도 이 기술을 활용할 수 있게 되었다. 그녀의 아버지에 비하면 주변에 해를 미치는 다른 사람들은 대부분 다루기가 쉬웠다. 격노한 스탠을 다룬 것도 그녀가 성공한 많고 많은 사례 가운데 하나일 뿐이다.

그러나 이런 성공이 평안함만을 가져오지는 않는다. 메리는 자기도 모르는 사이에 스탠이나 함께 일하는 사람들의 행복을 위해 자신을 너무 많이 희생했다. 자기 가족을 돌보는 건 물론이고 맡은 업무를 훌륭하게 처리하는 데 필요한 집중력까지 잃어버렸다.

갈수록 기분이 침체되고 에너지가 고갈되자 메리는 체육관에 다니면서 꾸준히 운동하려고 노력했으나 건강은 점점 나빠졌다. 목과 어깨가 계속 아팠고 불면하는 일도 늘어났다. 의사는 프로잭을 처방하고 치료 전문가를 추천해줬다. 몇 주 뒤부터 메리는 프로잭의 효과를 느끼기 시작했다. 약은 허약해진 감정을 약간 달래주는 대신 성욕을 모두 앗아갔고 정신적인 반응도 둔해졌다. 하지만 주치의는 약을 계속 다시 처방해주면서 안전하고 효과적인 약이니 꼭 복용하라고 권했다. 그는 "이건 중요한 것"이라며 그녀를 안심시켰다. 애석하게도 그녀에게는 그런 약보다 훨씬 많은 것이 필요했다.

수많은 갈등과 자기도취에 빠진 이들로 가득한 요즘 세상에는 메리 같은 이타주의자들이 그런 사람들의 독을 흡수해서 중화시키는 경우가 많다. 이들은 스스로가 자기 자신과 타인을 어떤 위험에 빠뜨리는지 깨닫지 못한다. 앞서 말한 것처럼 여성들이 자기희생을 통해서 이런 자기 파괴의 덫에 남성보다 더 쉽게 빠져들지만, 성별과 사회적 계급에 관계없이 친절하고 너그러운 사람들이 이런 성향을 보이는 경우가 많다.

이타주의와 타인에 대한 타고난 민감성을 억제할 수 없어 집중력을 잃은 메리 같은 사람들은 전체 인구의 상당 부분을 차지한다. 우리는 날마다 그와 반대되는 유형의 사람들, 즉 기업이라는 왕국을 건설했지만 그 과정에서 주변 사람들의 삶을 망치는 능력 있는 자기도취자에 관한 기사를 읽는다. 메리 같은 사람들에 관한 글은 대체로 인간적인 관심을 끄는 이야기나 동전의 양면 중 병적인 측면, 상호 의존, 조력자 등과 관련해서만 볼 수 있다.

문제 상황 해결자의 장점과 문제점

장점	문제점
남의 기분을 세심하게 헤아려 다른 사람들이 잘 알아차리지 못하는 감정적인 갈등을 감지하곤 한다.	쉽게 상처받는다. 아무도 자기를 무시할 생각이 없는데도 무시당한다고 느끼는 경우가 간혹 있다.
아무리 사소한 부분에서라도 다른 사람의 기분을 상하게 하거나 마음 아프게 하기를 싫어한다.	솔직하고 자연스럽게 행동하지 못한다.
갈등을 해결하는 일에 열심이다.	갈등으로 인한 긴장감을 오랫동안 견뎌내지 못하기에 사태를 완벽하게 밝혀내기 힘들다.
상황을 긍정적인 쪽 또는 최소한 덜 부정적인 쪽으로 재구성하는 능력이 있다.	지나치게 낙천적인 부분이 있다.
다른 사람들을 심판하려 하지 않으며 모든 느낌을 알아차린다.	비판적인 평가가 필요할 때 다른 사람을 제대로 판단하지 못한다.
대부분 사람에게 신뢰를 얻고 감사를 받는다.	자격이 충분한데도 칭찬이나 돈과 같은 보상을 받아들이기를 불편해한다.
부탁받지 않아도 주저 없이 다른 사람들을 돌본다.	다른 사람의 도움을 받기를 꺼린다.
대부분 조직에서 승진과 급여를 인상하는 기회를 자주 얻는다.	승진할 자격이 충분한데도 승진할 때마다 죄책감을 심하게 느끼면서 자신은 자격이 없다고 생각한다.
몸담은 조직에 성공을 안겨주지만 항상 다른 사람에게 공을 돌린다.	축하나 칭찬을 받으면 고통과 당혹감을 느낀다.

이 장에서는 그런 틀을 확대해서 메리 같은 이들이 지닌 힘과 그들이 할 수 있는 위대한 선행을 보여주고자 한다. 반면 이들은 남들이 자기를 이용하도록 허용하는 경우가 자주 있다. 문제 상황 해결자에게 조언자가 필요한 이유도 이 때문이다. 메리는 결혼 생활과 관련된 문제들뿐만 아니라 자신의 일이나 육체적 건강, 전반적인 행

복을 위해서도 카운슬링을 받을 필요가 있었다. 메리에게는 주치의
가 반사적으로 다시 처방해주는 프로잭보다 효과적인 뭔가가 필요
했다. 그녀는 사람들의 마음을 읽고 그들의 기분을 풀어주는 자신의
뛰어난 능력에 수반되는 장점과 단점을 두루 이해해야만 했다.

역설적인 사실은, 메리가 어릴 때 그녀를 구해줬던 능력이 성인이
된 지금은 스스로를 방해하게 되었다는 것이다. 우리는 이렇게 어릴
때 자기를 구해준 패턴을 성인이 되어서도 그대로 재현하는 탓에 자
멸적으로 행동하는 사람들을 자주 목격한다. 메리뿐만 아니라 어린
시절에 자신을 보호하기 위해 환상의 세계로 도피한 아이나 아버지
의 가학적인 공격을 피하려고 교묘한 거짓말을 늘어놓는 법을 배운
아이, 위험을 피하기 위해 다른 이들을 기쁘게 하는 방법을 지나치
게 잘 배운 아이, 그리고 성인이 된 뒤에 이런 술수를 잘못 적용하게
된 이들이 그렇다.

메리가 집단의 이익을 위해 자신을 희생하지 않고 본인에게 집중
하는 방법을 배우려면 그녀가 시한폭탄을 해체하도록 도와야 했다.
어린 시절의 메리는 자기가 사실 얼마나 화가 나 있는지를 스스로
깨달을 수 없었다. 자기 아버지에게 분노를 느꼈다가는 자신과 다른
가족이 죽게 될 것이라고 여겼기에 분노할 만한 여유가 없었다. 그
결과 내면 가장 깊숙한 곳에 감춰진 가장 진실한 감정이 시키는 것
과 반대로 행동하는 습관이 몸에 뱄다.

메리와의 상담 과정은 상당히 길었다. 이 책에 소개한 다른 사람들

과 마찬가지로 메리를 괴롭히는 문제를 재빠르게 해결하는 묘책 같은 건 없다. 패스트푸드형 정신의학에는 패스트푸드 정도의 영양가밖에 없다. 사람들은 장기간 이어지는 정신요법이나 뭐든 오래 해야 하는 일에 조바심을 낸다. 그런 일은 효과도 없으며 영원히 끝나지 않을 것 같은, 의사가 제멋대로 진행하는 "우디 앨런 요법"이라고 풍자하면서 말이다. 그래서 대신 가장 일반적인 정신의학적 개입인 약물 치료에 의존한다. 약물요법은 빠르게 작용하고 고통이 없으며 비교적 저렴하고 편리한 방법이다. 도움이 되는 일도 많다. 앞서 말한 것처럼 나도 정기적으로 약물 처방을 하지만 약만으로는 결코 필요한 모든 효과를 얻지 못한다.

따라서 정신요법에 대한 신뢰를 되찾고 문제가 되는 행동 유형을 바꿀 시간을 충분히 갖는 것이 좋다. 자신의 분노를 지속적으로 의식하지 않아야만 가족이 살 수 있었기에 메리의 분노를 건드리기 전에 먼저 나와 신뢰할 만한 관계를 만들어야 했다. 나는 메리와 그런 사이가 되기 전에 그녀가 다른 이들을 돌보며 자신도 돌보는 방법을 가르칠 수 있었다. 메리는 다른 사람들이 스스로를 안전하게 돌볼 수 있음을 깨달았다. 더 이상 그녀 혼자 모든 일을 책임질 필요가 없었다.

이렇게 되기까지 많은 시간이 걸렸다. 이 책에 소개한 다른 이들처럼 메리는 나와 처음 만났을 때 자포자기한 상태였다. 그건 좋은 현상이다. 길을 잃은 것 같고 금방이라도 무너질 것 같으며 상처받기 쉬운 느낌이 가장 강하게 드는 순간에 적절한 도움과 행운 혹은 은총의 손길이 함께한다면 그 전까지는 불가능했을지 모르는 일들을 할 수 있다. 수백 년 전 윌리엄 제임스가 말한 것처럼 말이다.

대부분 사람은 신체적, 지적, 도덕적으로 자신이 존재할 수 있는 범위 가운데 매우 제한된 선 안에서 살아간다. 이들은 가능한 의식이나 전체적인 영혼의 자원 중에서 매우 적은 부분만 사용한다. 마치 모든 신체 기관 가운데서 새끼손가락 하나만 사용하고 움직이는 버릇이 든 것과 같다. 비상사태나 위기가 발생하면 우리는 자신의 생명 자원이 얼마나 큰 힘을 발휘하는지 알 수 있다.

평소보다 내면으로 더 깊이 파고들 수밖에 없는 건 위기가 가져다주는 좋은 결과다. 위기가 닥치면 우리는 정신을 차리고 전율하면서 변화를 꾀하기 가장 쉬운 상태가 된다. 그런가 하면 자신의 삶을 망치기 가장 쉬운 것도 이때다. 위기의 순간이 어느 방향으로 움직일 것인지는 그 상황이 야기한 현실에 대처하는 방법뿐만 아니라 그것이 일으킨 감정의 불길에 대처하는 방식에 따라서도 달라진다. 달리 말해 현장에서 달아나거나 가상의 적을 공격하기보다 격렬한 감정을 참아내는 사람은 현실에 대처할 수 있는 지혜를 밝혀낸다.

내 옛 스승이 늘 하던 말처럼 절대 혼자서 걱정하지 말고 다른 누군가에게 손을 뻗자. 이는 감정을 잘 참아내기 위한 열쇠다. 홀로 걱정에 잠기면 위기 상황에서는 대참사가 발생한다. 그러나 적절한 사람과 함께 고민한다면 위기를 통해 마음을 터놓고 잘못된 점을 밝혀낼 수 있다. 격렬한 감정은 사람의 마음을 갈가리 찢어놓을 수 있지만 능숙하게만 처리한다면 다른 무엇으로도 불가능한 방식으로 마음을 절개하는 메스가 되어 외과적인 치료가 가능하게 한다. 80여 년 전 호세 오르테가 이 가세트는 이렇게 썼다.

주변 사람들의 상태를 살펴보면 그들이 자신에게 무슨 일이 일어나고 있는지 추호도 의심하지 않고 행운 혹은 불운의 한가운데에서 몽유병 환자처럼 삶의 목표를 잃은 채 헤매고 있음을 알게 될 것이다……. 인생은 애당초 누구나 길을 잃을 정도로 혼란스럽기 마련이다. 다들 그럴지도 모른다고 의심하고는 있지만 그런 끔찍한 현실을 직면하기 두렵기에 모든 것이 명확한 환상의 커튼으로 진실을 가리려고 애쓴다. 자신의 '생각'이 진짜가 아님은 문제가 되지 않으며, 그는 그 생각을 현실을 겹쳐서 쫓아내는 허수아비처럼 자기 존재를 방어하기 위한 참호로 이용한다.

머리가 좋은 사람은 이런 환상적인 '생각'에서 벗어나 인생과 직면하면서 인생의 모든 부분에 문제가 많다는 사실을 깨닫고 정신적으로 방황하게 된다. 삶은 곧 방황의 연속이라는 사실은 단순한 진리이기에 이런 현실을 받아들인 사람은 자기가 갈 길을 찾아내어 확고한 입지를 다지기 시작한다. 조난을 당한 사람들이 그러하듯 본능적으로 주위를 둘러보면서 붙잡고 매달릴 것을 찾는데, 이것은 혼돈으로 가득한 삶에 질서를 가져다주는 구원의 문제이기에 그 비극적이고 무정한 시선은 더없이 진실하다. 이것은 유일하게 진실한 생각, 조난당한 사람의 생각이다. 나머지는 모두 수사적이고 가식적이며 시시할 뿐이다.

위기에 처하면 조난당한 사람의 생각이 어떤지 알 수 있다. 그들은 안개를 헤치고 나와 긴급한 상황에서 자신에게 필요한 걸 찾아낸다. 메리도 그랬다.

메리나 그녀와 비슷한 다른 이들의 경우 변화를 일으킨 가장 큰 요인은 우리 둘 사이에 생겨난 애정이었다. 애정이 위험한 단어가 되어버렸는데, 간혹 이유가 정당한 경우도 있다. 좋든 싫든 애정은 여전히 우리가 이 생에서 누리고 있는 좋은 것들을 얻을 수 있는 가장 강력한 도구이다. 치료 전문가와 의뢰인 사이의 애정은 두 사람이 일정한 시간에 사무실에서 만나 정해진 시간 동안만 함께하고, 둘이 그곳에서 하는 일이라고는 이야기를 나누는 것밖에 없다는 점에서 독특하다. 대화의 초점은 주로 한 사람, 즉 의뢰인에게 맞춰져 있다. 물론 치료 전문가의 성격이 개입되기는 하지만 그의 세부적인 인생사에 할애하는 시간은 길지 않고 그래서도 안 된다.

상담이 순조롭게 진행되면 시간이 지남에 따라 깊이 있고 지속적인 존중과 배려가 싹트고 각자가 상대방에게서 느끼는 발달 에너지가 자신에게 영향을 미치는 걸 느끼게 된다. 이걸 애정이라고 부르자. 인생에서 이와 완전히 똑같은 걸 찾을 수는 없는데 어떤 작곡가의 음악이나 어떤 예술가의 그림, 혹은 어떤 작가의 소설을 접할 때 생기는 애정과 가장 가깝다고 할 수 있을지 모른다.

이 애정이 변화에 영향을 미칠 수 있는 수준에 도달하기까지는 시간이 걸린다. 심각한 주제나 중요한 사건에 대한 논의는 물론이고 잡담을 통해서도 그런 수준에 다다를 수 있다. 그 과정이 어떻게 진행되는지는 아직 잘 모르지만, 나도 의뢰인이나 치료 전문가의 입장에서 그것이 효과적으로 기능하는 모습을 자주 보았기 때문에 그 힘이 진짜라는 걸 알고 있다.

나는 치료자의 입장일 때도 혼자서 힘을 행사하려고 하지 않는다. 내 의뢰인도 마찬가지다. 우리는 여러 주에 걸쳐 진행되는 상담 기간 동안 함께 그 힘을 행사한다. 메리 같은 사람이 자유롭고 긍정적인 자존감을 되찾을 수 있는 유일한 방법은 애정 어린 관계를 통하는 것뿐이다. 그게 반드시 치료 전문가와의 관계일 필요는 없지만 이 관계는 메리 같은 사람을 치료하기 위해 세심하게 통제된 방법 가운데 하나다. 자기보다 다른 사람을 먼저 돌보는 경향이 있는 사람들은 대부분 메리처럼 유년기에 발생한 심각한 선행 사건을 겪지 않아 메리만큼 내면 깊이 파고들 필요가 없다. 이런 사람들에게 알맞은 방법을 몇 가지 안내하기 전에 먼저 메리가 스스로 만들어낸 위험성을 짚고 넘어가자.

1. **기운** 남을 돌보는 일은 정신적인 에너지를 많이 소모한다.

2. **감정** 다른 사람의 일이나 그들의 부정적인 감정을 떠맡을 때면 기묘한 정신적 교환이 발생한다. 이걸 투사적 동일화 projective identification라고 하는데, 이는 당신이 돕는 사람을 채우고 있던 유독한 성분이 해결자인 당신의 마음까지 가득 채우는 현상을 의미하는 멋진 용어다. 당신은 그것을 잠시 품으면서 더러운 부분을 세탁한 뒤에 깨끗해진 내용물을 당신이 돕는 사람에게 돌려주게 되는데 이 모든 과정이 당신을 감정적으로 위험한 상태로 몰아넣는다.

3. **참여** 다른 사람의 문제에 자꾸 개입하다보면 자기 일에 전념하는 능력이 줄어든다.

4. **체계** 다른 사람에게만 지나치게 신경을 쓸 경우 자신을 돌보도록 이끌어주는 체계를 무시하는 경향이 있다.

5. **제어** 어떤 일이 벌어지고 있는지 알아차리고 그것을 막기 위해 조치하지 않는다면 타인을 돕고자 하는 반사적인 반응이 당신을 통제하기 시작한다.

주변 사람과 자신 모두를 돌보는 데 도움이 되는 10가지 방법

1. 다른 이들을 먼저 돌보는 게 자신의 본능적인 반응 즉, 반사적이고 무의식적이며 감정적인 초기 반응이라는 걸 인정한다. 자신의 상황을 돌보기 전에 조직의 다른 사람 모두를 행복하게 만드는 것이 본인의 목표라는 사실을 깨달아야 한다.

2. 이런 성향은 자기 자신을 돌보는 능력과 연결시키기만 한다면 여러 면에서 존경스럽고 조직에 매우 가치 있는 성향이라는 사실을 알아야 한다.

3. 자신에게 신경 쓰는 건 이기적으로 행동하는 것과 다르다는 사실을 이해하자. 비행기에 탔을 때 사고가 발생하면 남들을 돕기 전에 본인이 먼저 산소마스크를 쓰라고 말하는 것도 이 때문이다. 너무나도 뻔한 조언을 굳이 하는 이유는 우리 가운데 메리처럼 자기보다 남을 먼저 돌보려는 사람이 매우 많기 때문이다.

4. 충분히 생각해보자. 자신에게 신경 쓰는 게 조직 전체에 도움이 된다는 사실을 주지해야 한다. 그와 반대로 행동하는 습관이 뿌리내린 사람들이 많은데 특히 여성이 그런 경향이 더욱 심하다. 당신이 다른 누군가에게 도움이 되고 싶다면 먼저 자

신부터 신경 쓰는 것이 올바르고 정당하고 필요한 일이라는 사실을 확실히 이해할 때까지 다른 이들과 충분히 이야기를 나누자.

5. 자신을 위한 시간을 따로 빼놓자. 남들에게 방해받지 않고 까다로운 문제를 해결하기 위해 집중할 수 있는 시간, 운동이나 요가를 하는 시간, 충분히 수면을 취할 수 있는 시간, 명상이나 기도 혹은 다른 사색적인 습관을 위한 시간, 사랑을 나눌 시간 등을 확보해두는 것이다.

6. 남의 요청을 무턱대고 받아들이는 것이 아니라 "생각 좀 해볼게요"라고 말하는 법을 익히자. 다른 사람이 부탁할 때 자동적으로 튀어나오는 반응을 "생각 좀 해볼게요"로 바꾸면 그 일을 떠맡는 게 이치에 맞는지 아니면 정중하게 거절하는 편이 맞는지를 충분히 시간을 두고 판단할 수 있다.

7. 함께 일하는 누군가가 곤경에 처해 있을 때는 자기가 그 사람의 일에 끼어들어 도움을 주기에 가장 적합한 인물인지를 고려해야 한다. 일단 끼어들면 다시 발을 빼기 힘들기 때문이다. 장기적인 프로젝트가 될 수도 있는 일을 떠맡을 시간이 있거나, 필요한 도움을 제공하기에 가장 적합한 자격을 갖췄거나, 도움을 제공하는 데 필요한 에너지와 감정적인 자원이 충분할 때에만 그 일에 끼어들어야 한다.

8. 도움을 청하는 법을 배우자. 다른 사람을 돌보는 이들은 대부

분 '반反 의존적'이라서 남의 도움을 받기보다는 자기가 도움을 주는 쪽을 훨씬 편하게 느낀다. 자기가 편안하게 느끼는 범위에서 벗어나서 남에게 도움을 청하는 법을 배우자. 당신이 부탁하면 사람들이 기뻐할 것이다. 당신도 잘 알다시피 남들이 자기를 필요로 한다는 건 기분 좋은 일이니 말이다.

9. 당신에게 도움을 줄 시간이나 기력이 부족하다면 조직의 다른 사람이 도울 수도 있다는 사실을 기억하자. 당신이 주는 도움이 줄어들면 더 많은 사람이 그 공백을 메우게 된다.

10. 마지막으로 이 모든 노력과 함께 자신의 현재 모습에 만족하자. 문제가 심각하지만 않다면 다른 사람을 돌보는 성향이 있다는 건 좋은 일이다. 자신이 살아남아서 번창할 수 있도록 약간 물러서는 방법을 배우기만 하면 된다.

6

내면의 무한한 능력을
제대로 활용하려면

"난 정말 왜 이러지!" 샤론은 벽을 보며 말했다. 책상에 앉아 있던 그녀는 자기가 지난 1시간 동안 화상회의를 해야 했음을 깜빡 잊었다는 사실을 지금 막 깨달았다. 회의를 내일 한다고 생각했는데 일정표를 확인하고서야 오늘 회의 일정이 있었음을 깨달았다.

샤론의 가슴이 쿵쾅거리며 뛰었다. 왜 출근하자마자 일정표를 확인하지 않았을까? 날마다 일정표를 반드시 확인하자고 다짐하면서 왜 실천하지 않을까? 할 일이 무엇인지 알면서도 어째서 그 일을 하지 않지? 실패할까봐 두려운 걸까? 내심 내 삶을 망치고 싶어 하는 건가? 엄마를 기쁘게 하기 위해서 실패하려고 애쓰는 건가, 아니면 엄마를 뛰어넘기가 두려운 걸까? 지금까지 수없이 받은 그놈의 심리요법이 왜 하나도 도움이 안 되는 거지? 희망이 조금이라도 있긴 한가? 앞으로도 계속 이렇게 살아야만 하나? 차라리 누군가 날 총으로 쏘아 죽여줬으면 좋겠어.

잡지사에서 함께 일하는 동료이자 친구인 에이버리가 샤론의 사무실을 지나가다가 그녀가 괴로워하는 모습을 보았다. "왜 그래, 샤론?" 에이버리가 물었다.

샤론은 한숨을 내쉬었다. "듣고 싶지도 않을 거야. 한마디로 난 패배자야. 지금 막 토니네 그룹과 함께하기로 한 화상회의를 깜빡했어. 아마 그 사람들도 이제 인내심이 한계에 다다랐을 거야. 황금 같은 기회를 얻을 수도 있었는데 또 헛스윙을 해버린 거지. 이런 내가 정말 싫어."

"샤론, 넌 이 잡지사에서 가장 재능 있는 사원이야. 내가 네 능력의 반만이라도 가지고 있었으면 좋겠다."

"그렇게 말해줘서 고마워, 에이버리. 하지만 내가 엄청난 잠재력을 지닌 사람이라는 말을 듣는 것도 이제 지겹다는 거 알지? 아무리 잠재력이 많아도 그걸 제대로 발휘하지 못한다면 무슨 소용이야? 차라리 멍청하게 태어나는 편이 나을 뻔했어. 그랬다면 어차피 불가능한 잠재력을 발휘하려고 애쓰지 않아도 됐을 테니까."

"잠깐만." 에이버리가 대꾸했다. "당장은 처리해야 할 일이 있어서 가봐야 하지만, 5시 정각에 다시 여기로 올 테니까 우리 같이 길 건

너에 있는 앨곤퀸에 가서 지금껏 마셔보지 못한 최고의 모히토를 마
시자. 거절하는 건 용납 못해!"

"기대할 수 있는 일을 만들어주다니 정말 고마워, 에이버리."

앞서 살펴본 5개의 사례와 달리, 샤론의 이야기는 ADT가 아
니라 진짜 ADHD에 관한 것이다. 이 사례를 포함한 이유는 성인
이 ADHD를 앓는 일이 대부분 사람이 생각하는 것보다 훨씬 흔하
기 때문이다. 미국의 경우만 따져도 최소 5백만 명 이상의 성인이
ADHD를 앓고 있는데 그 가운데 80퍼센트는 제대로 진단을 받지
못한 상태다. ADHD 치료를 받은 성인의 삶은 보다 나은 쪽으로 극
적인 변화를 이룰 수 있다.

39세인 샤론은 유명 여성 잡지사에서 오랫동안 수석 편집자로 일
했다. 말단직에서 시작해 여기까지 승진했지만 아직 최고위직까지
는 올라가지 못했는데, 이는 계획을 세우고 우선순위를 정한 뒤 그
일을 실행에 옮기는 데 만성적인 문제가 있기 때문이다. 사실 그녀
의 탁월한 재능과 뛰어난 재기가 아니었더라면 벌써 오래전에 해고
당했을 것이다.

계획 세우기를 매우 어려워한다.

꾸물거리면서 일을 미룬다.

최대한 집중력을 발휘할 수 있어 위기가 닥치는 걸 좋아한다.

상상력이 풍부한 반면 일을 완수하는 능력이 부족하다.

회의에 참석하기를 불편하고 부담스러워한다.

자신이 지닌 재능을 최대한 활용하지 못해 좌절한다.

충동적이다.

시간을 엄수하지 못한다.

자신처럼 사고가 빠르지 않은 사람들을 보면 짜증을 낸다.

일을 하면 지나칠 정도로 철저하게 한다.

샤론은 고통스러워하면서도 끈질기고 냉혹하게 자신을 꾸짖으며 성과가 능력에 미치지 못하는 까닭을 생각했다. 그녀는 다른 어떤 이보다 자신을 날카롭게 비난하며 패배자, 게으름뱅이, 멍청이, 천치, 사기꾼, 협잡꾼, 돌팔이, 백치, 한심한 인간, 약자 같은 험한 단어들을 일상적으로 들먹였다. 샤론은 이런 단어들이 자신에게 적확하지 않음을 잘 알았지만 자신의 심신을 혹독하게 비판할 때면 마음이 편해졌다. 자신의 엄청난 재능을 십분 활용하지 못하는 이유를 알지 못한 채로 살아가는 것보다는 낫다고 생각했기 때문이다.

작가 바이런 케이티는 우리가 살면서 자신을 억누르는 방식을 사색하면서 "그런 생각을 하지 않는다면 당신은 어떤 사람이 될 것인가?"라는 자신을 해방시키는 질문을 던져보라고 제안한다. 하지만 샤론은 자신이 얼마나 서투르고 부족한 인간인지 생각하지 않고 산다는 건 상상할 수조차 없었다. 그녀는 자신을 도덕적으로 진단하고 거기에 집착했다. 그렇게 자책하지 않으면 제대로 기능하지 못한다고 느끼기까지 했다. 그녀는 자신의 마음을 상하게 하는 그 생각들을 놓을 수 없었다. 그랬다가는 도저히 자신의 무능함을 해명할 길이 없었다. 마치 그런 자책이 그녀의 나머지 부분이 매달릴 수 있는 뼈대를 제공해주는 것만 같았다.

샤론은 에이버리가 알아차린 것처럼 깊은 두려움에 사로잡혀 있었다. 이 두려움은 때때로 그녀를 강타한다. 능력 이하의 성과와 먹고살기 위해 꿈을 포기한 일 등을 일깨운다. 고등학교와 대학교 시절에 만났던 모든 이는 그녀가 유명한 소설가가 될 것이라고 생각했으나 그녀는 생계를 위해 편집 일을 하는 걸로 타협했다. 샤론은 이런 두려움 속에서는 자기에게 주어진 일에 집중하기가 불가능함을 깨달았다. 수치심과 실망감이 작렬하는 전류처럼 온몸을 가득 채워 몸과 마음 전체에 고통을 전달했다. 그러나 샤론은 힘줄처럼 강인한 사람이었다. 사람들의 발길에 이리저리 채이면서도 살아남는 방법을 아는 잡종 개처럼 어떤 상황에서도 끝까지 싸우는 법을 알았다.

투쟁은 샤론이 위기에 대처하는 가장 중요한 방법이었다. 그녀는 행동을 취해야 할 때는 그저 행동에 돌입했다. 거대한 투지의 태풍이 내면을 휘저어도 결코 포기하지 않고 지독한 두려움 속에서도 계속 싸웠다.

샤론의 성장 배경

출산 예정일보다 12주나 일찍 태어난 샤론은 세상에 발을 들인 순간부터 싸워야만 했다. 그녀의 아버지 더글러스는 샤론을 맹목적으로 사랑했지만 어머니는 그녀를 자신의 경쟁 상대로 여겼다. 샤론은 자기 어머니와 세 명의 오빠들에게서 살아남으려면 싸워야만 한다는 사실을 배웠다. "네 머리카락이 붉은색이라서 투지가 강한 거야. 그래서 네 머리가 그렇게 좋기도 하지." 아버지는 이렇게 말씀하시곤 했다.

샤론은 그녀의 아버지가 늘 원하던 딸이자 그녀의 어머니가 결코 원치 않은 딸이었다. 샤론의 어머니 일레인은 까다롭고 차가운 어머니의 비판적인 시선 아래서 자랐다. 그녀는 아들들을 사랑했지만 딸은 자신이 자기 어머니의 최악을 이끌어낸 것처럼 자신이 지닌 최악을 드러내게 만들 뿐이라고 생각했다.

그 생각은 정확하게 맞아떨어졌다. 일레인은 더글러스의 관심을 놓고 아기인 샤론과 경쟁했다. 더글러스가 샤론에게 맹목적인 사랑을 퍼부을 때마다 일레인은 노발대발하거나 부루퉁했다. 다행히 더글러스가 자신과 딸 사이를 갈라놓게 내버려두지 않아 부녀 관계는 아주 원만했다. 그러나 일레인은 모든 부분에서 샤론의 기반을 약화시키려고 했다. 딸이 성공을 거두거나 자신은 경험하지 못한 즐거운 유년기를 보내는 일이 끔찍한 악몽이라도 되는 것처럼 행동했다.

샤론은 어머니의 공격을 막아내기 위해서뿐만 아니라 제대로 교육받기 위해서 자기가 모을 수 있는 에너지란 에너지를 모두 끌어모아야 했다. 그녀의 부모는 자녀들에게 기대가 컸지만 샤론이 자신에게 거는 기대에 비하면 아무것도 아니었다. 샤론은 활동이나 과업 내용이 무엇이건 간에 모든 분야에서 이기고, 모든 일에서 탁월한 성과를 올려 최고가 되고 싶었다.

학업을 따라가기는 쉽지 않았다. 자신감을 갉아먹는 어머니의 끊임없는 비난에 대처해야 했기에 정신을 한데 집중하지 못하고 마음이 늘 오락가락했다. 선생님이 자기 이름을 부를 때 창밖을 내다보고 있다가 제대로 대답을 못하는 바람에 공개적으로 망신을 당하기도 했다. 하지만 그녀는 포기하지 않고 상대방을 압도했다. 필기 공책을 빌리고 필요 이상으로 도움을 구하며 남들이 노는 동안에도 자리에 남아 공부하면서 어떻게든 성적을 올리려고 노력했다. 샤론은 A 학점을 받았다. 혹여 B 학점을 받기라도 하는 경우에는 선생님을 찾아가 보충 수업을 해달라고 조르곤 했다.

그녀는 자기 흥에 겨워 여러 가지 운동에 도전하기도 했다. 트랙을 달리고 장거리 수영을 하면서 희열을 느꼈다. 한참 운동을 하다가 어느 시점에 도달하면 고통이 쾌락으로 변했다. 샤론은 어머니에게 감사했다. 그녀는 자기 어머니가 끌어들인 전쟁에서 이기기 위해 익스트림 스포츠에 뛰어들어 뛰어난 업적을 이루고자 했다.

그러던 중 10학년 때 만난 영어 교사 엘리엇이 그녀의 인생을 바꿔놓았다. 그는 샤론이 에밀리 디킨슨의 시부터 시작해 문학에 흥미를 갖게 했다. 샤론은 간결한 문장과 짧은 장면을 사랑했다. "내가 죽을 때 붕붕대는 파리 소리가 들렸다"와 같은 문장은 샤론이 지금껏 학교에서 느껴보지 못한 놀라움과 기쁨을 안겨주었다. 디킨슨의 뱀에 관한 시에 나오는 구절은 샤론의 마음속에 아로새겨졌다. "하지만 이 녀석은 볼 때마다, 동행이 있건 혼자건 간에 내 숨을 확 조이고, 뼛속까지 텅 빈 듯한 기분이 들게 하지." 뼛속까지 텅 비었다고? 정말 완벽하다고, 뭐라 말할 수 없이 완벽하다고 샤론은 생각했다. 디킨슨은 "뼛속까지 텅 비다" 같은 구절을 어떻게 생각해냈을까? 그 말은 대체 어디에서 나왔을까? 샤론은 간절히 알고 싶었다. 그러면 자기 머릿속에도 그런 구절이 떠오를 것만 같았다.

엘리엇의 격려를 받은 샤론은 그렇게 놀라운 글들이 실제로 어디서 나오는지 알아내는 일에 착수했다. "그건 네 무의식, 네 상상력에서 나온단다." 엘리엇은 말했다. "넌 놀라운 상상력을 갖고 있어. 그걸 믿어보렴."

"그게 무슨 뜻인가요?" 샤론이 물었다.

"넌 성격이 집요해. 그건 아주 좋은 점이지만 가끔은 다잡았던 고삐를 풀어놓고 네 정신이 널 놀라게 하도록 내버려둬 봐. 내 장담하는데 에밀리 디킨슨도 자기가 '뼛속까지 텅 빈'이라는 구절을 썼을 때 다른 사람들만큼이나 놀랐을 거야."

그때부터 샤론은 상상력과 이미지와 단어의 세계라는 마음에 쏙 드는 놀이터를 찾아냈다. 처음에는 디킨슨 스타일을 모방해서 시를 썼지만 서서히 자기만의 스타일이 생겨났다. 산문도 썼다. 그녀는 타고난 이야기꾼이었다. 10학년 이후로 시간이 지남에 따라 자기만의 목소리를 발견해서 다른 누군가의 작품을 모조하거나 모방하지 않고도 글을 쓸 수 있게 되었다. 그녀는 대학에 진학해 문학에서 기쁨을 찾아 누릴 날을 고대했다.

그러나 시험 준비에 꾸준히 집중하지 못해 SAT에서 낮은 점수를 받았고 결국 들어가고 싶어 했던 아이비리그 대학에 진학하지 못했다. 하지만 뛰어난 성적과 추천서 덕분에 꽤 괜찮은 대학 여러 곳에서 입학 허가를 받았다. 결국 샤론은 뉴욕 주 북부에 있는 호바트 앤 윌리엄 스미스 대학Hobart and William Smith Colleges을 선택했다. 그녀는 이 학교에서 문학 공부와 글쓰기에 전념했으나 이야기에 중요한 내용을 내포할 만큼 글을 길게 이어 쓰지 못한다는 사실을 깨달았다. 샤론은 대학 문예지의 편집자가 되었지만 자기가 쓴 글은 잡지에 별로 실지 않았다.

그녀의 어머니는 이걸 트집 잡았다. "현실을 제대로 파악해. 우리가 널 계속 지원해줄 수는 없는 일이고 작가로서 실패하면 돈도 한 푼 못 벌어." 샤론은 자기가 작가로 성공하면 어머니가 부러워하며 비굴한 태도를 보일 것을 알았지만 그녀 말에도 일리가 있음을 부정할 수 없었다. 자신이 금전적인 원조를 애걸하는 모습을 보면서 어머니가 만족하는 건 결코 바라지 않았다. 샤론은 먹고살아야 했기에 학교를 졸업한 뒤 자기가 뛰어난 실력을 발휘할 수 있는 편집의 세계에 뛰어들었다.

꿈은 희미해졌지만 편집자로서의 일은 잘해냈다. 그녀의 상사들도 모두 엘리엇이 알아차린 샤론의 뛰어난 재능과 추진력, 상상력을 인정했다. 샤론은 자기가 다른 사람들과 다르다는 걸 알았다. 어떻게 다른지 설명할 수도 없고 다른 사람들을 이해시킬 수도 없었지만 말이다. 친구나 동료들은 "샤론, 넌 정말 재능 있는 사람이야. 네가 가진 재능을 최대한 활용할 수 있도록 조직 전문가나 코치를 만나보는 게 어때?"라고 말하지만, 그녀는 자기가 그럴 수 없다는 사실을 어떻게 설명해야 할지 모른다. 심한 좌절감과 어떤 답이라도 찾고자 하는 욕구 때문에 샤론은 일상적인 체벌처럼 자신에게 적용할 혐오스러운 용어들을 모은 블랙리스트를 들먹이기 시작했다.

오빠들 가운데 한 명이 "넌 왜 남자와 오래 못 사귀는 거니? 지금까지 만난 사람 중에 네 마음에 쏙 드는 사람이 하나도 없었어?"라고 물을 때면, 상대방에 비해 부족하다고 느껴 정상적인 방식으로 관계를 맺지 못하는 쪽은 자신임을 어떻게 설명해야 할지 몰랐다. 그래서 "난 정말 이기적인 사람이야"라고만 말했다. 틀린 말이기는 해도 어쨌든 대답은 대답이었다.

샤론은 정답도 많이 찾아냈지만 그건 자기 자신이 아니라 다른 사람과 세상에 대한 것이었다. 그녀에게는 다른 사람들이 보지 못하는 걸 보는 재주가 있었다. 순식간에 상대방의 마음을 들여다보고, 금세 거짓말을 하고, 누군가를 바라보기만 해도 그가 무슨 생각을 하는지 알아내고, 회의 자리에서 실제로 어떤 일이 진행되고 있는지 단숨에 진단할 수 있었다. 엑스레이 같은 시각으로 누구든, 어떤 일이든 속속들이 알아낼 수 있었다. 이런 예민한 지각 능력은 그녀에게 도움이 되기도 했지만 자기가 아는 사실을 남들과 쉽게 공유할 수 없어 그녀를 고립시켰다. 지나치게 많은 감정과 통찰력 때문에 쉽게 지쳤다.

샤론은 편집 일을 통해서 늘 몸속에 고동쳐 흐르는 생각과 감정을 피하고 구체적이고 실용적인 일에 진지하게 관심을 기울이려고 애썼다. 그러나 일할 때조차도 지면에 드러나는 거짓 목소리와, 남의 마음을 조종하는 데 능한 작가가 문장과 문장 사이를 교묘하게 누비고 다니는 모습이 보여 원고를 읽다가 비명을 지르지 않도록 통제해야 했다. 마음을 다스리기 위해 책상을 움켜쥐며 애를 써도 그녀의 정신 집중 능력은 소풍을 나가 신나게 사방으로 돌아다니는 어린아이와 비슷한 수준이었다. 위험성이나 허용 여부는 전혀 고려하지 않은 채 어디든 제가 가고 싶은 곳으로 튀어 통제하기가 거의 불가능했다.

샤론도 내면 깊은 곳에서는 집중력을 유지하는 방법만 알아낸다면 자기 안에 있는 이야기를 쓸 수 있고 연애도 지속할 수 있음을 알았다. 엄마가 되고 싶다는, 자기가 원했던 엄마가 되고 싶다는 또 다른 꿈도 이룰 수 있을 것이다. 하지만 당장은 그 어떤 꿈도 이룰 수 없는 데 수치심을 느꼈다. 샤론은 자신이 절대 굴복하지 않을 것임을 알았지만 장차 어떻게 될 것인지는 궁금했다.

ADHD 환자의 삶

ADHD 진단을 받지 않은 수백만 명의 미국 성인 가운데 한 명인 샤론에게는 자기 삶을 좋은 쪽으로 바꿀 수 있는 기회가 있었다. 정신적인 문제와 관련된 진단 가운데 이보다 더 인생을 좋은 방향으로 변화시킬 수 있는 극적인 기회를 제공하는 것도 없지만, 앞서 말한 것처럼 ADHD를 앓는 성인들 가운데 적어도 80퍼센트는 자기가 ADHD 환자라는 사실을 모른다. 그들은 샤론처럼 오랫동안 불쾌한 일을 겪으면서 자기 능력 이하의 성과를 올리고 때때로 심각한 문제에 말려들기도 한다. 교도소에는 ADHD 진단이 미확정된 성인들로 가득하다. 실직자, 약물과 알코올 중독자, 사고를 잘 당하는 사람, 우울증과 불안증 환자, 사회에서 소외당하는 이들도 마찬가지다.

다행히 샤론은 끈기와 타고난 재능 덕분에 ADHD로 인해 심각하게 삶이 손상된 수백만 명의 사람에 비하면 지금까지 잘해온 편이다. 하지만 여전히 중요한 면에서 능력 이하의 성과를 올리고 있고 자신도 그 사실을 안다. 우울증과 체념이 그녀를 한층 더 깊은 바닥까지 끌어내려서 지금 하고 있는 일조차 하지 못하게 만드는 건 시간문제였다.

여러 이유 때문에 대부분 사람(대부분 의사도 포함해서)은 성인이 앓는 ADHD에 대해 전혀 혹은 거의 알지 못한다. 이들은 ADHD가 지나치게 활동적인 남자아이들이 어릴 때 겪는 증상이라고 생각한다. 그 결과 ADHD만 치료하면 엄청난 성공을 거둘 수도 있는 수백만 명의 성인들이 간절히 필요로 하는 도움을 전혀 받지 못하고 있다. 적절한 도움만 주어진다면 이런 성향을 지닌 성인들도 탁월한 역량을 발휘할 수 있다. 노벨상 수상자, 퓰리처상 수상자, 자수성가한 억만장자, 아카데미상 수상자, 기업가, 자기 분야에서 최고의 자리에 오른 다른 이들은 모두 이런 매력적이면서도 제대로 이해받지 못하는 특성을 지니고 있다.

ADHD가 이토록 흥미로운 이유는 그 안에 장점과 단점이 골고루 섞여 있기 때문이다. ADHD 치료는 긍정적인 부분은 활용하고 부정적인 측면이 미치는 피해는 제한하는 것을 목표로 한다.

나는 1981년에 처음 ADHD에 대해 알게 된 뒤로 줄곧 성인 ADHD 환자들을 상담해왔다. 나도 난독증이 수반되는 ADHD 증상

을 잃고 있다. 적절하게 관리만 하면 이 증상은 인생에서 중요한 자산
으로 바뀔 수 있다. 내 일을 장애 치료가 아니라 사람들이 자신의 선
물 포장을 벗기도록 돕는 일이라 여기는 것도 그런 이유 때문이다.

ADHD를 앓는 사람이 지닌 성격의 장점과 문제점

장점	문제점
창의적이다.	갑자기 옆길로 새는 일이 많다.
직관적이다.	증거를 대지 못해 고생한다.
흥미를 느끼면 한 가지 일에 집중할 수 있다.	관심이 없으면 주의가 산만해진다.
흥미를 느끼면 일에 열정을 느낀다.	일을 미루거나 지각하는 일이 잦다.
시간을 낭비하지 않고 신속하게 행동을 취한다.	충동적이고 무모한 결정을 내릴 가능성이 있다.
항상 새롭고 신선한 자극원을 찾는다.	심한 자극을 찾다가 위험한 문제를 야기할 수 있다.
활력이 넘친다.	때로는 가만히 앉아서 귀 기울이는 것도 힘들어한다.
쉽게 영감을 받고 남에게 영감을 주기도 한다.	프로젝트를 마무리하거나 장기적인 관계를 유지하는 데 문제가 있다.

제대로 된 진단을 받은 샤론은 자신의 재능을 하나씩 풀기 시작하
면서 수십 년 동안 참아온 실망과 자기 공격을 그만둘 수 있었다. 샤
론이나 그녀와 같은 처지에 있는 수백만 명의 성인들은 한 가지 통
찰력만 얻으면 새롭게 개선된 인생을 시작할 수 있다. ADHD를 앓
는 사람들은 어떤 무의식적인 갈등 때문이 아니라 자신의 뇌가 연결
되어 있는 방식 때문에 스스로의 인생을 방해한다. 이들은 자기 뇌

가 지닌 결점의 희생양이 되어 뇌가 평소에 가지고 있는 탁월한 능력에 접근할 수가 없다.

비단 ADHD 환자들뿐만 아니라 자신의 뇌를 관리하는 방법을 제대로 몰라서 능력 이하의 성과만 내는 사람은 수백만 명이 넘는다. 나는 몇 해 전《뇌와 함께 빗속을 걸어요A Walk in the Rain with a Brain》라는 아동용 책을 쓴 적이 있다. 거기에는 "세상에 똑같은 뇌는 없어요, 최고의 뇌도 없어요, 모든 뇌는 자기만의 특별한 방식을 찾아내요"라는 후렴이 나온다. 교육제도의 광범위한 실패와 실용적인 뇌 관리라는 사안에 대한 전문가가 부족한 탓에 대부분 사람은 자기 뇌만의 특별한 작동 방식을 이해하거나 이를 숙달하지 못한다. 이들이 모두 곤경에 처해 허우적대지 않을 수는 있지만, 탁월하게 능력을 발휘하지도 못할 것이다.

샤론을 돕기 위한 첫 번째 단계는 그녀의 상태를 재구성하는 것이었다. 복잡하게 뒤얽힌 덤불에 갇혀 있는 그녀를 자유롭게 풀어줘야 했다. 샤론은 뛰어난 재능의 소유자지만 ADHD를 앓고 있는 탓에 자기 능력 이하의 성과만 거두는 신세였다. 그녀에게 더 열심히 노력하라고 하는 건 근시인 사람에게 눈을 더 가늘게 떠보라고 말하는 것과 같았다.

교육부터 시작했다. 나는 샤론에게 내가 쓴《주의력 결핍에서 구원받다Delivered from Distraction》를 읽어보라고 권했다. ADHD에 관한 많은 정보를 속성으로 얻을 수 있기 때문이다. 일단 샤론이 ADHD와 거기에 내재한 창의성, 투지, 독창성, 기개, 에너지와 같은 긍정적인 특성을 이해하자 그녀와 나는 포장을 풀기 시작했다.

리탈린Ritalin이나 아데럴Adderall 같은 각성제는 하늘이 준 선물이 될 수 있다. 이 약들은 80퍼센트의 경우에 효과를 발휘한다. ADHD 치료제는 안경과 같은 구실을 할 수 있다. 좀더 효과적으로 집중할 수 있도록 돕기 때문이다. 제대로만 사용한다면 식욕 저하 외에는 부작용도 없다. 약물 치료 외에 다른 치료 방법으로는 운동, 영양 공급, 명상, 긍정적인 인적 교류, 감정적으로 적합한 장소에 익숙해지는 법 배우기, 학습 체계 등이 있는데 모두 ADHD 코치가 도와줄 수 있다.

진단이 미확정된 ADHD를 앓고 있는 모든 성인과 마찬가지로 샤론도 치료할 수 있는 문제가 자기 앞길을 가로막고 있다는 사실을 전혀 몰랐다. 이는 네모난 바퀴가 장착된 차를 운전하는 것과도 같은 일이다. 난파한 삶 때문에 그녀는 실제로 이룰 수 있었을 꿈을 포기했다. 아데럴을 복용하자 샤론은 즉시 효과를 느꼈다. 그녀는 우리가 만나기 전까지 자신에게 일어났던 모든 일들을 되짚어 생각할 수 있게 되었다. 타고난 싸움꾼인 그녀는 자신이 진작 이런 진단을 받지 못한 데 화를 냈지만, 그 분노는 지금까지 완전히 잊은 적 없는 자신의 꿈을 이루고자 하는 욕구를 더욱 부채질했다. 약물 복용은 치료 과정 가운데서도 쉬운 부분이다. 샤론의 집중력은 이 치료를 통해 극적으로 향상되었다. 네모난 바퀴가 둥근 바퀴로 바뀌었다. 하지만 이건 시작에 불과했다. 샤론은 평생 자신에 대한 부정적인 시각을 안고 살아왔다. 투지와 의욕이 넘치고 회복력이 뛰어나지만 내면 깊은 곳에서 큰 고통을 겪고 있었다.

학습 장애가 있는 사람들이 유년기에 받은 정신적 피해는 정신적 외상을 초래할 수도 있다. 젯블루 항공사 JetBlue Airways 설립자인 내 친구 데이비드 닐먼도 심한 ADHD를 앓고 있다. 젯블루 주식을 공개하던 날, 닐먼은 단 몇 시간 만에 수백만 달러를 벌었다. 그는 내게 이런 말을 했다. "그날 밤 집으로 돌아가면서 내가 어떤 기분이었는지 아나? 축하 행사를 기대하기는커녕 학교에서 늘 부진하던 고등학생 때와 똑같이 실패자가 된 기분이었다네."

사람들이 지닌 자아상을 개조할 수 있는 약은 없다. 샤론도 내가 그때까지 진단하고 치료했던 다른 성인들과 했던 일을 그대로 했다. 함께 앉아서 그녀의 말에 귀 기울이고, 원인을 탐색하고, 함께 고통을 견디고, 수면으로 떠오른 여러 괴로운 감정에서 서서히 독소를 제거했다. 샤론은 새로운 삶을 살게 된 것에, 둥근 바퀴를 가진 것에 흥분하는 한편 혼란스러워하고 화를 내기도 했다. 왜 이 문제를 발견하는 데 시간이 이렇게 오래 걸렸는지, 왜 자기가 학교에 다닐 때 아무도 이 사실을 알아차리지 못했는지, 왜 어머니는 딸을 돕기는커녕 비난만 해댔는지에 대해 말이다.

이런 문제를 일일이 해결하려면 시간이 걸린다. 그래도 샤론은 차츰 자신의 꿈과 능력에 대한 믿음을 다시 일깨워 꾸준히 글을 쓰기 시작했다. 너무 늦은 때란 없는 법이다. 내 환자 가운데 최고령자는

86세다. 그가 나를 만나러 온 이유는 평생 책을 쓰려고 노력했기 때문이다. 우리가 그의 ADHD를 진단하고 치료하자 그는 책 쓰기를 시작할 수 있게 되었다.

샤론의 ADHD는 다음과 같은 특징이 있었다.

1. **기운** 대부분 ADHD 환자와 마찬가지로 샤론도 기운이 넘쳐흘렀지만 그것을 제대로 조절하거나 통제하지 못했다.

2. **감정** 감정 기복이 극심해서 한결같은 상태를 유지하기 어려웠다.

3. **참여** 샤론의 집중력은 좋아졌다 나빠졌다를 반복하며 늘 불안정했다. 가끔은 날카로운 집중력을 발휘하기도 했지만 평소에는 전혀 그렇지 못했다.

4. **체계** 샤론은 성공을 위해 꼭 필요한 기본적인 체계 즉 목록, 계획, 일정 등을 마련하기 어려워했다.

5. **제어** 샤론은 자신의 정신력을 제대로 제어하지 못했다. 마치 브레이크 없는 페라리와도 같은 상태였다.

이 문제를 어떻게 해결할까

ADHD를 앓는 성인들을 위한 10가지 방법

1. 이 증세에 대해 최대한 많이 알아두자. 인터넷상에는 ADHD에 대한 오해와 잘못된 정보가 널리 퍼져 있으므로 인터넷에서 정보를 모으기 시작해서는 안 된다. 나와 존 레이티가 쓴 《주의력 결핍에서 구원받다》나 크레이그 서먼 박사와 팀 빌키, 카렌 바인트라우프가 쓴 《패스트 마인드Fast Minds: How to Thrive If You Have Adult ADHD》, 러셀 바클리 박사의 《성인 ADHD 치료Taking Charge of Adult ADHD》, 리디아 질로스카 박사와 대니얼 시겔이 쓴 《성인 ADHD에 대한 마음챙김 처방The Mindfulness Prescription for Adult ADHD》 같은 책을 읽어보자.

2. ADHD라는 용어가 끔찍하게 느껴지겠지만 그래도 그것을 받아들여야 한다. ADHD는 주의력이 부족하다기보다 생각이 종잡을 수 없이 헤매다니는 경향이 있다. 성인의 경우 일반적으로 활동 과잉 증상은 나타나지 않으며, 장애라기보다 성격적인 특성에 가까워 제대로 관리하기만 하면 본인에게 큰 도움이 될 수도 있다. 이들의 뇌에 장착된 엔진은 페라리 급인데 브레이크는 자전거 브레이크다. 브레이크가 없는 페라리는 위험하지만 브레이크 기능을 강화하면 챔피언 자리에 오를 수도 있다. 나는 브레이크 전문가다.

3. 본인의 앞길을 방해하고 만성적인 성과 부진을 초래하는 요
   인은 도덕적인 결함이나 성격상의 결점이 아닌 ADHD임을
   이해하자. 적절히 관리하기만 하면 자신의 능력을 무제한으로
   발휘할 수 있다.

4. ADHD를 앓는 성인을 도운 경험이 있고 강점에 기반해 접근
   하는 의사와 상담하자. 이런 의사를 찾으려면 발품을 많이 팔
   아야겠지만 그만한 노력을 들일 가치가 있다. 집 가까이에 있
   는 의과대학 부속 정신과부터 시작하는 것도 좋다.

5. 자신이 가진 걸 자랑스럽게 여기자. ADHD의 긍정적인 부분
   은 돈을 주고 사거나 누가 가르쳐줄 수 없지만 부정적인 부분
   은 올바른 도움을 받을 길만 찾아내면 해결이 가능하기 때문
   이다. 미국인들의 유전자 풀에는 이런 성향이 가득하기에 나
   는 이러한 성격적 특성을 "아메리칸 에지American Edge"라고 새
   롭게 명명했다. 이민의 물결을 타고 이 나라로 건너와 이곳을
   식민지로 만든 몽상가와 탐험가, 개척자, 모험가, 혁신자, 사
   업가 들을 생각해보자. 대부분 기업가는 ADHD 증상을 가지
   고 있다.

6. 조직화와 시간 관리 기술 개발을 도와줄 수 있는 코치와 함
   께 일하자. 크레이지비지CrazyBusy라는 내가 만든 앱을 다운로
   드 받아서 사용하는 방법도 있다. 이 앱은 당신이 일의 우선순
   위를 정하고, 주어진 일의 가치를 평가하며, 업무를 체계화하

도록 돕는다. 또 다양한 정보와 타이머, 스톱워치를 제공하고, 명상에 잠기도록 이끌어주며, 빠르게 돌아가는 삶에 대처하기 위한 여러 비법을 안내한다.

7. 명상, 운동, 적절한 영양 섭취, 충분한 수면 등은 모두 ADHD 증세를 완화하고 전반적인 삶의 질을 높인다.

8. 약물 치료를 두려워하지 말자. 적절하게 이용한다면 약물은 안경처럼 도움이 될 수 있다. 자격 있는 의사를 찾아가야 한다는 점만 명심하자.

9. 자기가 잘하는 일을 최대한 많이 한다. ADHD를 앓는 성인 대부분은 자기 잘 못하는 일을 숙달해야 한다는 사실에 강박감을 느끼고 그 과정에서 시간을 많이 허비한다.

10. 자기가 알게 된 사실을 다른 이들과 공유한다. 성인의 ADHD는 여전히 일반적으로 인정받지 못하고 있다. 진단과 치료를 통해 도움을 받았다면 그것을 적용할 수 있는 사람들과 정보를 공유하자.

Driven to Distraction at Work

How to focus and be more productive

2부

내 안의 집중력을 회복하자

7
유연한 집중력

2012년 3월, 프로 골프 선수인 버바 왓슨은 플로리다 주 도랄^{Doral}에 있는 블루 몬스터^{Blue Monster} 골프 코스에서 열린 도랄 오픈의 일요일 마지막 라운드에서 경쟁자를 3타 차이로 리드하고 있었다. 최종 라운드에서 3타 차이로 리드한다고 해서 결코 안심할 수는 없지만 안정적인 상황임은 확실했다. 버바는 일요일에 제1타를 쳤을 때부터 토너먼트 우승 후보로 떠올랐다.

경기에 출전한 선수들 가운데 비거리가 긴 편이며 현장에서 가장 창의적인 샷을 고안하기로 유명한 왓슨은 이 분야에서 필요한 재능을 모두 갖추고 있었다. 다만 그에게도 부족한 것이 있었으니 바로 집중력이었다. 도랄 오픈에서도 그는 전반 9홀에서 집중력이 흔들리는 바람에 3타 리드하던 걸 모두 잃고 말았다. 갑자기 토너먼트가 마지막까지 긴장감 넘치는 경쟁으로 바뀌었다. 텔레비전에서는 해설자 조니 밀러가 집중력을 유지하지 못하는 왓슨을 비난하면서 그가 꾸준히 집중하는 방법만 익힌다면 수많은 선수권 대회에서 우승할수 있을 것이라고 한탄했다. 모든 전문가가 왓슨이 집중력이 부족해 중요한 성과를 달성하지 못한다는 데 동의했다.

하지만 그해 말 조지아 주의 오거스타 내셔널^{Augusta National}에서 열린 마스터스 골프 대회에 출전한 왓슨은 뭔가 달라져 있었다. 골프계에서 가장 중요한 무대이자 이 분야의 위대한 영웅인 바비 존스가 만든 경기와 코스에서 왓슨은 쉽게 포착하기 어려운 자신의 집중력을 발견했다.

마스터스 대회의 일요일 최종 라운드에 접어들자 왓슨은 선두 주자를 2타 차이로 따라잡았다. 그는 분명 승자가 될 수도 있는 위치에 있었다. 그러나 4번 홀에서 평소라면 왓슨이 갑자기 무너져서 경기를 망칠 만한 일이 벌어졌다. 그의 경쟁 상대인 루이 우스트이젠이 골프 역사상 가장 극적인 샷을 날린 것이다. 그는 '더블 이글^{double eagle}'을 만들어냈다. 골프 규칙을 잘 모르는 독자들을 위해 설명하자면 '이글'이란 어떤 홀에서 '파^{par}'보다 2타를 덜 쳤을 때 얻는 점수인데 파는 선수가 어떤 홀에서 모든 샷을 제대로 쳤을 때 얻는 점수를 뜻한다. 한 홀에서 1언더파를 치는 '버디^{birdie}'만 해도 대단한데 더 놀라운 2언더파를 치는 것은 이글이라고 하고, 한 홀에서 3언더파를 치는 더블 이글은 거의 듣도 보도 못하는 일이다. 우스트이젠은 파5인 4번 홀에서 2점이라는 비현실적인 점수를 얻어 골프 역사상 가장 유명한 경기에서 가장 놀라운 점수를 올렸다.

왓슨이 집중력을 잃을 만한 때가 있었다면 함께 경기하던 우스트이젠이 더블 이글에 성공하던 순간이었을 것이다. 그러나 왓슨은 경쟁자가 새로운 골프 역사를 쓰는 모습을 본 뒤에도 화를 내거나 긴장해서 일을 망치지 않았다. 오히려 그는 상대방을 압도했다. 집중력을 잃기는커녕 한층 더 집중했고 과거에 그를 괴롭히던 재난을 피했다.

18번 홀에 이르자 왓슨과 우스트이젠 둘 중 누구라도 18번 그린에 퍼트 하나만 집어넣으면 대회에서 우승할 수 있게 되었다. 하지만 둘 다 실패했다. 대회는 '서든 데스sudden death' 플레이오프로 접어들었다. 골프 경기에서 서든 데스보다 긴장감 넘치는 상황은 없다. 홀에 먼저 공을 넣는 선수가 토너먼트 우승자가 되고 다른 선수는 그냥 집에 돌아가야 한다.

서든 데스 플레이오프의 첫 번째 홀에서 두 선수 모두 다시금 승리할 수 있는 기회를 잡았지만 퍼팅에 실패했다. 대회는 서든 데스 두 번째 홀로 접어들었다. 이번에는 왓슨이 스윙을 잘못하는 바람에 공이 너무 오른쪽으로 날아가 목표 낙구 지점인 페어웨이fairway의 경계를 표시하기 위해 심어놓은 키 큰 소나무 틈으로 들어가고 말았다. 이건 재난이자 확실한 패배의 조짐처럼 보였다. 왓슨의 케케묵은

악령인 집중력 부족이 마침내 그를 무너뜨려 무대에서 끌어내릴 것처럼 보였다. 상상할 수 있는 최악의 순간에 정말 잘못된 샷을 날리고 "버바, 얼빠진 짓을 하다"라는 제목이 월요일 아침 신문 헤드라인은 물론이고 잠시 뒤부터 오갈 모든 트윗 내용을 장식할 것이었다.

그러나 일은 그렇게 풀리지 않았다. 왓슨은 소나무 숲 속으로 30미터쯤 들어간 지점에서 마른 솔잎 더미 위에 떨어져 있는 자기 공을 발견했다. 분별 있는 골프 선수답게 논리적으로 플레이를 한다면 나무 사이에서 안전하게 페어웨이로 공을 날려 파를 성공시킨 뒤 우스트이젠이 버디에 실패하기를 기대할 것이다. 공을 안전하게 페어웨이로 날리는 것 외에는 현실적으로 가능한 샷이 없었다. 적어도 전 세계에서 이 경기를 지켜보고 있는 모든 사람이 생각하기에는 그랬다.

하지만 왓슨은 달랐다. 그가 나중에 말한 바에 따르면 전에도 이 숲의 같은 장소에 서 있었던 적이 있었다고 한다. 그러니 어떤 샷을 선택해야 할지 쉽게 결정할 수 있었다. 그는 시간을 낭비하지 않고 곧바로 자세를 잡은 뒤, 직접 고안한 특별한 그립과 스윙을 이용해 잎이 잔뜩 나 있는 나무 아래에서 바깥쪽으로 공을 쳤다.

그는 이 공으로 불가능해 보이는 일을 해내야 했다. 공이 곧장 위로 날아가 우거진 나무들 틈에서 빠져나온 뒤 오른쪽으로 방향을 틀어야만 했다. 전문적인 선수들은 공이 똑바로 날아가거나 오른쪽으로 날아가게 할 수 있다. 하지만 샷 하나로 2가지 일을 모두 해내려면 비범한 기술 혹은 누군가의 말처럼 마술적인 힘이 있어야만 한다.

왓슨은 자기 공으로 그런 마술을 부렸다. 그가 친 공은 위로 높이 날아가다가 선수의 의지대로 딱 알맞은 시점에 정확하게 오른쪽으로 꺾여서 40미터 가량을 곡선으로 난 뒤 그린 위로 떨어져 컵에서 4.5미터 떨어진 지점까지 굴러갔다. 이제 우스트이젠에게는 가능성이 없었다. 결국 왓슨이 대회에서 우승을 차지해 모두를 깜짝 놀라게 했다.

마스터스 대회에서 왓슨에게 무슨 일이 벌어진 걸까? 그가 어떻게 그런 일을 해냈는지는 아무도 모른다. 대부분 사람이 그가 평소와 달라 보였다는 데 동의한다. 입을 꼭 다물고 시선은 똑바로 정면을 향했으며 구경꾼들과 시시덕거리지도 않았다. 다른 때처럼 정신이 산만함을 보여주는 외적인 징후를 전혀 드러내지 않았다.

어떤 이들은 왓슨과 그의 아내가 대회 바로 며칠 전에 첫 아이를 입양한 것과 관련이 있다고 생각하기도 했다. 왓슨이 경기에 참가하기 위해 오거스타로 향할 때, 그의 아내는 너무 어려 여행을 할 수 없는 아기 때문에 집에 남아 있어야 했다. 하지만 그의 마음속에서는 두 사람이 함께했다. 부모이자 아동 정신과 전문의로서 말하자면 부모가 되는 것만큼 사람을 극적이고 영구적으로 변화시키는 경험은 없다. 부모가 되는 바로 그 순간 영구적인 정신병적 상태에 돌입해, 자기가 막 이 세상에 데려온 꿈틀거리면서 악을 쓰며 울어대고 똥오줌을 마구 싸대는 존재와 유별난 사랑에 빠진다.

왓슨이 자신의 집중력을 찾아낸 곳이 어디인지는 모두 짐작만 할 뿐이다. 하지만 그가 그걸 찾아냈다는 데에는 의심할 여지가 없다. 왓슨은 정신을 집중할 수 있게 해주는 3가지 요소를 골고루 조합해서 이용했을 것이다. 그 요소란 바로 체계와 새로움, 동기부여다. 모든 골프 샷에는 이 3가지가 조합되어 있다. 경기는 더없이 체계적으로 진행된다. 모든 샷은 각자 나름의 방식으로 독특하므로 새롭다고 할 수 있다. 그리고 선수는 경기를 잘해내고 싶어하므로 이것이 동기가 된다.

나는 우스트이젠이 4번 홀에서 더블 이글에 성공한 것이 왓슨의 집중력을 높이고 그에게 동기를 부여했다고 생각한다. 서든 데스의 두 번째 홀에서 왓슨은 잠시 예전 습관이 재발해서 집중력을 잃는 바람에 공을 나무 사이로 날려 보내고 말았다. 하지만 불가능한 샷을 쳐야 하는 상황에 직면하자 자신의 창의력을 발휘해 일생일대의 샷을 날릴 수 있었다.

유연한 집중력이란 무엇인가

집중력의 강도와 지속 시간은 그때그때 다르다. 극단적인 예로 잠들거나 술에 취했거나 혼수상태에 빠진 것처럼 집중을 전혀 하지 않는 경우도 있다. 나는 이렇게 목적 없이 이리저리 방황하는 상태를 "표류"라고 부른다. 그건 감미로운 상태일 수도 있고 완전히 시간 낭비일 수도 있다. 트롤 낚시를 하고 있는 낚시꾼처럼 마음이 이리저리 떠다니는 것이다. 때로는 그렇게 표류하던 도중에 대어를 낚기도 한다.

당신은 잘 모르겠지만 당신의 뇌는 이렇게 텅 빈 듯한 순간들을 이용해서 많은 일을 한다. 우선 "기본 모드"라고 하는 상태에 돌입해서 기본 연결망, 즉 DN^{default network}을 활성화한다. 특히 이렇게 몽상에 빠지거나 마음이 이리저리 표류하는 동안에는 측면 전두엽 피질과 전방 대상 피질이 활성화되는데, 두 곳 다 계획을 세우거나 정신을 집중하는 등의 이른바 집행 기능을 수행하는 데 중요한 부분이다.

이는 우리가 때때로 하던 일을 멈추고 눈길을 다른 데로 돌려 마음을 표류시키거나 정신을 쉬게 할 필요가 있음을 부분적으로나마 설명해준다. 우리 뇌는 그동안에도 휴식하지 않는다. 오히려 기본 계획의 첫 번째 요소인 에너지를 잔뜩 끌어모아서 세심하게 주의를 기울여야 하는 순간에 대비할 수 있게 한다.

문제를 해결하려고 애쓰거나 어떤 일에 집중할 때 뇌에서 더 많은 에너지를 소비한다고 생각할지도 모르지만 실은 그렇지 않다. 마음이 정처 없이 방황할 때에도 DN은 집중 모드에 깊이 빠져 있을 때와 동일한 수준, 혹은 그보다 더 많은 에너지를 소모한다. 흥미로운 점은 정신이 표류하거나 DN 모드일 때 주로 다른 사람이나 자기 자신, 그리고 타인과 자신의 관계를 생각한다는 것이다. 한마디로 '사회적 인지'에 빠져든다. 자연은 우리가 한가하게 정지해 있는 동안 사교적인 문제를 생각하도록 만들어놓았다. 사회 신경과학 분야의 선구자인 심리학자 매튜 리버먼은 이렇게 말했다. "우리 뇌가 여가 시간에 생각할 수 있는 것은 계산법을 배우거나 논리적 추론 능력을 키우거나 자기가 본 다양한 물체의 범주적 차이를 목록으로 작성하는 등 무수히 많다. 어느 것을 선택하든 경험이 쌓여서 만들어지는 적응적 가치가 있다. 하지만 자연은 우리의 사회적인 사고에 판돈을 걸었다."

표류의 반대쪽 극단은 '몰입'이다. 이렇게 고조된 의식 상태를 연구한 심리학자 미하이 칙센트미하이가 1975년에 가장 집중한 정신 상태를 가리켜 이런 이름을 붙였다. 몰입하면 자기가 하는 일에 완전히 빠져들어 자의식을 잃는다. 너무 몰두한 나머지 자기가 하는 행동과 하나가 되다가 결국 그 자체가 되어버린다. 시간 감각도 사라지고 자신의 생물적인 욕구와 충동도 의식하지 못하게 되면서 "오, 음악에 맞춰 흔들리는 저 몸, 눈부시게 빛나는 저 눈빛, 춤추는 이와 그가 추는 춤을 어떻게 구분할 수 있을까?"라는 윌리엄 버틀러 예이츠의 시 구절이 떠오르는 상태가 된다.

강도가 최고조에 달한 순간이 모두 그렇듯 몰입 상태도 서서히 사라지기 마련이다. 대부분 사람은 가끔씩만 몰입 상태에 빠져들기에 우리는 그것이 영원히 지속되지 않음을 잘 알고 있다. 어떤 이들은 달리기나 요가를 하다가 몰입하기도 하고, 어떤 이들은 음악을 연주하거나 명상, 뜨개질, 십자말풀이 도중에 몰입 상태에 빠지며, 스키를 타고 비탈길을 질주하면서 자기 목숨을 위태롭게 하거나 피나는 노력을 기울여 조각 작품을 만드는 동안 몰입을 느끼는 이들도 있다.

칙센트미하이의 연구 결과 그리고 내가 면담한 수많은 사람과 나의 경험을 통해 확증한 바에 따르면 몰입에 빠진 사람은 삶이 절정에 달한 순간, 가장 즐겁고 가장 충만한 순간을 경험한다. 이는 또한 사람들이 자신의 개인 최고 기록을 뛰어넘는 상태이기도 해서 몰입을 통해 이전보다 훨씬 뛰어난 성과를 올리는 일이 종종 있다. 하지만 몰입 상태에서는 그 일에 너무 몰두해 있는 나머지 그 도취감과 순수한 즐거움만이 기억에 남는다. 몰입 상태에 빠지면 자의식까지 잃어버리므로 그 상태가 끝날 때까지는 그것이 얼마나 근사한지도 자각하지 못한다.

그러나 종일 몰입 상태로 있기는 불가능하다. 밥도 먹고 잠도 자야 한다. 더구나 그 상태에서 뇌에는 신경전달물질의 공급이 제한된다. 우리는 연습을 통해 규칙적으로 몰입 상태에 빠지는 방법을 익힐 수 있다. 자신에게 매우 중요하면서 약간 어려워 능력을 최대한 발휘해야 하는 활동을 하는 것이 몰입하는 비결이다.

몰입이 진행되는 동안 벌어지는 일을 이해하기 위해 설립된 국제적 초학문적 조직인 몰입 게놈 프로젝트의 연구 책임자 스티븐 코틀러는 칙센트미하이의 연구를 실용적인 방향으로 확장했다. 코틀러와 그의 그룹은 일상생활에서 발생하는 "몰입을 해킹"하기 위한 방안을 만들어냈다. 그의 연구 대부분은 때때로 목숨이 위험해지는 익스트림 스포츠 선수들을 대상으로 했다. 그는 이 선수들이 자주 몰입을 경험하고 그럴 때마다 꾸준히 자신의 최고 기록을 넘어선다는 사실을 알아냈다. 엄청난 위험에 엄청난 이익이 따르는 셈이다.

대부분 사람은 몰입에 빠지기 위해 자기 생명을 위험에 빠뜨리고 싶어 하지 않을 테지만 몰입으로 들어가는 출입구는 여전히 활짝 열려 있다. 자신의 도전 의식을 북돋우는 동시에 상당히 중요하게 여기는 활동을 선택하기만 하면 된다.

내 경우에는 글을 쓰는 게 그런 도전이다. 나는 대부분 작가처럼 글쓰기를 사랑하는 한편 증오한다. 그것이 단순히 도전 의식을 북돋는 일 이상이기 때문이다. 가끔은 도저히 불가능한 일처럼 느낄 때도 있다. 글쓰기는 가능한 만큼 혹은 기대하는 만큼 잘되는 법이 거의 없기에 언제나 약속처럼 실망하게 만든다. 그래서 작가들은 글쓰기를 자주 회피한다. 어니스트 헤밍웨이에게 소설 쓰는 방법을 묻자 그는 "가장 먼저 냉장고를 깨끗하게 치워야 한다"라고 답했다. 글 쓰는 걸 피하기 위해서라면 무슨 일이든 다 한다는 말이다.

그래도 우리는 우리가 하는 일을 사랑한다. 우아하게 표현한 문장을 쓰거나 이미지를 간결하게 설명하는 것보다 더 기쁜 일은 없기에 나는 계속해서 다시 백지 앞에 앉는다. 골프 선수가 지금까지 형편없는 샷을 날렸음에도 언젠가 멋진 샷을 날리기 위해 다시 티^{tee} 앞에 서는 것처럼 말이다. 마침내 키보드 앞에 앉으면 늘 그렇듯 몰입 상태에 빠지는데, 보통은 몇 분간이지만 가끔 1시간씩 지속되는 경우도 있다. 내 글쓰기 경험과 익스트림 스키 선수의 경험에 차이가 있다면, 내게는 장시간 동안 몰입하게 하는 위험이라는 요소가 없다는 것이다. 그 때문에 나는 글을 쓰는 동안 몰입했다가 거기서 빠져나오기를 반복한다.

몰입보다는 못하지만 우리에게는 집중력이 있다. 집중이 무엇인지는 다들 안다. 이는 하나의 목표에 초점을 맞춘 결연하고 명료한 정신 상태를 가리키는 표준 용어다. 집중과 몰입 사이에 내가 "유연한 집중"이라고 부르는 상태가 있다. 이는 몰입했을 때와 같은 도취감을 안겨주지 못한다는 점에서 몰입과 다르지만, 몰입과 비슷한 상태에 다가서면서도 한 가지 일에 몰두한 나머지 다른 데 전혀 신경을 쓰지 못하는 일이 없다. 유연한 집중 상태에서는 일에 집중하는 능력을 유지하면서도 새롭게 입력되는 정보를 계속 받아들일 수 있다.

유연한 집중은 일상생활에서 언제든 이용할 수 있는 몰입의 혼성체다. 유연한 집중 상태에서는 정신 주위에 반투성半透性의 경계가 생겨 집중을 방해하는 걸 어느 정도 허용하기에 때때로 새롭고 중요한 아이디어가 떠오르기도 한다.

젯블루 설립자인 데이비드 닐먼의 경우를 생각해보자. 닐먼은 지난 20년 동안 항공 산업에서 이루어진 중요한 혁신 가운데 하나인 전자 티켓을 발명했다. 그가 말했다. "계획하지는 않았어. 그냥 어느 날 문득 그 아이디어가 아주 명백한 사실처럼 눈앞에 나타났어. 왜 누군가 진작 그 생각을 하지 못했는지 이해할 수 없을 정도였지. 업계의 모든 이가 '종이 티켓 없이 공항에 가려는 사람은 아무도 없을 걸요'라며 날 비웃었지만 지금은 다들 전자 티켓을 쓰고 있어. 이 방법 덕분에 항공업계는 수백만 달러를 절감했고 고객들은 온갖 불안감에서 해방되고 비행기를 놓치는 일도 사라졌지."

"어떻게 그런 아이디어가 떠올랐어?" 내가 물었다.

"특별한 계기는 없어. 그저 언제나 사업을 개선할 방법을 궁리하는 것뿐이야. 아이디어를 떠올리고 그걸 발전시키는 게 하는 일의 전부지. 전자 티켓은 그저 내가 생각해낸 괜찮은 아이디어 가운데 하나일 뿐이야. 어떤 아이디어든 그 과정은 다 똑같아. 어떤 상태에 빠져들면 아이디어가 떠오르지." 닐먼이 말했다.

닐먼은 예술가가 아니라 사업가다. 하지만 전자 티켓을 고안했을 때 그는 마음을 활짝 열고 무엇이든 받아들일 준비가 되어 있었다. 그는 대부분 경영진이 그렇듯 업무 효율을 높일 방법들을 곰곰이 생각했다. 엄격하게 체계적인 환경에서 억지로 아이디어를 끄집어내려고 하는 대신 유연한 집중 상태에 빠져들자 아이디어가 저절로 모습을 드러냈다.

유연한 집중은 역설을 내포한다. 뇌의 논리적인 부분과 창조적인 부분에 동시에 의지하면서 그 사이에서 균형을 잡아야 한다. 창의력과 조직력 그리고 분석력을 결합하면 새로운 정보를 받아들이면서도 곁길로 새지 않을 수 있다. 하던 일을 계속하면서도 외부 환경에 열려 있을 수 있다.

당신은 유연한 집중 상태에 도달하기 위해 본능적으로 우뇌와 좌뇌, 창의성과 규율, 임의성과 체계성의 균형을 맞출 것이다. 이 상태에 들어서면 일을 지속하면서 탐색을 시작해 융통성과 엄격함, 자발성과 체계, 규칙을 파괴하는 일과 고수하는 일을 결합할 수 있으며 새로운 방식과 검증된 방식, 목표가 있는 과정을 혼합할 수도 있다. 이것은 뇌의 놀라운 균형 작용이자 중요한 기술로서 업무의 어려움을 이겨내고 현대 생활의 풍부한 기회를 이용할 수 있게 한다. 이런 균형 상태에 도달하면 모든 정신 활동을 심화할 수 있는 뜻밖의 생각, 이미지, 자극, 감정에 접근하게 되고, 조직력을 유지하면서 이미 갖고 있는 아이디어를 한층 더 발전시킬 수 있다.

동시에 3개의 단어에 집중하는 방법

1. 전자기기를 끈다. 일과 중 방해받지 않고 집중할 수 있는 시간을 원할 때는 전자기기를 모두 꺼놓는다.
2. 자기 방식을 믿는다. "내 방식대로 했어"라는 말은 가장 상투적으로 쓰이는 노래 가사일 테지만 이 구절을 그렇게 많이 사용하는 이유는 여기에 담긴 메시지가 매우 강력하기 때문이다. 우리는 자기 방식대로 일을 처리할 때 가장 집중하고 최선을 다한다. 사람들은 모두 자기만의 통상적인 일 처리

방식과 개별화된 과정 혹은 최선의 결과물을 얻기 위한 방법
을 갖고 있다. 자기가 지금 어디로 향하고 있는지 목적지를
모를 때에는 그런 과정이나 업무 방식에 무의식이 개입한다.
무의식이 길을 안내하면 더없이 귀중한 것을 발견하거나 예
상 밖의 해결책을 얻을 수 있다. 자신의 기질을 거스르지 말
고 최대한 협력하도록 하자.

3. 휴식을 취한다. 도취된 느낌 또는 제정신이 아닌 듯한 느낌
이 들면 하던 일을 중단해야 한다. 자리에서 일어나 주변을
돌아다니거나 물을 한 잔 마시고 스트레칭을 하자. 60초만
쉬어도 효과가 있다.

4. 어려운 일을 한다. 사람들은 평소보다 어려운 일에 도전하거
나 숙련된 분야에서도 기술을 최대한 발휘해야 할 때 좀더
일에 몰두한다. 놀랍게도 불가능해 보이던 일이 종종 가능해
진다.

5. 도움을 청한다. 뜻밖의 장벽에 부딪혔을 때 도움을 구하는
일을 나약하다고 여기지 말자. 이는 오히려 혼란스러운 장소
에서 빠져나와 자신을 다시 정상 궤도에 올려놓는 강인한 행
동이다.

6. 여유를 가지자. 현대인의 생활에 적용되는 가장 정확한 규칙
은 스스로 여유를 가지지 않으면 다른 사람이나 일이 그걸
앗아간다는 것이다. 자신의 시간을 빈틈없이 지키자. 시간은

가장 귀중한 소유물이다. 불가피하지 않은 이상 자기 시간을 쉽게 내주거나 다른 사람이 당신의 시간을 통제하도록 해서는 안 된다.

7. 눈을 감자. 집중력을 잃거나 혼란스러운 기분이 들 때 의자에 편안하게 앉아서 눈을 감는 단순한 행동만 취해도 상황을 명확하게 바라볼 수 있다. 집중력을 되찾고 새로운 방향을 볼 수 있다.

8. 그림을 그린다. 시각적인 요소는 사고를 명확하게 한다. 도표를 그리거나, 표를 만들거나, 아이들이 손가락으로 그린 그림처럼 종이 위에 지그재그 모양을 잔뜩 그리거나, 여러 관용구와 화살표로 종이 위를 뒤덮거나, 색연필이나 매직펜을 사용하는 것도 좋다. 이젤이나 포스터에 그림을 그리면서 단어를 건너뛰고 틀을 확대하여 모든 종류의 시각적 요소를 받아들인다. 흐릿하던 큰 그림이 뚜렷해질 것이다.

9. 자신에게 말을 건다. 큰 소리로 혼잣말을 하다보면 혼란에서 벗어날 수 있다. 이런 행동이 허용되는 상황에 있다고 가정하고 해결하려고 노력 중인 문제에 대해 이야기해보자. 큰 소리로 말할 때는 조용히 생각에 잠길 때와 다른 뇌 부위가 활성화된다. 이것이 눈앞을 가린 안개를 걷어낸다.

10. 효과적인 방법을 이용한다. 관습이나 남들이 당연하게 여기는 방법에 얽매이지 말자. 어떤 사람은 음악이 흐르거나 시

끄러운 장소에서 집중을 더 잘하고, 어떤 사람은 걷거나 달릴 때 집중력이 올라간다. 이른 아침에 집중력이 최고조에 이르는 사람이 있는 반면 한밤중에 집중이 가장 잘되는 사람도 있다. 어떤 사람은 추운 방에서, 어떤 사람은 사우나에서, 어떤 사람은 단식 중에, 또 어떤 사람은 뭔가를 먹는 가운데 집중이 잘되기도 한다. 정해진 방식은 없다. 당신에게 가장 잘 맞는 최선의 방식이 있을 뿐이다. 여러 방법을 실험해서 자신에게 효과적인 방법을 찾아내자.

제프 다이어와 할 그레거슨, 클레이튼 크리스텐슨은 《이노베이터 유전자The Innovator's DNA》에서 아마존의 제프 베조스나 인튜이트Intuit의 스콧 쿡, 세일즈포스닷컴Salesforce.com의 마크 베니오프 같은 혁신적인 경영진에게 공통적으로 드러나는 몇 가지 특징을 설명한다. 이들과 같은 혁신가는 정해진 경계를 넓히고 확립된 과정이나 사고방식과 반대하는 입장을 취하는 경향이 있다. 이들은 자유롭게 연상하면서 완전히 다른 아이디어와 정보, 지식 분야를 서로 연결한다. 사물을 면밀하게 관찰하고 일상적인 현상 속에서 아이디어를 수집한다. 이들은 실험하기를 좋아한다. 정신을 확장시키고 여행을 다니면서 경험을 쌓고 자기와 신분이 다른 사람들을 만나기를 즐긴다. 요컨대 도량이 넓고 호기심이 많으며 미리 정해진 길을 따르기보다 자기만의 길을 찾아낼 가능성이 높은 사람들이다.

아래는 로버트 프로스트의 시 가운데서도 특히 자주 인용되어 상투적인 문구가 되다시피 한 구절이기는 하지만, 끝부분에 기억할 만한 운율이 담긴 이 마지막 연 전체는 다시 읽어볼 만한 가치가 있다.

나는 한숨을 지으며 말하게 되리라.

오랜 세월이 흐른 뒤 어디에선가

숲 속에 두 갈래 길이 나 있었노라고, 그리고 나는,

인적이 드문 길을 택했노라고.

그리고 그로 인해 모든 것이 달라졌다고.

새롭고 사람들의 발길이 덜 닿은 길은 유연한 집중력을 발휘할 가능성을 높이는 반면 반복이나 순응, 판에 박힌 일상은 그 가능성을 줄인다. 하지만 새로운 것이 너무 많으면 혼돈과 혼란이 발생하므로 그런 새로움과 그것을 만들어낸 상상력을 제어하기 위해 적절한 체계가 필요하다.

최근에 진행한 획기적인 발전에 관한 이야기를 통해 유연한 집중에 대해서 좀더 분명히 설명하고자 한다. 이 이야기는 유연한 집중을 설명할 뿐만 아니라 이상적인 정신 상태에 도달하는 능력을 이끌어줄 수 있을 것이다.

몰입과 집중의 기저를 이루는 것은 가능성과 아니라 계획이다. 앞에서 지적한 것처럼 가능성과 무의식은 생산적인 정신 활동에 크나큰 역할을 하는데, 장애물이 가능한 한 적은 상태에서 자유롭게 흐를 때 가장 크게 기여할 수 있다. 자연계에는 실제로 공기부터 물, 교통 흐름, 수하물, 번개, 정보, 아이디어 그리고 주의력에 이르기까지 모든 사물을 가장 효율적으로 움직이게 하는 대단히 중요한 계획이 존재한다.

때로는 어떤 경고나 준비도 없는 상태에서 중요한 아이디어가 머릿속에 떠오른다. 이런 일은 늘 사소한 부분에서 벌어진다. 문득 안경을 어디에 뒀는지 기억나기도 하고, 인간관계나 투자 고려 대상에 대한 통찰력이 생겨나서 깜짝 놀라기도 한다. 때로는 이런 즉흥적인 통찰이 세상을 바꾼다. 역사에서도 그런 예를 찾아볼 수 있다. 욕조에 앉아 있다가 배수량을 발견한 아르키메데스라든가, 사과나무 아래서 중력의 법칙을 발견한 뉴턴처럼 말이다. 실제로 일어난 일인지는 확실히 알 수 없지만 이 두 개의 순간이 굉장한 이야기를 만들어 냈음은 분명하다.

지금부터는 최근에 확실히 벌어진 유레카의 순간에 대해 이야기하려고 한다. 1995년 9월, 당시 47세이던 듀크 대학교 기계공학과 교수 에이드리언 베얀은 자신의 전문 분야인 열역학 관련 학회에서 강의를 하려고 프랑스 낭시Nancy로 향했다. 그가 강의를 하기 전, 누구나 꿈꾸지만 실제로 경험하는 사람은 매우 드문 일이 일어났다. 그건 베얀이 계획한 일도 아니었고 그런 일이 생기리라는 예고도 없었지만 베얀의 인생을 바꾼 것은 물론 우리의 인식까지 바꿔놓을 수 있는 일이었다.

학회가 시작되기 전에 열린 연회에서 벨기에의 노벨상 수상자인 일리야 프리고진이 환영 연설을 했다. 프리고진은 연설 중에 베얀의 관심을 사로잡는 말을 했다. 그 말을 듣자마자 얼어붙었다고 하는 편이 옳을 것이다. 만약 사과가 정말 뉴턴의 머리에 떨어졌다면 분명히 프리고진의 말을 듣고 베얀이 느낀 것처럼 독특한 충격을 받았을 것이다.

프리고진이 한 말은 당시 과학계 전체가 동의하던 아주 평범한 내용이었다. 그는 번개부터 폐의 공기관이나 강의 삼각주에 이르기까지 자연계에 존재하는 나무처럼 생긴 구조물들이 서로 비슷한 모습을 하고 있지만 그것들이 서로 닮은 건 순전히 우연이며 다른 이유는 전혀 없다고 말했다. 나무처럼 생긴 형태가 전 세계에 다양하게 존재하거나 그것들이 매우 다른 맥락 안에서 서로 조화를 이루도록 명령하는 공통 원칙 같은 건 없다는 말이다.

프리고진이 그 말을 하는 순간 베얀의 머릿속에서 뭔가 딸깍 하는 소리를 냈다. 갑자기 모든 것을 납득했다. 그는 프리고진과 다른 이들이 모두 틀렸다는 걸 알았다. 이 세상은 임의로 발생한 사고나 우연, 운명에 의해 만들어진 것이 아니라 현기증이 날 정도의 다양성 뒤에 예측할 수 있는 패턴이 매끄럽게 흐르고 있다는 사실을 눈 깜짝할 사이에 깨달았다.

베얀은 그 자리에서 자신이 "형상 법칙constructal law"이라고 명명한 개념에 대해 이렇게 썼다. "크기가 유한한 유동 체계가 시간이 지나도 지속되려면 그것이 통과하는 흐름에 쉽게 접근할 수 있는 방식으로 형태가 진화해야 한다." 이 원칙은 나처럼 엔지니어가 아닌 사람이 생각하기에는 별로 중요하지도 않고 일상생활과 아무 관련이 없으며 이 책과도 무관하고 터무니없이 불가사의하게 들리지만 이런 생각은 완전히 잘못됐다.

형상 법칙은 모든 유동 체계를 좌우하는 물리 법칙인데, 유동 체계란 어떤 움직임이 존재하는 모든 활성 또는 비활성 체계를 말한다. 형상 법칙은 교통 흐름부터 스포츠, 조직 구성, 공중을 나는 새, 떼 지어 몰려다니는 물고기, 인터넷에 이르기까지 우리가 접하는 모든 체계와 뇌의 뉴런 체계 그리고 뉴런이 전달하는 아이디어를 관장한다.

쉽게 말해 형상 법칙에 따르면 움직임이 존재하는 체계는 모두 저항을 거스르는 움직임을 개선할 수 있는 방향으로 발전한다. 이는 시간이 지남에 따라 모든 체계가 끊임없이 개선되는 방향으로 움직이거나 발상에서 표현으로 이어지는 아이디어를 허용한다고 예측한다.

움직임이 점점 더 효율적으로 진행되지 않을 경우 그 움직임은 서서히 멈추게 된다. 어쩌면 유년기를 벗어난 뒤로는 더 이상 생각이라는 걸 하지 않으려는 사람이 이토록 많은 이유도 이 때문일지 모른다. 이들의 정신은 모든 걸 둑으로 막아놓기 때문에 아무것도 앞으로 나아가거나 발전하지 못하고 제자리를 계속 맴돌 뿐이다. 움직임이 멈추면 전체를 하나의 움직임이라고 정의할 수 있는 인생도 함께 멈춘다. 이 상태는 곧 죽음을 뜻한다.

베얀의 전공인 열역학 분야의 표현을 빌자면, 죽음이란 어떤 체계가 주변과 평형을 이루는 것이다. 내부에도 외부에도 아무런 움직임이 없다. 이것은 열역학적인 의미에서의 죽음이지만 일반적인 의미의 죽음이라고 볼 수도 있다. 삶이란 곧 움직임, 혹은 베얀의 표현처럼 흐름이다. 나무 형태의 구조는 한 부분에서 다른 지점까지 혹은 한 지점에서 다른 부분까지의 손쉬운 흐름을 가능하게 하는 놀랍도록 효과적인 형태다. 그래서 자연이 이를 추구하며 계속해서 이런 모양을 만들어내는 것이다.

이제 뇌를 살펴보자. 뇌의 뉴런 사이에 있는 연접 부위는 나무 모양이다. 신경세포, 즉 뉴런의 긴 세포체(혹은 줄기)가 말단 부분을 뻗어 가지돌기 형태로 벌어져서 인접한 뉴런에서 들어오는 신호를 시냅스에서 수신한다. 가지돌기를 말하는 'dendrite'라는 단어도 나무를 뜻하는 그리스어에서 유래했다.

내가 베얀의 발견 순간을 인용한 건 다음과 같은 두 가지 생각을 밝히기 위해서다. 첫째, 가끔은 중요한 아이디어가 거대한 물고기처럼 당신이 늘어뜨린 낚싯줄을 채서 배 밖으로 떨어질 정도로 세게 끌어당긴다. 베얀처럼 뛰어난 낚시꾼은 그런 상황에 대비가 되어 있어 예상치 못한 순간에 그런 일이 생기더라도 낚싯줄을 능숙하게 감아 물고기를 끌어올릴 수 있다. 둘째, 이건 우리에게 훨씬 중요한 사실인데 베얀의 형상 법칙은 아이디어 흐름을 개선할 수 있는 패턴이 존재한다는 사실을 알려준다. 비록 그걸 자기 마음대로 만들어낼 수는 없지만 패턴이 존재한다는 사실을 알기만 해도 그런 패턴이 생길 가능성을 높이기 위해 조치할 수 있다.

놀라운 아이디어가 없다고 하더라도 집중력과 생각이 의식 속을 보다 효율적으로 흐르는 가능성을 높이기 위한 조치를 취할 수 있다. 루이 파스퇴르는 1854년도에 한 강연에서 'Dans les champs de l'observation le hasard ne favorise que les esprits préparés'라는 유명한 말을 남겼다. "관찰하는 분야에서는 준비된 자에게만 기회가 찾아온다"라는 뜻이다. 그렇다면 정보와 아이디어가 가장 효율적으로 흐를 수 있게 하려면 마음가짐을 어떻게 갖춰야 하는지 의문이 생긴다.

뇌는 형상 법칙에 따라 할 수 있는 일을 수행하는 수백만 개의 가지돌기로 이루어져 있지만 당신만의 다양한 방법으로 뇌를 도울 수도 있다. 아이디어가 가장 효율적으로 흐를 수 있도록 자연과 신체를 돕는 구체적이고 검증된 방법들이 있다. 계획과 준비, 기술에 의지하면 미친 듯이 노력하지 않고도 유연한 집중력을 얻을 수 있다. 뭔가를 습득하고자 할 때 늘 그렇듯이 집중력을 유지하는 가장 좋은 방법도 습관과 훈련에 의지하는 것이다.

명료한 정신의 마법을 익히는 데 방해가 되는 건 끊임없이 들어오는 아이디어와 정보다. 환경오염이 어업을 위협하는 것처럼 지나치게 많고 때로는 유해하기까지 한 데이터와 기억, 해석 등 집중을 가로막는 정신 생활의 공해는 유연한 집중력을 발휘할 수 있는 능력을 위협한다. 이 목표를 이루려면 집중을 방해하는 요소를 제한하고 우리 몸과 마음이 필요로 하는 걸 공급해야 한다. 비옥한 토양과 적절한 햇빛, 물을 주며 잡초를 꾸준히 제거하지 않으면 정원에서 식물이 잘 자랄 수 없는 것처럼 자신을 돌보기 위해 기본적인 작업을 하지 않으면 유연한 집중력을 얻을 수 없다.

유연한 집중에 도움이 되는 상황을 만들고 아이디어와 정보를 방해하는 장애물을 제거하는 방법을 알아보기 전에 먼저 다음과 같이 자문해보자. "마음속에서 정보와 아이디어가 자유롭게 움직이지 못하도록 방해하는 장애물은 무엇인가? 어떻게 하면 그 장애물을 제거할 수 있는가?"

오늘날 대부분 사람을 방해하는 장애물이 무엇인지는 너무도 자명하다. 지속적으로 주의를 산만하게 하는 것들, 끊이지 않는 방해, 화면 중독, 다양한 기회와 의무, 늘 과부하 상태인 정신 회로 등. 하지만 우리는 이런 장애물을 제거해 머릿속에 정보와 자유가 자유롭게 흐르게 하기는커녕 아이디어가 흐르는 수로를 막아버린다. 베안의 형상 법칙이 요구하는 것과 정반대로 정신적인 교통 체증을 유발한다.

하지만 교통 체증은 해소할 수 있다. 머릿속의 교통이 빠르고 자유롭게 흘러갈 수 있도록 계획을 세우기만 하면 된다.

집중력을 만드는 5가지

내가 세운 계획의 모든 요소는 우리 정신의 장애물을 제거해서 형상 법칙에 따라 장시간 동안 목표와 막힘없이 연결될 수 있도록 한다. 기본 계획은 정보와 아이디어 흐름이 가장 효율적이고 가장 방해가 적은 상태로 뇌에 드나들 수 있게 한다. 내가 지금부터 제안하는 구체적인 방법은 모두 움직임을 개선하고 흐름을 방해받지 않도록 하기 위한 것이다.

이제부터 나와 함께 무엇이 심리적으로 자신을 제한하고 있는지 살펴보자. 어릴 때는 자신을 보호하는 데 도움이 되었지만 지금은 방해가 되는 낡은 유형을 버리고, 자신을 최고 수준에 도달하게 할 몇 가지 변화를 이룰 준비가 되었다고 생각하자. 이 작업을 지속적으로 해나간다면 나쁜 습관의 힘이 서서히 빠지기 시작함을 느낄 것이다.

다음 장에서는 유연한 집중으로 이끌어줄 실용적인 습관을 들이도록 자신을 훈련하는 방법을 안내할 것이다. 유연한 집중을 유도하는 방법은 사람마다 다르지만 맛있는 토마토소스에 공통적으로 들어가는 재료가 있는 것처럼 모든 계획에도 반드시 등장하는 몇 가지 요소가 있다. 많은 이탈리아 요리사가 토마토와 올리브기름, 양파, 마늘, 타임, 바질, 오레가노 같은 향신료 가운데 하나를 맛있는 토마토소스에 들어가는 5대 재료로 꼽을 것이다. 어떤 이들은 이 목록에 당근, 셀러리, 피망을 추가하기도 하고 소금, 후추, 설탕을 넣을 수도 있다. 그러나 토마토와 올리브기름 그리고 다양한 양념을 빠뜨리는 요리사는 없다.

유연한 집중력도 마찬가지다. 내 기본 요리법에는 5가지 필수 요소가 존재한다. 나는 내 인생과 지난 30여 년 동안 진료실에서 만난 수천 명의 의뢰인과 환자들을 테스트 키친으로 삼아 나만의 조리법을 개발했다. 유연한 집중력을 발휘하는 순간을 맛있는 와인이나 최고의 요리보다 더 즐기기에 이 조리법을 한껏 음미하곤 한다. 이런 순간이 찾아오면 정신적인 음악이라고 할 만한 것을 만들어내는데, 이는 우리 모두가 그렇다. 의식을 바이올린이라고 하면 유연한 집중의 순간은 우리가 그 악기를 최고 수준으로 연주하는 때다. 아이디어와 정보가 최소한의 저항을 받으면서 흐르는 시간이다.

기본 계획은 다음 5가지 핵심 요소를 포함한다. 이 5가지 재료는 항상 필요하다. 이 기본 구성에 당신이 좋아하는 풍미를 추가할 수는 있지만 5가지 중 하나라도 빠지면 계획은 실패한다.

1. **기운** 자동차의 남은 휘발유 양이나 은행 계좌의 잔고를 확인하는 일만큼 주의 깊게 자기 뇌의 에너지 공급 상태를 확

인해야 한다. 현명하게 에너지를 관리하기 위한 6가지 기본 규칙을 잘 지키면 날마다 얼마나 더 집중력을 발휘할 수 있는지, 그중 하나라도 경시하면 얼마나 집중력이 떨어지는지 알 수 있다.

2. **감정** 성취에 필요한 동력을 공급하는 건 열정이다. 유연한 집중력을 얻고 싶다면 감정을 조절하는 법을 배워야 한다. 감정은 당신의 가장 막강한 협력자가 될 수 있지만 반대로 최악의 적보다 더 심하게 훼방을 놓을 수도 있다. 두려워할 요소가 별로 없는 환경이나 역량을 최대한 발휘할 수 있는 위치에서 일하고, 자신을 흥분시키는 것과 정서적인 약점이 무엇인지 파악하고 잘 관리하는 것이 감정을 조절하는 비법이다.

3. **참여** 최고의 성과를 올리려면 그 일에 푹 빠지거나 적극적으로 임해야 한다. 뛰어난 성과를 올리는 방법의 세계적인 권위자인 짐 로허에 따르면 참여는 출력 강화 장치처럼 최고의 성과를 거둘 수 있도록 우리를 몰아붙인다. 자신에게 최적한 환경에서 일하거나 자기가 좋아하고 잘하는 일이 임무나 성과와 겹치면 그에 완전히 전념할 수 있는 가능성이 극대화된다.

4. **체계** 체계라는 단순한 단어는 더없이 놀라운 힘을 발휘한다. 체계는 당신 앞에 가로놓인 장애물을 치워 울창한 덤불

을 헤치고 나아갈 수 있게 한다. 궤도를 벗어나지 않고 가는 길에 오롯이 집중할 수 있게 한다. 체계는 당신이 자신을 위해 만들어낸 세상, 당신이 구축한 일의 세계다. 또한 수동적으로 자신을 내맡긴 일이 아니라 자기가 주도적으로 하는 일을 가리키는 말이기도 하다. 유연한 집중은 체계에 달려 있고, 체계는 계획을 세우고 남에게 줘버린 통제권을 되찾는 일에 달려 있다.

5. **제어** 현대 생활이 당신을 지배하게 놔두지 않고 자기가 가진 통제권을 어떻게 행사하느냐에 따라 5단계 계획 전체가 달라진다. 사람들이 행사하는 통제권 수준은 각자가 처한 상황에 따라 다르지만 오늘날 대부분 사람은 본인이 실제로 사용하는 것보다 훨씬 많은 통제 권한을 갖고 있다.

다음 장에서는 계획의 다양한 요소를 좀더 자세히 소개한다. 자기 자신을 거스르지 않고 협력하는 방법과 자신의 기질을 살리는 방법, 집중력을 높이고 최고의 성과를 촉진하는 전략을 세우는 방법, 더 합리적인 계획을 세우고 탁월한 결과를 도출하는 마법 같은 프로세스를 찾아내게 될 것이다.

8

몸이 뇌를 지배한다

회의 중에 깨어 있으려고 하품을 하거나 몸을 꼬집거나 이를 갈거나 혀를 깨문 고통스러운 경험이 몇 번이나 있는가? 카페인으로 기운을 얻으려고 하루에 몇 번이나 커피 자판기 앞으로 향하는가?

대부분 사람은 아침에 일어나 식사를 하거나 카페인 음료를 마신 뒤 일터로 향한다. 그 뒤로는 종일 기운을 보충하고 유지하기 위해 별다른 조치를 하지 않고도 꾸준히 집중력을 유지할 수 있다고 생각한다. 이런 사람들이 바로 정신 에너지 관리를 제대로 못하는 증거물 제1호다. 당신이 이 유형에 속한다고 하더라도 불쾌해하지는 말자. 정신 에너지를 조절하는 방법을 가르쳐주는 사람은 거의 없고 관리자 가운데도 그런 사람은 매우 드물다. 스타벅스, 던킨 도넛, 레드불, 마운틴듀, 졸트Jolt 그리고 각 지역의 마약 밀매자는 모두 당신의 무지를 반기지만 당신의 뇌나 다른 신체 부분은 그렇지 않다. 뇌가 고비에 처하면 제대로 성과를 올릴 수 없다.

첫 번째 규칙은 기운이 나는 걸 당연히 여기지 않는 것이다. 활력이 적으면 정신을 기민하게 유지할 수 없고, 정신이 기민하지 못하면 집중력을 발휘할 수 없다. 기운이 없으면 집중력도 떨어진다. 기운찬 상태를 유지하는 건 높은 집중력을 발휘하기 위한 필요조건이다. 단순히 시간을 보내는 것 이상의 성과를 올리고 싶다면 내가 소개하는 간단한 조치를 따르기 바란다. 시간이 지나면서 그런 조치가 몸에 익으면 뇌에 필요한 최적의 에너지를 유지할 수 있다.

날마다 신문이나 인터넷 그리고 현재 출간되고 있는 뇌에 관한 수천 권의 책으로 뇌를 정비해 자기를 관리하는 방법을 알 수 있다. 이런 계획 가운데는 소비자들에게 제품을 판매할 목적만 가진 것들도 있다. 나는 그런 제품 가운데 상당수를 직접 시험해봤는데, 적어도 보스턴 지역에서 가장 값비싼 소변을 보게 해준 것만은 틀림없다. 시중에 나와 있는 그런 제품 대부분은 전혀 쓸모가 없다. 사람들이 뇌 기능 촉진제와 같은 제품에 엄청난 돈을 쏟아 붓는 이유는 실제로 어떤 가치가 있는 게 아니라 그렇다고 믿고 싶기 때문이다.

업무 중에 꾸벅꾸벅 졸다 못해 거의 잠들어버릴 지경이 되거나 심각한 실수를 연속으로 저지르기 전까지는 자신의 에너지 관리를 무시하는 사람이 매우 많다. 그러나 단순하면서도 중요한 사실이 하나 있으니, 바로 몸은 뇌가 모르는 걸 알고 있다는 것이다. 우리 몸은 뇌가 알아차리기 전에 자신의 기운이 어떤지 알아차린다. 마치 몸에도 뇌가 있는 것처럼 말이다. 몸이 제대로 준비되어 있지 않으면 모든 것을 주도할 수 있는 위치에서 필요한 것을 생산하거나 배우거나 무언가에 집중할 수 없다.

윌리엄 제임스는 1세기도 더 전에 몸이 정신을 따라가는 게 아니라 정신이 몸의 명령을 따라감을 당연하게 여겼다. 좀더 최근에는 사회 심리학자인 제임스 레어드가 사람들의 얼굴에 전극을 부착한 뒤 어떤 이들에게는 미소를 짓게 하고 또 다른 이들에게는 얼굴을 찌푸리도록 하는 실험을 진행했다. 그런 다음 기분이 어땠는지 물었다. 미소를 지은 이들은 기분이 좋아졌다고 하고, 얼굴을 찌푸린 이들은 화가 났다고 답했다. 이처럼 몸에서 일어나는 일은 어떤 감정을 느끼고 무슨 생각을 하는지 결정하는 데 많은 영향을 미친다.

신체적, 정신적 에너지를 관리하기 위해 습관을 바꾸기는 어렵지 않다. 효과적인 에너지 관리는 두 가지 요소로 이루어진다. 첫째이자 가장 중요한 요소는 하루 일을 시작할 때 몸과 마음이 자신을 뒷받침할 수 있도록 준비하는 것이다. 두 번째는 현장 작업으로, 종일 상태를 유지하는 데 힘쓰는 것이다. 대부분 사람은 위기나 피로가 애초에 발생하지 않도록 막는 준비 작업보다 현장 작업에 주의를 훨씬 많이 기울인다.

경이로운 6가지 방법

준비 작업은 여기서 말하는 방법을 통해 이루어진다. 이 방법대로 한다면 당신의 몸과 뇌가 당신을 사랑하게 될 것이다. 날마다 이 실천 방안에 따라 준비하면 뇌가 유연한 집중력을 발휘하는 시간이 훨씬 길어진다.

다음 두 챕터를 읽는 동안 "뭐야, 벌써 다 알고 있는 이야기뿐이잖아?"라고 말하고 싶어질지도 모른다. 그래도 된다. 하지만 아는 내용을 실천하고 있는가? 우리의 핵심 문제는 일상에서 다음에 안내할 6가지 방법을 실행해 일하거나 노는 동안 몸과 뇌가 그 작업을 뒷받침하게 하는 것이다. 앞에서도 말한 것처럼 우리가 실천할 일들은 다음과 같다.

- 수면
- 영양 섭취
- 운동
- 명상
- 인지 자극
- 관계(긍정적인 인간관계)

일상적인 기능을 수행하면서 건강을 유지하려면 수면, 영양 섭취,

운동을 잘해야 한다. 또 명상과 인지 자극은 신체 건강뿐만 아니라 심리 건강까지 향상시킨다. 종종 마지막 조항인 관계를 간과하거나 회피하는데 이는 내가 독점적으로 꼽는 항목이자 다른 무엇보다 중요하게 여기는 요소이기도 하다.

이 6가지 실천 방안은 서로 섞여 있으면서 다른 요소를 지원하기도 하는데, 6가지를 모두 지키면 가장 큰 힘을 발휘할 수 있다.

수면

멀티태스킹에 따르는 문제를 분명하게 보여준 진을 기억하는가? 그녀의 집중력이 만성적으로 흐트러진 한 가지 이유는 수면을 충분히 취하지 못해서였다. 그녀도 노력했지만 뇌와 몸이 최적으로 기능하는 데 필요한 만큼 잘 수가 없었다. 걱정이 과도했던 잭 역시 "죽으면 계속 잘 수 있다"라고 말하면서 수면 시간을 늘려야 한다는 충고를 일축했다. 그는 이런 무신경한 태도로 큰 대가를 치렀다.

진이나 잭처럼 수면이 지나치게 부족하게 살아가는 수백만 명의 사람은 크고 작은 부분에서 자신을 상처 입히고 있다. 평소 자기 몸이 필요로 하는 것보다 적게 자는 일이 많으면 식욕 증진 호르몬인 그렐린ghrelin 분비가 늘어나고 식욕 억제 호르몬인 렙틴leptin 분비는 줄어든다. 그래서 잠이 부족하면 살이 찌기도 한다. 또한 잠을 못 자면 혈압이 올라가고 면역이 떨어져 암이나 감기, 독감에 걸릴 위험이 높아진다. 잠이 모자라면 성미가 급해지고 집중하기가 어려워지며 기억력이 감퇴한다는 것도 잘 알려진 사실이다.

수면이 부족하면 고속도로가 위험 구역이 된다. 성인 운전자의 약 60퍼센트가 지난 1년 사이에 졸린 상태에서 차를 운전한 적이 있다고 한다. 그 가운데 3분의 1 이상은 운전 중 잠이 들어 자신과 동승객 그리고 다른 운전자들을 심각한 위험에 빠뜨리기도 했다.

잠이 부족할 때는 얼굴이 부어 못생겨 보일 뿐만 아니라 유연한 집중 상태에 빠져들기가 거의 불가능하다. ADHD 같은 증상이 나타날 가능성도 있다. 2013년 4월 〈뉴욕 타임스〉에 실린 기사에서 밧살 타카르 박사는 "일을 미루는 버릇, 건망증, 물건을 잃어버리는 경향, 꾸준히 집중하지 못하는 것 등 ADHD의 전형적인 증상을 모두 드러내는 환자"에 대해 설명했다. 기묘한 점은 31세인 이 환자가 전에는 이런 증상을 보이지 않았다는 것인데, 이는 ADHD 진단 기준에서 완전히 벗어났다. 나중에 밝혀진 바에 따르면 환자는 ADHD가 아니라 만성적인 수면 부족을 겪고 있었다. 밤에 잠을 잘 수 있도록 의사가 몇 가지 방법을 처방하자 환자의 증상이 모두 사라졌다.

당신이 뇌와 몸을 위해 할 수 있는 가장 좋은 일은 바로 잠을 충분히 자는 것이다. 잠은 강장제다. 셰익스피어의 말처럼 잠은 "걱정이라는 올 풀린 소매를 다시 기워주"며 "그날그날 소멸하는 생, 괴로운 노동으로 흘린 땀을 씻고 마음에 난 상처를 낫게 하는 약, 대자연이

베푸는 두 번째 삶이요 현생에서 벌어지는 향연의 제일 큰 자양분"
이다. 그는 우리에게 잠이 정말 중요함을 알았다. 이에 당신은 이렇
게 말할지도 모른다. "그걸 부정하지는 않지만 필요한 만큼 충분히
잘 시간이 없는걸요. 해야 할 일이 너무 많은데 어떻게든 가족들 얼
굴을 보면서 살려면 잠자는 시간을 줄여서라도 주어진 일을 끝낼 수
밖에 없어요."

우선순위를 다시 정해서 잠잘 시간을 만들어야 한다. 과학은 그것
이 가치 있는 일임을 입증했다. 수면에 관한 연구가 급속히 발전하
고 있는 최근, 기자인 데이비드 K. 랜들은 근간에 이 문제를 매력적
으로 요약해놓았다.

요즘 연구원들은 자기 분야가 전성기를 누리고 있다고 생각한다. 이
제 수면을 법률제도부터 아기 양육 방식, 전쟁터에서 돌아온 군인이 정
신적 외상을 회복하는 방식에 이르기까지 모든 부문에 영향을 미치는
복잡한 과정으로 이해하고 있다. 또 행복의 필수적인 부분으로 여기기
도 한다. 당신이 스스로 깨닫건 아니건 간에 어젯밤에 잠을 어떻게 잤느
냐가 당신이 먹는 음식이나 버는 돈 혹은 사는 곳보다 삶에 더 큰 영향
을 미친다. 창의성, 감정, 건강, 새로운 기술을 빠르게 습득하거나 문제
를 해결하는 방법을 고안하는 능력 등 당신이라는 사람을 형성하는 모
든 것은 매일 밤 베개에 머리를 파묻고 있는 동안 뇌 안에서 벌어진 일
들의 부산물에 지나지 않는다. 이는 우리 모두가 겪지만 거의 이해하지

못하고 있는 세상의 일부분이다. 잠은 삶에서 벗어나 쉬는 시간이 아니다. 이는 삶의 의미를 풀기 위한 퍼즐에서 우리가 잃어버린 세 번째 열쇠다.

필요한 수면 시간은 사람마다 다르다. 본인이 몇 시간이나 자야 하는지 알아내는 한 가지 방법은 자명종이나 다른 외부적인 개입 없이 자신이 얼마나 자는지 살펴보는 것이다. 잠자리에 들기 전에 숙면을 방해하는 술을 마시지 않고, 극도로 지쳐 평소보다 많이 자야 하는 상태가 아니라면 몸은 생리적으로 필요한 수면 시간이 어느 정도인지 알려줄 것이다. 대부분 성인은 하룻밤에 7~8시간 정도 자야 한다. 그보다 적게 자도 되는 이들이 있는가 하면 더 자야 하는 이들도 있다.

당신이 무슨 일을 하든 잠을 시간 낭비나 탐닉 혹은 일하는 데 빼돌려도 되는 시간 저장고라고 생각해서는 안 된다. 당신의 뇌와 몸이 간청하는 일을 하자. 수면을 충분히 취하자. 지금 충분히 자고 있지 않다면 습관을 새롭게 들일 필요가 있다. 당분간은 규칙이 필요하겠지만 금세 그에 대한 보상을 얻어 동기가 더욱 확실해질 것이다. 충분히 자면 자명종 소리를 끌 필요도 없이 상쾌하고 명료한 정신으로 일어나는 보상을 받을 수 있다. 거기에 하루를 시작하는 순간부터 최고의 성과를 올릴 수 있는 활력이 치솟아 "폭발적인 아침 에너지"를 실감할 것이다.

'수면 위생'을 연습하면 이 과정을 좀더 쉽게 진행할 수 있다. 수면과 관련해 당신이 해야 할 일과 해서는 안 되는 일을 살펴보자.

- 규칙적인 취침 시간과 기상 시간을 정한다. 그러면 뇌가 거기에 익숙해진다.
- 편안한 침구를 준비한다.
- 침대에서는 절대 일을 하지 않고 섹스를 하거나 잠만 잔다.
- 자기 전에는 텔레비전을 끄고 따뜻한 물로 목욕을 하거나 책을 조금 읽는다.
- 잠자기 몇 시간 전에는 술을 마시지 않는다. 알코올은 처음에는 졸음을 부르지만 혈중 알코올 수치가 낮아지면서 한밤중에 잠을 깨거나 REM 수면을 방해한다.
- 잠자리에 들기 4시간 전부터는 소화가 잘 안 되는 음식을 먹지 않는다.
- 자기 전에는 운동을 심하게 하지 않는다.
- 잠이 오지 않을 때는 침대에 누워 뒤척이는 대신 자리에서 일어나 다른 방에서 잠시 책을 읽는다.

대부분 사람은 혼자 침대를 쓸 때 보다 숙면한다. 잠을 제대로 자지 못한다면 혼자 자거나 킹사이즈 침대를 사용해보자. 파트너가 코를 골거나 한밤중에 잠이 깨 계속 뒤척이면 당신도 제대로 잘 수 없다. 1991년 1월에 진행해 〈결혼과 가족 요법 저널Journal of Marital & Family Therapy〉에 게재한 연구에 따르면 자고 일어나는 유형이 다른 부부가 그렇지 않은 부부보다 섹스 횟수가 적고 서로 대화를 나누는 시간이 짧으며 전체적인 갈등이 많아 관계에 더 어려움을 겪는다.

사람들이 일반적으로 졸음을 느끼는 오후 중반 즈음에 낮잠을 자면 빠르게 피로를 회복할 수 있다. 의식이 깬 몇몇 기업은 실제로 직원들이 낮잠을 잘 수 있는 방을 마련해두었다. 낮잠을 잘 수 없다면 낮잠만큼이나 피로를 회복하는 데 도움이 되는 명상을 고려해보자.

계속해서 잠을 잘 못 잔다면 잠들 때 마음을 달래주는 음악을 틀어놓아도 좋다. 스마트폰에 다운로드할 수 있는 드림패드Dreampad라는 무료 앱이 있다. 나도 이 앱을 사용하는데 이걸 들으면 나도 아내도 항상 잠이 든다. 베나드릴Benadryl이나 타이레놀 PM처럼 처방전 없이 살 수 있는 수면 보조제나 쥐오줌풀 뿌리와 멜라토닌 같은 천연 불면증 치료제를 써보는 것도 한 방법이다. 암비엔Ambien, 루네스타Lunesta, 트로조돈Trazodone 등 처방전이 있어야 살 수 있는 불면증 치료제도 있지만 이런 처방 약품은 최후 수단으로 사용하길 강력하게 권고한다. 적절한 수면 위생법을 연습하거나 천연 성분의 수면 보조제를 써보지도 않고 너무 일찍부터 이런 약물에 손을 뻗으면 결국 여기에 의존하게 된다.

숙면하지 못하는 문제가 지속된다면 수면성 무호흡, 우울증, 불안 장애, 관절염, 암, 심부전, 폐 질환, 위식도역류, 갑상샘항진증, 뇌졸

중, 파킨슨병, 알츠하이머병, 자주 소변을 보러 일어나게 만드는 약품이나 질병 등 잠을 방해할 수 있는 다양한 의료적, 정신의학적 문제가 있을 수 있으므로 의사와 상담하길 권한다. 자가 진단은 금물이다. 의사를 만나면 약을 처방받는 데 그치지 말고 함께 더 좋은 해결책을 찾을 수 있도록 노력하자. 약보다 훨씬 많은 도움이 필요한 메리에게 프로잭을 처방한 의사를 떠올려보라. 수면 문제뿐만 아니라 전반적인 정신과 뇌 문제에는 언제나 다양한 방식으로 접근해야 한다.

영양 섭취

1부에서 소개한 인물들이 문제에 빠져들기 시작할 무렵, 그들 대부분은 영양 섭취와 관련한 문제에 부딪혔다. 어떤 이들은 스트레스를 받거나 불안하면 진처럼 음식을 이용해서 자가 치료를 시도했고 어떤 이들은 그와 반대로 쫄쫄 굶기도 했다. 레스는 몸에 좋은 음식을 섭취하는 대신 화면 앞에서 생활하기를 택했고 이런 행동 때문에 대가를 치렀다.

영양은 요즘 들어 사람들이 관심을 많이 갖는 주제인데 여기에는 그럴 만한 이유가 있다. 내가 마지막으로 확인한 바에 따르면 아마존닷컴에는 음식과 관련한 책이 229,384권이나 등록되어 있다. 다이

어트 책도 아주 많다. 몇십 년 전에는 관심이 미미한 주제였던 영양은 오늘날 주류로 부상했다. 사교 모임에 나가면 최근에 시도한 해독 식이요법이나 효능을 맹신하면서 복용 중인 건강 보조식품 또는 얼마 전 온천에서 먹은 놀랍도록 맛있는 채식 요리에 대해 이야기하는 사람을 적어도 몇 명은 만날 수 있다.

돈을 낭비하거나 목숨이 위험에 처하는 상황을 피하려면 구입하려는 제품에 대해 정확하게 알아야 한다. 사소한 유행의 경지를 넘어 마침내 전성기를 맞이한 영양 문제를 진지하게 받아들여야 한다. 한때는 먹는 음식이나 숨 쉬는 공기, 마시는 물, 피부에 닿는 것, 눈에 보이지 않는 복사 흐름이나 태양에서 방출된 다른 형태의 에너지, 송전선, 텔레비전 화면, 휴대전화, 기타 등등을 주의 깊게 감시할 필요가 없었다. 그러나 그런 시절은 이제 지났다.

오늘날 건강을 지키려면 어떤 경로를 통해서든 우리 몸에 들어오는 것을 철저하게 감시해야 한다. 자기가 먹은 음식이 자신을 규정한다는 말도 있지 않은가. 우리가 호흡하거나 만지거나 흡수하거나 다른 형태로 받아들이는 모든 것이 우리를 규정한다. 그런 것들과 접촉하는 모든 경로를 통제하기는 불가능하지만 충분히 조심하기만 하면 먹고 마시는 것 정도는 조절할 수 있다.

음식을 적절하게 섭취하지 않으면 뇌가 제대로 기능하지 못한다. 아침에 일어나 커피를 한두 잔 마시고 베이글이나 머핀을 먹은 뒤 이를 식사로 여기거나 아예 아무것도 먹지 않는 사람이 많다. 점심으로는 커다란 샌드위치와 도리토스 한 봉지를 설탕이 잔뜩 든 탄산 음료와 함께 삼키면서 오후만 되면 왜 그렇게 잠이 쏟아지는지 의아해한다. 그러고는 저녁이면 집에서 햄버거를 먹으며 맥주를 1캔에서 3캔쯤 마시고 텔레비전 앞에 앉아 느긋하게 시간을 보낸다. 과일과 채소는 거의 섭취하지 않는다. 식생활이 이렇다면 체중은 급격히 불어나지만 뇌는 제대로 기능하는 데 필요한 진짜 영양소가 턱없이 부족해서 굶주린 상태가 되어버린다.

이렇게 탄수화물과 당분 섭취로 정신이 흐리멍덩한 상태에서는 집중하기가 거의 불가능하다. 어차피 뭔가를 먹어야 한다면 능력을 최대한 발휘할 수 있도록 몸에 좋은 음식을 먹는 게 어떨까? 건강에 가장 바람직한 식습관에 대해 자세히 조언하는 건 이 책의 범위에서 벗어나는 일이지만 몇 가지 기본적인 점을 강조하고 싶다.

가난에 시달리지 않는다면 좋은 음식을 먹는 것도 충분한 수면을 취하는 것처럼 그리 어려운 일은 아니다. 이 책을 읽고 있는 사람이라면 아마 제대로 된 음식을 먹을 만한 여유가 있을 것이다. 올바른 수면 습관과 마찬가지로 어떤 음식을 먹는 것이 최선인지 배운 뒤 그것을 실행하기 위해 노력하는 게 관건이다.

영양과 뇌에 초점을 맞추기 전에 먼저 일반적으로 건전하게 영양을 섭취하기 위한 몇 가지 원칙을 안내하고 구체적인 제안을 하고자 한다.

- 유기농으로 재배한 무첨가 식품을 먹는다. 포장된 가공식품이나 저장 식품을 피하자. 토마토 통조림 같은 몇몇 예외가 있기는 하지만 밭이나 농장, 바다에서 갓 얻은 식품이 가장 좋다. 몸에 제일 좋은 식습관과 관련해 매우 철저하게 진행한 연구 가운데 하나인 '중국 연구The China Study'에 따르면 엄격한 채식주의가 몸에 가장 좋다. 이 연구를 진행한 과학자들은 중국 각지 100여 마을의 식습관을 조사했다. 채소와 유기농 식품을 많이 먹는 게 일반적으로 건강에 좋다는 건 분명하다. 채식주의자가 될 수 없거나 되고 싶지 않은 사람은 최대한 그에 가까운 식습관을 들이면 된다.

- 섭취한 영양소가 잘 흡수되도록 한다. 몸에서 음식이 잘 소화되도록 돕기 위해 레몬을 짜 넣은 따뜻한 물을 마시면서 하루를 시작하는 사람이 많다. 중년에 접어든 내 친구도 신선한 혼합 주스를 직접 만들어 먹기 시작하면서부터 몸에 큰 변화가 생김을 느꼈다. 그녀는 과일(블루베리, 사과, 바나나 반 개, 레몬 반 개)과 채소(당근, 오이, 시금치, 생강)를 통째로 넣어서 갈 수 있는 강력한 주스기를 구입했다. 여기에 스피룰리나Spirulina 1큰술과 단백질 분말 1큰술, 천연 감미료 스테비아stevia 1봉지 그리고 물을 넣은 뒤 주스기 버튼을 누른다. 그녀는 이걸 아침에도 마시고 종일 간식으로도 먹는다. "점심으로는 몸에 좋은 샐러드

를 먹고 저녁은 적게 먹어요. 이렇게 먹기 시작한 첫 주에 기운과 집중력, 생산성이 엄청나게 높아진 걸 느꼈어요. 그리고 체중까지 줄었죠!"

- 붉은 살코기 섭취를 최소한으로 줄인다. 꼭 붉은 살코기를 먹어야겠다면 목초를 먹여 키운 유기농 소고기나 물소고기, 사슴고기가 좋다. 붉은 살코기 대신 생선, 닭고기, 콩, 기타 영양소가 풍부한 채소를 영양 공급원으로 이용해보자. 스테이크 한 장을 허겁지겁 먹어치우는 대신 구운 스테이크를 4분의 1만 잘라내 샐러드에 토핑하자. 소고기뿐만 아니라 돼지고기와 닭고기, 심지어 생선까지 먹지 말라고 조언하는 이도 많지만 결정은 당신의 몫이다.

- 글루텐을 함유하지 않은 식품을 섭취한다. 나도 글루텐이 없는 식품을 먹기 시작한 뒤 6주 만에 체중이 9킬로그램이나 줄었고, 그 뒤로도 체중을 유지하는 중이다. 전보다 정신도 맑아진 느낌이다. 글루텐을 함유하지 않은 음식만 먹기가 그리 어려운 일은 아니다. 밀, 맥아, 호밀, 밀을 반쯤 삶아서 말린 뒤 빻은 벌거bulgur를 함유한 음식만 포기하면 되는데 이는 대부분 빵과 케이크, 쿠키, 크래커, 파스타, 맥주, 간장 외에도 여러 음식을 먹지 않아야 한다는 말이다.

- 유제품을 먹지 않는다. 일부 전문가는 우유부터 치즈나 아이스크림에 이르기까지 모든 유제품을 식단에서 제외하라고 충고한다. 내가 잘 알고 존경하는 한 영양학자도 내게 유제품을 먹지 말라고 계속 설득하고 있지만 아직 끊지 못했다. 당신도 자기 몸을 실험 대상으로 삼아 한동안 유제품을 끊은 뒤 몸 상태가 어떻게 되는지 살펴보자.

- 국내에서 생산한 식품만 먹는다. 호르몬, 항생물질, 농약, 기타 화학물질을 함유하지 않은 국내에서 생산한 식품만 섭취하도록 노력한다. 《패스트푸드의 제국Fast Food Nation》이나 〈푸드 주식회사Food, Inc.,〉를 봤다면 대량 생산업체나 유명 브랜드에서 제조한 식품을 피하고, 신뢰할 수 있는 식품 생산자가 공급하는 식품을 고수해야 한다는 사실을 알고 있을 것이다. 내가 "빅 파마Big Farma"(거대 제약회사Big Pharma의 농업 버전)라고 부르는 회사가 음식에 집어넣는 호르몬이나 방부제, 기타 화학물질은 서서히 우리를 중독시킬 수 있으며 영양소 흡수를 방해한다. 어디에서 물건을 구입하든 식품의 생산지가 어디며 그 안에 뭐가 들어 있는지 조사해야 한다. 가능하다면 뒤뜰에 텃밭을 만들어 직접 신선한 채소와 과일을 길러 먹어보자. 이것이 힘들다면 몸에 좋은 식품을 구입하면 된다.

- 적합한 건강 보조식품을 섭취한다. 〈하버드 맨즈헬스 워치 Harvard Men's Health Watch〉 2012년 4월호 기사에 따르면 성인 인구의 절반이 최소 한 가지 이상의 건강 보조제를 섭취하고 있다. 건강 보조제는 FDA의 규제를 받지 않아 일반 약품보다 광고하기가 훨씬 쉽고 대체로 생산 단가가 적어 막대한 수익을 올릴 수 있다. 2010년 한 해 동안 미국인은 건강 보조제를 구입하는 데 약 280억 달러를 썼다. 대부분 과학적인 증거보다는 광고에 현혹당해 구입한 것들이다. 위와 동일한 하버드 보고서에 따르면 종합비타민제조차 값어치를 못한다고 한다. 성인의 경우 하루에 비타민 D3 1천 국제단위[IU], 탄산칼슘 또는 구연산칼슘 1천 밀리그램(남성)이나 그 이상(여성), 오메가-3 지방산, DHA, EPA 1천 밀리그램을 추가로 섭취하라고 하버드 보고서는 조언한다. 이런 보조식품을 먹기 전에는 반드시 의사와 상의해야 하지만, 대부분이 섭취하는 데 찬성할 것이다. 올바른 영양 섭취에 관해 내가 제안한 내용을 신중하게 따른다면 몸이 필요한 영양소를 잘 흡수할 수 있게 되므로 굳이 건강 보조제를 따로 먹을 필요가 없다.

급진적인 환경보호 운동가나 광적인 사람들만 이런 조치를 취하는 게 아니다. 우리도 자신의 전반적인 건강과 예민한 정신을 유지하기 위해 이렇게 해야만 한다.

뇌가 집중력과 기민함을 유지하기 위해 종일 감시해야 하는 중요한 식품이 하나 더 있는데 바로 포도당이다. 포도당은 뇌의 주된 에너지 공급원이다. 포도당 수치를 온종일 일정하게 유지하면 지속적으로 집중력을 발휘할 수 있다.

안타깝게도 포도당 수치가 큰 폭으로 오르내리게 음식을 섭취하는 사람이 매우 많다. 커피와 머핀 혹은 베이글로 하루를 시작하면 넘치는 당분, 즉 포도당을 처리하기 위해 췌장에서 인슐린을 분비한다. 인슐린이 과업을 달성한 뒤에는 치솟았던 혈당치가 곤두박질친다. 그러면 다시 힘을 내기 위해 카페인과 당질을 찾아 커피 스테이션으로 달려가게 되고 이런 악순환이 종일 반복된다.

거리마다 스타벅스나 던킨 도넛이 자리하는 이유를 궁금해한 적 있는가? 왜 그런 매장에서 카페인과 설탕 덩어리 음식을 같이 파는지는? 업체들은 이 악순환을 이용해 돈을 벌어들인다. 카페인과 탄수화물을 판매하는 이들은 지구 상에서 가장 위험한 합법적 약물 공급업자들인데, 그 위험성을 아는 이가 극소수이기에 영업을 계속할 수 있다.

점심 때 탄수화물이 많고 단백질이 적은 음식을 먹고 나면 또다시 혈당치가 급격히 치솟았다가 하락하면서 오후 3시쯤이면 몸이 안 좋아지는 그 유명한 현상이 발생한다. 당신은 아마 자신이 오후 시간대에 힘을 발휘하지 못하는 유형이라고 생각할지도 모른다. 하지만 점심 때 단백질이 충분한 식사를 해서 혈당치를 안정시키기만 하면 오후 중반 무렵에 몸 상태가 나빠지는 걸 막을 수 있다. 그래도 몸이 안 좋다면 잠깐 운동을 한 뒤 사과나 바나나를 먹거나 잠깐 낮잠을 자보자.

종일 섭취하는 영양소를 뇌 기능과 연결하기 위해서는 가능한 한 모든 방법을 동원해 혈당치가 요동치는 걸 막아야 한다. 우선 단백질을 포함한 아침 식사를 하고 균형 잡힌 점심 식사를 한다. 그런 뒤에는 과일을 간식으로 먹고 잠깐 운동을 해서 오후에 몸 상태가 나빠지는 걸 막는다. 뇌에 필요한 미량영양소를 공급하기 위해 신선한 과일과 채소를 많이 섭취하는 것이 중요하다.

하루에 마시는 커피 양이 얼마나 되는지도 확인한다. 카페인 중독에 빠진 잭처럼 전 세계 수십억 명의 사람이 매일 카페인을 섭취하고 있다. 합리적으로 생각하면 카페인은 업무 성과를 높이는 약물이라고 할 수 있다. 한 연구에서 하루에 커피를 4잔 마시는 여성은 그렇지 않은 여성에 비해 우울증이 발생할 위험이 현저히 낮다고 보고한 만큼 현명하게만 사용하면 카페인은 우리 편이다. 커피 한 잔은 집중력과 신속한 사고 능력을 높인다. 다만 커피를 너무 많이 마시거나 정신적 에너지를 유지하기 위해 경이로운 6가지 방법이 아닌 카페인에 의존해서는 안 된다.

너무 많은 양이란 어느 정도를 말할까? 혈압과 심장 박동 수 상승, 동요와 불안, 배탈, 두통, 현기증, 불면증 등의 달갑지 않은 부작용이 나타나면 너무 많이 섭취한 것이다. 카페인은 이뇨제이기도 하므로 평소보다 소변을 자주 보게 되는데 이는 일반적으로 용인하는 부작용이다. 또 완하緩下 작용도 하는데 이 또한 허용하는 범위에 있다. 카페인 섭취를 중단할 때는 섭취량을 서서히 줄이지 않으면 두통이 심할 수 있으므로 주의해야 한다.

카페인을 약간 섭취하는 건 괜찮지만 너무 많이 섭취하는 일은 피해야 한다. 나는 하루에 커피를 두세 잔 정도 마신다. 커피는 집중을 도와주는, 마음에 드는 약물로 내가 커피를 마시지 않고 집을 나서는 일은 매우 드물다.

운동

1부에서 소개한 사람들은 모두 몸을 활발하게 움직이던 시기에 인생에서 가장 큰 성공을 맛봤다. 잭이 아이스하키 1부 리그에서 뛰던 대학 시절에 얼마나 행복했는지 생각해보자. 또 샤론이 자랄 때 스포츠의 세계가 그녀에게 뜻밖의 선물을 안겨줬던 걸 기억해보자.

운동이 뇌 기능을 향상시킨다는 사실을 보여주는 관련 증거는 많다. 2011년 일리노이 주립대학교 연구 팀은 4개 그룹으로 나눈 쥐들을 이용해 실험을 실시했다. 한 그룹은 작은 왕들처럼 살면서 견과류와 과일, 치즈를 먹고 온갖 색상의 장난감이 가득한 우리에서 지냈다. 다른 그룹은 똑같은 조건 아래 있었지만 우리 안에 작은 쳇바퀴를 설치했다. 세 번째 우리에 사는 불쌍한 쥐들에게는 지겨운 사료와 물 그리고 약간의 잠자리만 공급했다. 네 번째 그룹의 우리도 세 번째 그룹만큼 허전했지만 거기에는 쳇바퀴를 설치했다. 연구진은 이 쥐들에게 몇 가지 인지 검사를 실시한 뒤 그들의 뇌 조직을 연구했다. 그 결과 장난감과 맛있는 먹이는 쥐의 지적 능력을 향상시키지 않는다는 사실이 드러났다. 중요한 차이를 낳은 유일한 변수는 쳇바퀴였다. 쳇바퀴에서 달린 쥐들이 쳇바퀴를 이용하지 않은 쥐들보다 뇌가 더 건강했으며 인지 검사 성적도 좋았다.

삶에 새로운 활력을 주고 뇌에 필요한 것을 보급하며 열정을 회복하는 운동의 놀라운 힘에 더 확실한 증거가 필요하다면 내 절친한 친구이자 동료인 존 레이티 박사가 쓴 《운동화 신은 뇌Spark: The Revolutionary New Science of Exercise and the Brain》를 읽어보기 바란다. 레이티는 이 책에서 운동이 어떻게 기분 장애부터 ADHD, 중독, 폐경기, 알츠하이머병에 이르기까지의 온갖 증상에 대처하는 최고의 방어 수단이 될 수 있는지 설명한다. 그는 뇌가 우리 몸의 근육과 완전히 똑같은 방식으로 작동해서, 사용할수록 강해지고 잘 움직이지 않으면 위축된다는 걸 입증한다. 그의 연구에 근본이 되는 데이터는 의심할 여지 없이 확실하다. 운동은 분명 뇌가 이용할 수 있는 가장 좋은 강장제다. 운동만 충분히 한다면 복용 중인 정신과 약뿐만 아니라 모든 약을 빠르고 철저하게 줄일 수 있다.

당신이 '좋아, 나도 이제부터 트래드밀 위를 걸어야겠군'이라고 생각하는 게 다 들린다. 하지만 트래드밀 위에서 달리는 건 죽도록 지겨운 일이다. 쥐들은 쳇바퀴에서 달리기를 좋아하지만 나를 비롯한 대부분 인간은 그런 운동을 한다고 생각하는 것만으로도 당장 흥미가 사라진다. 한마디로 재미가 없으면서 시간만 많이 잡아먹는다. 땀이 나고 몸에서 악취가 풍기고 아무리 열심히 뛰어도 운동선수들처럼 다른 이들에게 보여줄 만한 성과도 별로 없다.

운동을 지속하려면 재미있어야 한다. 친구와 함께 매일 산책을 하는 일부터 시작해보자. 당신처럼 운동을 꾸준히 하고 싶어 하는 사람을 찾아 아침이나 저녁에 함께 산책할 수 있는 시간을 정한다. 개를 키우는 사람이 있다면 더 좋다. 겨울에는 옷만 따뜻하게 입으면 된다. 운동을 생활에 포함하는 또 하나의 방법은 특정한 운동경기를 할 수 있는 시간을 내는 것이다. 나는 친한 친구와 함께 32년 동안 매주 화요일 오후에 스쿼시를 쳤다. 이건 운동도 하고 친구와의 관계도 유지하는 아주 좋은 방법이다. 물론 뇌에도 정말 좋다.

세 번째 방법은 앞의 두 가지보다 돈이 더 드는 방법인데 바로 트레이너와 함께 운동하는 것이다. 트레이너를 고용하면 좋은 점은 당신이 그에게 비싼 돈을 지불한 만큼 운동 시간에 빠지지 않고 참석할 가능성이 높다는 것이다. 트레이너는 당신이 태만해지지 않도록 여러 조처를 해준다.

나는 2003년에 고관절 전치환술을 받았다. 오랜 세월 스쿼시를 한 게 결국 내 발목을 잡았다. 몇주 동안 재활 치료를 받은 뒤 사이먼 잘츠먼이라는 러시아 출신 트레이너와 함께 운동을 시작했다. 그는 내 인생을 완전히 바꿔놓았다. 잘츠먼은 60대 나이에도 벽돌처럼 단단한 체격을 지닌 사람이었다. 세계적인 수학자인 동시에 세계 최고 수준의 운동선수인 그는 미국에 온 이후 쭉 트레이너로 활동했다.

잘츠먼은 똑똑한데다가 풍자적이고 절제된 유머 감각이 있어 그와 함께 운동을 하다보면 아무리 힘이 들어도 결코 지루해지는 법이 없었다. 우리가 처음 함께 운동하던 날 그는 내게 역기를 들라고 했다. 난 그 말을 듣고 항의의 표시로 "하느님, 맙소사!" 하고 불평을 내뱉었다. 그러자 잘츠먼은 러시아어 억양이 잔뜩 섞인 말투로 비꼬며 대꾸했다. "하느님도 지금은 당신을 도와줄 수 없습니다."

난 게으른데다가 단순히 운동을 위한 운동은 질색하지만 잘츠먼과 함께 운동하는 시간만큼은 기대했다. 그가 "선의의 고문"이라고 부르는 걸 견뎌내는 동안에도 계속해서 날 즐겁게 해주리라는 걸 알았기 때문이다. 그와 함께한 운동은 내게 큰 도움이 되었다. 2013년에 다른 쪽 고관절의 전치환술을 받은 뒤에는 잘츠먼과 함께한 운동 덕분에 2003년에 수술을 받았을 때보다 훨씬 빨리 회복할 수 있었다.

섹스도 운동이다. 섹스는 심장 박동 수를 늘리고 신진대사를 활발하게 하며 뇌에 많은 산소를 공급하고 몸 전체에 유익한 호르몬이 넘쳐흐르게 한다. 오르가즘도 건강에 좋다. 무엇보다 섹스는 즐겁다. 그러니 할 수 있는 만큼 마음껏 섹스를 즐기자. 섹스는 우리가 날 때부터 능력을 갖고 태어나고 돈이 들지 않는데다 재미있고 유익하기까지 한 인생의 몇 안 되는 것 가운데 하나다.

9

최상의 정신 에너지를 유지하기

내가 지긋지긋한 담배 중독을 극복한 방법을 공유하고 싶다. 1990년, 나는 더 이상 미룰 수 없었다. 무조건 담배를 끊어야 했다. 고등학교 때부터 담배를 피워 오래전부터 끊고 싶었지만 딸 루시가 내 삶 속으로 들어오자 금연이 더없이 절실해졌다.

갑작스럽게 담배를 끊으려는 시도도 여러 번 해봤지만 그때마다 다시 담배를 피우고 말았다. "미친 러시아인"이라고 부르는 보스턴의 전문가도 찾아갔다. 그는 많은 사람에게 최면을 걸어 그들이 금연할 수 있도록 도왔고 그 효과는 놀라웠다. 하지만 미친 러시아인은 내 지갑을 가볍게 만들었을 뿐 내겐 아무 도움이 되지 않았다.

자기 지시를 정확하게 따르기만 하면 담배를 끊게 될 것이라 보
장하는 행동주의 심리학자를 만나기도 했다. 그는 내게 다음과 같이
지시했다. "당신이 피우고 싶은 만큼 담배를 피우세요. 하지만 담배
를 피울 때 자선단체 계좌에 1센트씩 넣어야 합니다. 다음 담배를 피
울 때는 2센트, 그리고 세 번째에는 4센트를 내야 합니다. 담배를 한
대 피울 때마다 내야 하는 돈이 두 배로 늘어나는 거죠." 30번째 담
배를 피울 때면 자선단체에 5,368,709.12달러를 기부하게 되는 셈이
었다. 당연하게도 난 행동주의 심리학자 지시에 따를 수 없었다. 창
피했다. 나쁜 사람, 중독자, 나약한 인간, 형편없는 남편이자 아빠가
된 기분이었다.

그다음에는 침술사를 찾아갔다. 바늘이 무서웠지만 담배를 끊기
위해서라면 어떤 고통도 기꺼이 감내할 수 있었다. 그런데 정말 놀
랍게도 바늘에 찔리는 느낌이 마음에 쏙 들었다. 가는 실 정도 굵기
의 바늘이 피부를 뚫고 들어오면 엔도르핀이 다량 분비되었다. 진찰
대에 누워 부드러운 음악을 들으면서 기분 좋은 장소로 둥둥 떠가
는 느낌이었다. 침술사를 만나러 가는 날이 기다려졌고 매주 2번씩
12주 동안 한 번도 빠지지 않고 침을 맞았다. 난 침술과 사랑에 빠졌
다! 하지만 담배는 끊지 못했다.

침술을 경험한 덕분에 바늘이 주던 그 놀라운 감각을 다시 느끼
고 싶은 욕구가 요동쳤다. 장거리달리기와 명상이 그와 비슷한 효과
를 낸다는 말을 들었다. 나처럼 게으른 인간이 장거리달리기를 계속

한다는 건 표준 중국어를 배우는 일만큼이나 가능성이 없었기에 명상을 시도했다. 명상은 효과가 있었고 난 금연에 성공했다. 이후 20년 넘게 담배를 한 대도 피우지 않았다.

명상

스트레스 수치와 혈압을 낮추고 활력과 인지 기능을 높이며 차분하고 행복한 기분을 느끼게 하는 등 명상의 무수한 장점에 대해 들어봤을 것이다. 그러나 명상은 그보다 훨씬 많은 작용을 한다. 내가 니코틴 중독을 끊도록 도운 것 외에도 다른 놀라운 방식으로 사람들을 돕는다. 최근 연구에 따르면 명상은 심리적 기능을 원활하게 유지하도록 해 불안, 중독, 우울증, 식이 장애를 겪는 이들에게 도움을 준다. 게다가 리더십 기술까지 향상시킨다고 하는데 마이클 캐럴은 《마음챙김 리더The Mindful Leader》라는 근사한 책에서 기업 경영진이 명상을 통해 경영 기술을 발전시키도록 돕는 프로그램을 소개한다.

이미 잘 알려진 사실들을 여기서까지 반복하고 싶지는 않지만, 아직 명상과 친숙하지 않은 당신이 일상생활에서 명상 수련법을 실천하도록 권하기 위해 명상을 시작하는 데 필요한 모든 것을 배울 수 있는 자료를 제공하고자 한다. 누군가에게 명상을 해보라고 권유하면 다음과 같은 항의를 듣곤 한다. "명상, 좋죠. 저도 명상이 무엇인지 알아요. 옛날부터 전해 내려오는 수련 방법이라면서요. 똑똑한 사람들이 많은 돈을 내고 '수행'에 들어가 물과 곡물 알갱이만 먹으면서 며칠 혹은 몇 주씩 쿠션 위에 앉아 있다가 온다고 하더군요. 저도 명상을 하면 좋다는 건 알아요. 매일 녹즙을 마시면서 2주 동안 해독 과정을 거치는 것만큼이나 좋겠죠. 하지만 죄송해요. 그런 건 적성에 맞지 않아서요. 전 머스터드 바른 핫도그랑 나초를 녹인 치즈에 찍어 먹기를 좋아하고, 긴장을 풀 때는 명상보다 텔레비전을 보는 편이 더 나아요. 명상을 하는 일은 절대 없을 거예요."

나도 예전에는 치실을 쓰는 데 그런 생각을 갖고 있었지만 이제는 날마다 치실을 사용한다. 치과 의사에게 치실을 정말 써야 하냐고 묻자 그는 이렇게 대답했다. "나이 들어서도 유지하고 싶은 치아에만 치실을 사용하면 됩니다." 그때부터 바로 치실을 쓰기 시작했다. 사실 하루에 두 번씩 해야 하지만 한 번만 하고 있다. 반면 명상은 하루에 한두 번씩 빼먹지 않고 꼭 하는데 반드시 그래야만 해서가 아니라 명상을 하면 기분이 좋아지고 도움이 되기 때문이다. 몇 가지 명상 수련법을 배우기도 했다.

대부분 명상 수련법의 핵심은 더할 나위 없이 간단하다. 정신을 산만하게 하는 게 없는 방에서 편안한 의자에 앉는다. 양발을 바닥에 붙이고 양손은 의자 팔걸이에 올리거나 무릎 위에 편안하게 내려놓는다. 그리고 눈을 감고 자신의 호흡에 정신을 집중한다. 들이쉬고, 내쉬고. 들이쉬고, 내쉬고. 자신의 생각이 강물 위를 떠가는 나뭇잎처럼 흘러가는 모습을 지켜본다. 그 생각들을 평가하려고 하지 말고 비판하거나 관심도 갖지 말고 그냥 무심하게 흘려보낸다. 호흡에 집중하는 것 외에는 의식적인 개입을 최대한 자제하고 머릿속을 지나가는 생각들을 사심 없이 지켜본다.

이게 바로 명상이다. 진지하게 명상을 하는 수련자들은 한번에 20분 이상 명상하기도 하지만 초심자는 하루에 두세 번씩 3~5분 정도만 명상하면 전보다 기분이 나아지고 집중력이 높아지며 혈압, 심장 박동 수, 호흡 속도, 체온과 같은 생명 징후도 개선된다.

명상법을 배울 수 있는 괜찮은 책은 수천 권이 넘지만 앤디 퍼디컴의 《헤드스페이스 : 생각이 사라진 신기한 마음속 평화 공간Get Some Headspace: How Mindfulness Can Change Your Life in Ten Minutes a Day》과 리디아 질로스카 박사가 쓴 《성인 ADHD에 대한 마음챙김 처방》을 읽어보길 권한다. ADHD 증상이 없는 사람도 이 책으로 많은 도움을 얻을 수 있으며, 두 권의 책에서 추천하는 방법은 실행에 옮기기 쉬워 건강과 집중력을 향상시킨다.

인지 자극

건강이 몸과 뇌에 두루 좋은 것처럼 정신적인 자극도 다양한 이점이 있다. 새로운 일을 시도하거나 날마다 하던 일을 할 때 지금껏 한 번도 시도해본 적 없는 색다른 방법을 쓰는 등 뇌 기능을 확장시키면 집중력을 유지하는 능력이 강화될 뿐 아니라 노화로 인한 뇌 손상을 늦추는 데도 도움이 된다.

뇌 기능을 확대하는 가장 확실한 방법은 살면서 한 번도 해본 적 없는 뭔가를 배우는 일이다. 50대인 한 친구는 음악에 거의 문외한이라서 피아노를 배우기로 했다. 그녀는 악보 읽는 법을 배우는 동안 새로운 자극으로 마치 뇌가 "불타는 듯한" 느낌을 받았다. 몇 개의 언어를 습득한 또 다른 친구는 새로운 언어를 배울 때마다 그와 똑같은 느낌이 든다고 한다.

하버드, MIT, 존스홉킨스, UC 버클리 같은 일류 대학들이 무료로 제공하는 온라인 공개 수업MOOC, massive open online courses을 이용하는 방법도 있다. 인터넷에 접속해서 테드TED 강연을 듣는 것도 좋다. 루모시티Lumosity나 뉴로네이션NeuroNation처럼 두뇌 트레이닝 센터 역할을 하는 다양한 온라인 사이트 가운데 하나를 이용해서 두뇌를 운동시킬 수도 있다.

여러 컴퓨터게임으로 다양한 인지 기능을 강화할 수도 있다. 일례로 확실한 연구를 바탕으로 제작한 코그메드Cogmed는 우리가 동시에 머릿속에 담아두고 작업할 수 있는 데이터 양을 말하는 '적극적 작업 기억력'을 향상시킨다. 5주 동안 일주일에 5일씩 30분 정도 코그메드 게임을 하면 적극적 작업 기억력이 대폭 개선되는 걸 확인할 수 있다. 하트매스HeartMath가 만든 엠웨이브emWave를 이용하는 것도 좋다. 연구를 통해 효과가 입증된 엠웨이브는 불안감을 줄이고 뛰어난 성과를 올릴 수 있게 해준다.

패트리샤 막스는 최근 〈뉴요커New Yorker〉에 기고한 기사에서 이들 제품 및 이와 유사한 다른 제품에 대한 매우 유용하면서도 재미있는 비평을 쓰면서 그중 하나인 브레인HQBrainHQ를 직접 써본 경험을 이야기한다. 그걸 사용하는 동안 "해럴드 블룸(문학 비평가이자 인문학자)에 필적할 만큼 똑똑해지지는" 못했지만 매우 즐거운 경험이었고 뇌 기능도 상당히 좋아졌다. 브레인HQ 설립자인 마이클 메르제니히의 말에 따르면 그 효과는 "몇 년 동안 지속될 것"이라고 하는데 효과가 떨어지면 다시 똑같은 훈련을 받거나 다른 훈련 과정에 등록할 수 있다.

물론 이 외에도 뇌 기능을 향상시키는 방법은 매우 많다. 자동차를 운전할 때 늘 자동변속장치만 사용한다면 수동 변속기를 이용해서 차를 운전하는 법을 배워보자. 오른손잡이인 사람은 왼손으로 글을 쓰거나 마우스를 움직이는 연습을 한다. 또 한 손으로는 원을 그리고 다른 손으로는 사각형을 그리면서 양 발로 삼각형을 그리는 훈련도 해보자.

뇌에 항상 새로운 과제를 부여하고 집중력 체계를 훈련하는 일을 습관화해야 한다. 워드프로세싱 프로그램으로 직접 제작할 수 있는 뇌 기능 강화법을 하나 소개한다. 먼저 칸이 25개인 격자판을 그리고 인쇄해서 각 칸마다 1부터 25까지의 숫자를 임의대로 쓴다.

정신적 자극을 주는 게임판

17	4	5	12	22
8	1	11	16	3
2	20	14	19	7
18	24	9	10	13
21	6	15	25	23

그런 다음 펜이나 연필을 들고 최대한 빠른 속도로 1부터 25까지의 각 숫자를 차례대로 톡톡 두드린다. 시간이 얼마나 걸렸는지 적어놓고 다시 한 번 해보는데, 이번에는 반대로 25부터 시작해 1까지의 숫자를 차례대로 두드린다. 격자판의 숫자 위치를 다 외울 정도로 여러 번 했으면 이런 격자판을 10장 더 인쇄해서 빈칸에 숫자를 채우고 계속 연습한다. 집중력을 키우고 뇌를 유연하게 하는 데 아주 좋다.

다른 연습 방법도 있다. 책상 위를 훑어본 뒤 시선을 다른 데로 돌린다. 백지 위에 책상 모형을 그리고 그 위에 있는 물건을 전부 표시한다. 이걸 좀더 어렵게 하려면 동료의 책상을 훑어본 뒤에 똑같이 작업하면 된다. 집에서 찬장을 열고 1분 동안 그 안을 살펴본 뒤 문을 닫고 기억나는 물건을 모두 종이에 적는 방법도 좋다.

존 F. 케네디는 스포츠 경기가 시작되거나 비행기가 이륙하기를 기다리는 동안 이런 게임을 했다고 한다. 임의의 알파벳 문자 7개를 세로로 적고 각 문자 옆에 또 다른 알파벳 문자를 하나씩 적는다. 예를 들면 다음과 같은 형태가 된다.

F. N.

B. P.

N. L.

E. C.

M. M.

R. W.

T. A.

각각의 문자 쌍을 유명인사의 이름 첫 글자라고 생각하고 생각나는 대로 최대한 많은 이름을 적는다. 예를 들어 F. N.은 플로렌스 나이팅게일일 수 있고, E. C.는 E. E. 커밍스, M. M.은 마릴린 먼로가 될 수 있다. 내 머릿속에 바로 떠오른 이름들이라서 이렇게 적었다. 나머지도 다 채울 수 있는지 해보자. 게임을 좀더 어렵게 만들려면 이런 이름 첫 글자를 가진 사람을 한 명씩 더 적으면 된다. 칸을 하나 더 추가해서 이름, 중간 이름, 성까지 맞아떨어지는 사람을 찾아보면 게임이 정말 어려워진다.

물론 십자말풀이나 스도쿠도 있다. 인지 자극과 두뇌 트레이닝만을 목적으로 만들어진 웹사이트도 넘쳐난다. 구글에서 "온라인 인지 자극 사이트online cognitive stimulation sites"를 검색하면 640만 개의 검색 결과가 나온다. 아마존에서 "두뇌 게임brain games"을 입력하면 8,038개의 제품이 나오고 "인지 자극"이라고 입력하면 2,267개의 제품을 확인할 수 있다. 하지만 기본적인 개념만 이해하고 있으면 직접 게임을 만들어서 하는 것도 재미있다. 게임을 만드는 일 자체가 일종의 인지 자극이 된다.

내가 글을 쓸 때 사용하는 또 다른 강력한 도구는 음악이다. 나는 글을 쓰는 동안 클래식 음악을 듣는다. 평소 같으면 주의를 분산시켰을 뇌 일부분이 음악에 관심을 쏟기에 집필에 전념할 수 있다는 게 내 이론이다. 영국에서 록 음악가로 활약하다가 음향 과학자로 변신한 어떤 이는 그 이론을 과학적으로 입증했다. 그는 듣는 이의 주의를 사로잡지 않도록 조작한 음악을 만들었다. 놀랍게도 글을 쓰면서 그 음악을 들으면 집중력이 대폭 향상된다. 이 글을 쓰는 지금도 그의 음악을 듣고 있을 정도로 그 효과를 확신한다. 당신도 시도해보고 싶다면 focusatwill.com을 방문해보라. 나만큼 깊은 감명을 받을 것이다.

10

인간관계라는 가장 강력한 비타민

인간관계는 성장, 건강, 성취감, 즐거움과 관련해 그 무엇보다 강력한 힘을 발휘한다. 그것이 가장 완벽하게 증류된 형태를 사랑이라 부르고 그것이 넓게 퍼져나가는 걸 관계라 하는데, 우리는 그런 관계 속에서 자신보다 거대하고 도움을 주는 존재의 일부가 된 것처럼 느낀다.

관계는 강력한 힘을 갖고 있지만 평소 감정적인 쓰레기통으로 여기거나 엄격함, 규율, 희생, 근면성처럼 탁월한 성과를 올리는 데 강력하다고 여기는 것들에 비해 보잘 것 없게 다뤄지는 경우가 많다. 이런 중요한 요소들은 관계의 맥락에서 사용하지 않으면 그것이 가진 힘을 상당히 잃는다.

매튜 리버먼에 따르면 "자신이 일하는 직장이 단순히 급여를 받고 회사가 수익을 늘리도록 돕는 장소이기만 한 것처럼 말하는 이가 많다. 이는 사람들에게 동기를 부여하는 건 사리 추구뿐이라는 개인 이익의 규범에 입각한 것이다. 우리는 아주 오랫동안 이런 생각들에 파묻혀 살아와 일터에 관한 대화라면 이런 식으로 나눠야 한다고 알고 있지만 이는 잘못된 방식이다. 우리를 우리답게 만들어주는 것들이 상당 부분 빠져 있기 때문이다." 리버먼의 연구가 말해주듯 우리는 관계를 주제로 대화해야 한다.

잊힌 열쇠

사람은 물론 시詩나 자기가 좋아하는 의자, 초원이나 호수, 사상이나 신조, 목표, 전통 등 무생물과 다양한 형태의 관계를 발전시키는 일은 정신의 명료함과 집중력을 향상시킬 뿐만 아니라 건강과 행복, 생산성까지 높이는 가장 저렴하고 효과적인 방법이다. 정말 간단하지 않은가. 우리 인생에서 관계의 힘보다 더 좋은 결과를 가져다주는 것은 없으며 단절의 영향력만큼 고통스러운 것은 없다.

나는 관계를 "또 하나의 비타민 C"나 "어울림 비타민vitamin connect"이라고 부른다. 관계는 첫 번째 비타민 C인 아스코르브산ascorbic acid

만큼이나 삶에 필수적이다. 이 비타민 C가 없으면 괴혈병에 걸려 사망하는 것처럼 어울림 비타민이 없으면 사람들은 정서적, 신체적으로 고통받는다.

1989년에 권좌에서 쫓겨난 독재자 니콜라에 차우세스쿠가 루마니아를 통치할 때 고아원에 살던 아이들의 사례를 생각해보자. 산아 제한을 금지한 당시에 원치 않는 자녀를 낳은 부모는 아이를 돌볼 인력이 충분치 않아 그들을 아끼고 보살피지 않는 끔찍한 시설에 아이를 맡기는 경우가 많았다. 고아원의 모든 아이는 먹고, 목욕하고, 화장실에 가는 일을 동시에 해야 했다. 아기들은 기저귀가 젖어도 제때 갈아주지 않아 심한 발진이 생기곤 했고, 말썽을 부리는 아이들은 한 방에 수십 개씩 놓인 침대에 묶어놓았다. 훗날 이 아이들의 뇌를 연구한 과학자들은 수양 가정에서 양육된 아이들에 비해 고아원에서 자란 아이들은 뇌 세포체 사이를 연결하는 지질로 뒤덮인 부분인 백질이 더 적다는 걸 발견했다.

또 재소자나 노인, 정신질환자 등 어울림 비타민이 부족해 고통받는 이들을 생각해보자. 인간관계가 부족한 사람은 죽음으로 향하는 야트막한 내리막길에 접어들어 결국 원인조차 명확하게 밝힐 수 없는 죽음을 맞는다. 사망진단서에는 대개 암이나 뇌졸중, 심근경색, 감염 혹은 이에 상당하는 몇 가지 원인이 기재되지만 이런 질병들은 단절감 때문에 생긴 외로움이나 우울증, 무기력, 권태감 등으로 시작한다.

하버드 대학교 공공보건대학원 교수 리사 버크먼의 연구에 따르면 사회적 고립은 흡연, 비만, 고혈압만큼이나 조기 사망을 유발하는 위험 요인이다. 처음에는 전문가들도 이런 결과를 의심했지만 세계 곳곳에서 버크먼이 밝혀낸 사실을 입증하는 연구를 진행하면서 지금은 사실로 여기고 있다. 사회적 고립과 죽음의 연관성을 증명한 최초의 사회 과학자인 버크먼은 추방을 가장 심한 처벌이자 죽음보다 훨씬 두려운 형벌로 이용했던 일부 고대인이 예전부터 잘 알고 있던 사실을 확인했다.

버크먼은 사회적 지원이 부족할 때 개인의 건강과 수명에 생기는 다양한 문제를 밝혀내기 위한 연구를 계속했다. 그녀는 사회적 지원이 효과를 발휘하려면 일정 수준 이상이어야 한다는 사실을 밝혔다. 버크먼에 따르면 "사회적 지원이 건강을 증진하기 위해서는 소속감과 친밀감을 주고 사람들이 자신의 역량을 발휘하도록 도와야 한다."

비용이 들지 않고 결코 고갈되지 않으며 삶의 질을 높이는 데 어떤 힘보다 많은 영향력을 미치는 어울림 비타민의 매력을 따라갈 수 있는 건 아무것도 없다. 하지만 사람들은 도랑에 뒹구는 빈 맥주병을 보듯 그 곁을 무심히 스쳐 지나가기만 한다. 평범한 사람들은 이런 비타민 C의 힘을 하찮게 여길지 몰라도 현명한 조직은 그 힘을 제대로 이해하고 있다. 소프트웨어 회사 SAS는 직원들에게 배우자와 자녀를 회사로 데려와 같이 점심을 먹으라고 권한다. 조지아 주

애틀랜타의 공공주택 사업부에서는 직원들의 책상 사이를 가로막고 있는 파티션 높이를 낮춰 직원들이 서로 얼굴을 볼 수 있게 하자 생산성과 사기가 대폭 증가했다. 하버드 대학교 화학과에서는 구성원들이 좀더 긴밀한 관계를 맺을 수 있는 학내 문화를 조성하자 우울증 발생률과 자살률이 눈에 띄게 줄어들었다.

앞서 말한 것처럼 우리는 전자적인 방법으로는 지나치게 연결된 반면 실제 인간관계는 단절된 현대사회의 역설 속에서 살고 있다. 니콜라스 크리스태키스와 제임스 파울러는 《행복은 전염된다 Connected》라는 책에서 임의로 선정한 미국인 3천 명을 대상으로 실시한 연구 결과를 보고한다. 이들은 사람들이 긴밀한 사회적 관계를 얼마나 맺으며 살아가는지 알아보기 위해 이 연구를 시작했는데, 이들이 정의한 긴밀한 사회적 관계란 중요한 일을 의논하거나 여가 시간을 함께 보내는 사람을 말한다. 이 연구에 따르면 "평균적인 미국인이 긴밀한 사회적 관계를 맺고 있는 사람은 겨우 4명으로, 대부분 2~6명 사이였다. 미국인 가운데 12퍼센트는 그런 관계를 맺고 있는 사람이 한 명도 없는 반면 5퍼센트의 미국인은 긴밀하게 어울리는 지인이 8명이나 된다."

크리스태키스와 파울러는 소셜 네트워크 연구를 통해 밝힌 흥미롭고 놀라운 결과들을 계속 설명한다. 소셜 네트워크는 다양한 기분과 습관, 관행이 사람들 사이에 전파되면서 서로 알고 지내는 사람들뿐 아니라 친구의 친구의 친구에게까지 영향을 미친다. 이 저자들의 말처럼 이런 영향력은 3단계를 거치고 나면 그 효과가 줄어들지만 대부분 사람은 자기 친구의 친구의 친구의 기분과 생각과 행동이 자신에게 중요한 영향을 미친다는 사실을 깨닫지 못한다. "자신과 직접 관계를 맺고 있는 사람들 너머의 존재까지 생각하면 한 사람이 다른 사람에게 영향을 미치는 단순한 경향이 엄청난 결과를 낳기도 한다."

따라서 단순히 타인과 관계를 맺는 데 의의를 두기에 그치기보다 현명하게 친구를 선택해야 한다. 당신의 친구나 그 친구의 친구가 누구와 친하게 지낼지를 당신이 통제할 수 없기 때문이다. 기쁨이나 낙관주의, 비만, 우울증 등 그 대상이 무엇이든 "소셜 네트워크는 거기에 뿌려진 모든 씨앗을 확대하는 경향이 있기"에 자신이 어울리는 사람들에 대해 최대한 많이 알아두는 게 좋다.

긍정적인 에너지는 전염성이 있고 미소가 건강에 좋다는 건 과학적으로 검증된 사실이다. 크리스태키스와 파울러에 따르면 웨이터들을 "미소 띤 얼굴로 고객을 대하도록" 교육하면 "고객의 만족도가 높아지고 팁도 더 많이 준다." 또 남성 프로 크리켓 선수 33명에게 컴퓨터 장비를 부착해 경기 중에 선수들이 느끼는 감정을 기록한 한 연구에 따르면 "선수 자신의 행복과 팀 동료들이 느끼는 행복 사이에는 경기 상황과 무관하게 확실한 연관성이 있으며, 팀 동료들의 행복감이 높아지면 팀 전체의 성적도 좋아진다."

과학적 증거는 이렇게 매우 확실하지만 어떻게 해야 충만한 관계로 가득한 삶을 살 수 있는가 하는 의문이 생긴다. 그렇게 살고 싶다면 어울림 비타민이라는 놀라운 건강 보조제를 날마다 섭취할 수 있는 방법을 설명하는 10단계 계획을 살펴보자.

- 함께 식사하라. 매일 아침이나 저녁 혹은 야식을 누군가와 함께 먹는다. 혼자 사는 사람이라면 점심을 누군가와 함께 먹도록 하자. 종일 전자기기를 통해서 접촉하기보다 인간적인 순간, 즉 타인과 직접 대면하는 시간을 갖는 걸 습관화한다.

- 섹스할 시간을 낸다. 환자들을 상담하는 과정에서 성과 관련해 가장 자주 듣는 불평은 섹스할 시간이 없다는 것이다. 파트너가 있다면 함께 섹스할 시간을 내자. 섹스는 측정 가능한 모든 면에서뿐만 아니라 측정이 불가능한 부분에서도 유익하다. 오르가즘을 느끼는 동안에는 우울함이나 냉소, 슬픔, 분노 등 완전한 충만감이 아닌 다른 기분을 느끼기가 불가능하다.

- 사진을 간직한다. 사랑하는 사람이나 반려동물, 장소 등을 찍은 사진을 지갑이나 가방에 넣어두고 일하는 장소 곳곳에도 붙여둔 뒤 자주 쳐다보자.

- 혼자 걱정하지 않는다. 장시간 홀로 고민에 빠져서는 안 된다. 걱정에서 벗어날 수 없다면 누군가에게 전화를 걸거나 만나서 커피를 마시거나 사무실로 찾아가자. 마음을 괴롭히는 주제가 무엇이냐에 따라 그 걱정을 함께 나눌 수 있는 논리적인 사람

을 선택한다. 혼자 걱정하다 보면 걱정이 금세 독으로 바뀐다. 두려움에 얼어붙어 IQ도 곤두박질친다. 다른 사람과 이야기를 나누다보면 걱정하는 상황은 전혀 변하지 않았는데도 어느새 자신의 약점이 줄어들고 더 강해진 기분이 든다. 문제를 요령 있게 처리하는 능력도 훨씬 증가한다.

* 밖에 나간다. 출퇴근하는 일 외에 하루에 한 번은 밖에 나가본다. 자연과 친해지자. 자연의 소리에 귀를 기울이자. 하늘을 바라보면서 경외감에 사로잡혀보자. 구름이 한두 점 흘러가는 파란 하늘과 햇빛은 와인의 일종인 베르무트vermouth를 섞고 레몬을 곁들인 진보다 훨씬 근사하다. 마음을 활짝 열고 자연이 발산하는 신비한 힘을 머금은 정신적 영양분을 흡수하자. 이 에너지는 아무리 많이 충전해도 무료다.

* 반려동물을 기른다. 반려동물은 어울림 비타민을 공급하는 최고 명장이라고 할 수 있다. 반려동물을 기르기 힘들다면 어떤 방법으로든 동물들과 어울리려고 시도해보자. 대부분 동물은 인생의 수수께끼를 이미 풀었기에 자신이 아는 걸 당신에게도 알려주려고 열심이다. 그들에게 기회를 주자. 프로이트도 조피라는 이름의 차우차우를 키우며 매우 아꼈다. 그는 조피가 환자들의 기분을 차분하게 가라앉힌다고 믿어 정신분석을 진행하는 동안에도 개를 환자 곁에 뒀다.

* 직장에서 친한 친구를 만들자. 업무에 조금 방해가 되더라도

이 관계를 최대한 가꿔나간다. 시간이 지나면 우정의 힘 덕분에 업무 생산성이 높아지고 회사에 가고 싶다는 생각도 들어 관계를 구축하는 과정에서 생긴 손실을 다 갚고도 남는다. 직장에 친한 친구가 있으면 월요일 아침에 기대할 게 생긴다. 일이 아무리 잘못되어도 함께 걱정을 나눌 수 있고, 같이 즐거운 시간을 보내거나 서로의 성공을 축하해줄 수 있다.

- 사내 정치에서 손을 뗀다. 아무리 재미있고 유혹적이라도 뒷소문이나 험담 같은 일에 빠져들지 않도록 조심한다. 그 순간에는 놀랄 만큼 흥미롭겠지만 시간이 지남에 따라 일에 염증을 느끼고 직원들과의 관계가 단절될 것이다.

- 일에서 벗어나 친구나 가족과 함께할 시간을 낸다. 제발 너무 늦기 전에 지금 당장 그렇게 하기 바란다. 내가 정신과 의사로서 자주 듣는 가장 고통스러운 한탄은 "왜 진작 할 수 있을 때 그 일을 하지 않았을까요?"라는 말이다. 일에 전념하는 사람이 저지르는 가장 심각하면서도 흔한 실수는 자신이 일에서 벗어나서 하는 일, 특히 친구나 가족과 함께하는 일에 너무 낮은 우선순위를 두는 것이다. 모든 친구와 가까운 사이를 유지하기는 힘들고 가족에게 시간을 무한정 내주는 것도 불가능하지만 그들과의 관계를 활기 있게 유지하는 데 필요한 시간을 투자해야 그들이 당신 삶에 새로운 활력을 불어넣어줄 수 있다.

- 회사 이외의 단체에 가입한다. 큰 만족감을 얻는 동시에 귀중

한 공헌을 할 수 있는 단체에 가입해야 한다. 디너 클럽이나 농구 또는 축구 팀, 극단이 될 수도 있다. 교회나 유대교 회당 등 종교적인 단체도 괜찮고 합창단이나 독서회, 승마 클럽, 정치 단체도 좋다. 자신에게 중요한 의미가 있고, 즐거움을 얻을 수 있으며, 활동하는 시간을 충분히 낼 수 있는 단체를 찾아보자.

어울림 비타민은 어느 측면에서나 놀라운 힘을 발휘하지만 그와 관련해 몇 가지 중요한 사실을 경고하고자 한다.

인간관계는 좋은 쪽으로 발휘하는 힘 못지않게 파괴적인 힘도 발휘할 수 있다. 범죄 조직 내부의 공고한 관계나 마오쩌둥이 이끄는 공산당, 제2차 세계대전 당시의 나치, 오사마 빈 라덴의 추종자들만 봐도 이런 사실을 알 수 있지 않은가. 타인과 관계를 맺고자 하는 인간의 욕구는 매우 깊고 강해서 건전한 관계에서 만족을 얻지 못할 경우 위험하고 때로는 사악하기까지 한 관계를 맺을 수도 있다. 당신이 범죄 조직에 가입하거나 테러리스트가 되는 일은 없겠지만 신뢰할 만한 사람을 선택할 때는 신중을 기해야 한다. 나는 절대로 혼자 걱정하지 말라고 조언하지만 자신의 걱정을 나눌 사람을 정할 때 주의하라는 조언도 잊지 않는다.

난 사람을 잘 믿는다. 너무 믿는 편이다. 협력자, 심지어 친한 친구라고 여겼던 사람을 믿었다가 그가 잔혹하게 내 등에 칼을 꽂는 바람에 상처를 받은 적도 있지만 내 사업과 관련해서 벌어진 일이기 때문에 전부 사업을 하는 데 따르는 대가라고 여기기로 했다. 그렇지만 지금도 그 일을 떠올릴 때마다 매우 고통스럽다.

그래도 당신이 함께 걱정을 나누기에 적합한 사람을 찾아낸다면 그는 하늘이 준 선물이 될 것이다. 나와 가장 친한 친구인 피터 메츠는 나를 이끌어주는 기둥이다. 우리는 30년 동안 매주 화요일이면 함께 스쿼시를 쳤고 경기가 끝나면 술을 마시면서 서로의 기쁨과 걱정을 함께 나눴다. 피터와 함께한 시간들은 내 삶을 여러 번 구했다.

친구가 도움을 줄 수 있도록 당신이 겪는 문제를 특정한 틀에 넣어서 제시해야 한다. 전자기기에 중독됐던 레스를 기억하는가? 그가 친구 조와 이런 대화를 나눈다고 가정해보자. "인터넷 중독이 너무 심해져서 도움이 꼭 필요해. 문제가 정말 심각하거든. 이 문제에 대해서 이야기해도 될까?" 문제를 이야기하고, 낱낱이 살펴보고, 다른 사람이 그걸 듣고 의견을 말하게 하는 것만으로도 큰 도움이 된다. 레스는 이렇게 말할 수 있을 것이다. "네가 해결책을 제시해주길 바라거나 기대하는 게 아냐. 내 이야기를 들으면서 내가 질문하는 데 답해주기만 하면 돼. 네게 내 문제를 해결하는 짐을 지우는 거라고는 생각하지 말아줘. 이야기를 듣고 반응만 보여주면 돼."

이렇게 말할 수 있다면 상대방도 당신에게 똑같이 행동할 수 있어 서로 도우며 더욱 깊은 관계를 쌓아갈 수 있다. 당신이 이 과정을 완전히 통제할 수는 없지만 날 믿어야 한다. 이런 행동을 하는 동안 무의식에서는 많은 일이 일어난다. 어디선가 갑자기 해결책과 새로운 행동이 나타날 수도 있다.

자신의 삶을 어울림 비타민으로 채우기 위한 자기만의 방법들을 만들고 행동 계획을 세워야 한다. 이 단계는 경이로운 6가지 방법 가운데서 가장 보상이 크고 실행하기 쉽다. 여기에서 얻는 경이로운 이득에 깜짝 놀랄 것이다. 우리는 일에서 거둔 성취와 사랑하는 사람과의 친밀한 관계에서 가장 크게 기뻐하고 만족한다. 두 가지 모두에 고르게 관심을 기울여 둘 중 하나가 당신의 인생을 독차지하게 하지 말자. 이보다 더 나은 건 없다.

어울림 비타민 외에 당신의 심리적 건강을 개선할 수 있는 중요한 요소가 하나 더 있다. 아버지가 10년 사이에 심근 경색을 11번이나 겪고 결국 62세에 돌아가신 친구가 있다. 그는 정력적으로 일하는데다가 술을 너무 많이 마시고 살면서 이런저런 고통을 많이 겪은 탓에 건강에 심한 타격을 입었다. 결국 그의 심장은 토끼 심장만큼 약해져 아침에 침대에서 빠져나와 옷을 입고 테라스에 걸어둔 해먹까지 가기도 힘들 정도였다. 그는 종일 오렌지나무 아래에 누워 만개한 꽃을 바라보면서 향기를 맡고 반짝이는 이파리들 사이로 비쳐 보이는 하늘을 바라보았다. 결국 그에게 남은 건 이것이 전부였기에 그는 여기에 감사했다. 친구에게 어울림 비타민에 대해 말하자 그는 이렇게 말했다. "거기에 비타민 G도 추가해야 돼, 감사^{gratitude} 비타민 말이야."

내 친구가 비타민 G에 그렇게 높은 가치를 매긴 건 자신의 경험을 통해 분명하게 확인했기 때문이다. 인생에 가장 성공적으로 적응할 수 있게 하는 요인을 밝히는 조지 베일런트의 종적 연구에서 감사는 첫 번째 자리를 차지한다. 당신의 인생 운이 어떤지는 크게 상관 없지만, 그 인생 운에 대한 생각이나 본인이 통제할 수 있는 의견은 생각보다 많은 영향을 미칠 수 있다. 어떤 랍비가 말한 대로 "행복은 자기가 원하는 걸 손에 넣는 게 아니라 지금 가지고 있는 걸 원하는 것이다."

하루 동안의 에너지 관리

준비 작업을 끝내고 경이로운 6가지 방법을 충분히 활용한다면 앞으로는 일상적인 에너지를 훨씬 쉽게 유지하고 관리할 수 있다. 그러나 에너지 공급을 종일 일정하게 유지할 것이라 기대할 수는 없다. 자기만의 개인적인 리듬을 파악해야 한다. 하루 중 언제 가장 기운이 넘치고 힘든 일도 척척 해낼 수 있는가? 전반적으로 기운이 없는 때는 언제인가? 어떤 사람은 음악을 틀어놓거나 여기저기 걸어다니거나 방에 다른 사람이 있을 때 집중이 더 잘된다고 한다. 아침 또는 밤, 따뜻한 방 또는 추운 곳에서 집중이 잘되는 사람도 있다. 카페인이나 뜨거운 샤워가 필요한 사람도 있다. 단시간에 집중해서 폭발적으로 일을 해치우는 사람도 있고 긴 시간 동안 최선을 기울인 뒤 하루 이틀 정도 푹 쉬는 사람도 있다. 모든 사람에게 어울리는 방법 같은 건 없다. 그저 자신에게 가장 효과적인 방법을 찾아내려고 노력하면 된다.

그리고 거기에 맞춰 계획을 세우자. 가진 걸 한꺼번에 다 써버려서는 안 된다. 가장 중요한 일을 위해 최고의 에너지를 아껴두자. 일례로 나는 아침에 사무실에 막 나왔을 때 일이 가장 잘된다. 나는 이걸 "폭발적인 아침 에너지"라고 부른다. 나 같은 사람들이 꽤 많다. 당신도 나와 성향이 비슷하다면 이메일에 파묻혀 귀중한 아침 에너지를 낭비하지 않도록 주의해야 한다. 이메일은 엄청나게 많은 시간을 잡아먹는다. 반드시 살펴봐야 하는 긴급한 내용이 없는 한 귀중한 에너지를 낭비하지 말자. 폭발적인 아침 에너지를 실패작으로 만들고 싶지는 않을 것이다. 그날 해야 하는 일 가운데 가장 부담스럽고 가장 중요한 일을 위해 에너지를 아껴야 한다. 자신의 기본적인 패턴이나 리듬과 다투면서 그걸 바꾸려고 하기보다는 그 안에서 움직이는 게 좋다.

하루 동안의 에너지 사용 패턴뿐만 아니라 일주일, 한 달, 1년 동안의 패턴을 추적하고 관찰해보자. 그러면 자기가 언제 열심히 일할지 예상할 수 있어 몸과 마음을 그에 대비할 수 있고, 정신을 집중하지 않아도 되는 때가 언제인지도 무의식적으로 알게 된다.

11

좋아하는 일의 힘

내가 고등학교를 다닌 뉴햄프셔 주의 필립스 엑스터 아카데미 Phillips Exeter Academy에는 테드 시브룩이라는 전설적인 레슬링 코치가 있다. 그는 코칭 방식과 모범적인 모습으로 수천 명의 학생에게 영향을 미쳤는데, 가장 현저한 영향을 받은 인물은 소설가 존 어빙이다. 그의 코칭 금언 가운데 기억에 남는 말은 "머리가 가는 곳에 몸도 따라가게 되어 있다"라는 말이다.

나는 시브룩의 금언을 응용해 "마음이 가는 곳에 노력도 따른다"라고 말하고 싶다. 우리는 자기가 가장 관심을 갖는 일에 가장 공을 들인다. 사랑하는 가족을 부양할 돈을 벌기 위해 하루 16시간씩 싫어하는 일을 하기도 한다. 감정은 이렇듯 다른 것과는 비교할 수 없을 정도로 큰 동기를 부여한다.

사람들은 기분에 상관없이 최고의 역량을 발휘할 수 있다고 여기는 경우가 많다. 우리가 모두 〈스타트렉Star Trek〉에 나오는 미스터 스포크Mr. Spock 같다면야 기분이 어떻든 아무 상관이 없을 것이다. 그러나 우리 가운데는 벌컨Vulcan족 출신이 없기에 기분은 대부분 사람이 생각하는 것보다 훨씬 중요한 사안이다. 학창 시절부터 당신이 그동안 거친 모든 일자리에 이르기까지 당신의 성과를 결정짓는 가장 변별력 있는 요소는 어떤 일을 하는 동안 느끼는 기분이다.

감정은 우리가 1부에서 만나본 인물들의 성장과 발전도 저해했다. 레스는 극심한 화면 중독을 통해 일상생활에서 느끼는 감정을 피해 달아나려고 했다. 진은 자기가 남들에게 이용당한다는 느낌에 분노와 짜증을 느꼈고 그 때문에 노력에 방해를 받았다. 애슐리는 한 가지 일에 집중하지 못하는 자신에게 환멸을 느꼈고 그녀의 남편도 참을성이 한계에 다다랐다. 이런 두 사람의 좌절감이 합쳐지자 애슐리는 결국 그 어떤 일도 제대로 해내지 못하는 상황에 처했다. 잭은 걱정의 노예가 되었다. 메리는 주변 사람들에게 너무 신경을 쓴 나머지 자신과 가족들을 돌볼 능력을 잃었다. 샤론은 자기가 능력 이하의 성과를 올리고 있다는 생각 때문에 계속해서 부정적인 기분을 느끼며 살았고, 이로 인해 더욱 성과가 부진해졌다.

긍정적인 감정은 최상의 성과를 올리기 위한 열쇠다. 극도의 공포는 단기적으로는 집중력을 높이지만 곧 생리적 필요성으로 인해 집중력이 떨어진다. 공포감은 오래 지속되지 못하고 피로나 무감각, 감정이 결여된 상태에서의 위험 인식 같은 다른 감각으로 바뀐다. 극도의 공포를 계속 느끼는 데 필요한 신경전달물질, 즉 전기의 공급이 오래지 않아 중단되기 때문이다.

물론 공포는 일상생활의 일부로 남아 있다. 최선의 상황에서는 공포가 경고 신호 같은 구실을 하지만 최악의 상황에서는 우리를 방해하고 자기 태만에 빠지게 한다. 내 옛 친구이자 뛰어난 학습 전문가인 고 프리실라 베일은 "감정은 학습 능력을 켰다 껐다 하는 스위치"라는 말을 여러 차례 했다. 화가 나거나 불안하거나 속이 상하면 부정적인 감정 때문에 하는 일에 집중하는 능력이 떨어진다. 하고자 하는 일보다는 지금 자기가 얼마나 기분이 나쁜지, 무엇 때문에 그렇게 기분이 나쁜지에 더 관심이 쏠리기 때문이다.

메리가 깨달은 것처럼 유해한 감정은 집중을 불가능하게 한다. 누군가와 언쟁을 벌이면서 그와 동시에 교향곡을 작곡하기는 불가능하다. 교향곡 작곡에 몰두하든지 싸움에 집중하든지 둘 중 하나를 택해야지 두 가지를 동시에 할 수는 없다. 스프레드시트 작업에 몰두하고 있는데 매그넘 권총을 든 동료가 다가와 "내 아이디어를 훔쳐간 네놈의 머리통을 날려버리겠다, 이 쥐새끼 같은 놈"이라고 말한다면 스프레드시트 작업을 계속할 수 없을 것이다. 이건 육체적으로도 불가능하다. 격분한 동료에게서 총을 빼앗고 수갑을 채워 경찰

서로 끌고 간다 하더라도 심하게 충격을 받아 다시 스프레드시트 작업에 몰두하기까지 몇 시간, 혹은 며칠이나 몇 주, 몇 달, 몇 년이 걸릴 수 있다.

반대로 당신이 똑같이 스프레드시트 작업을 하고 있는데 같은 동료가 다가와 "어제 회의에서 내 의견에 동의한다고 표시해줘서 고마워요. 내게 그런 도움이 얼마나 필요했는지 모를 거예요"라고 말한다면 막 공급받은 어울림 비타민으로 새로운 기운과 집중력이 솟는 걸 느낄 것이다. 뇌에서는 감정이 모든 걸 지배하기 때문이다. 뇌 안쪽 깊숙한 곳에는 대뇌를 통제하는 원시 중추가 있다. 이 부위가 수백만 년 동안 우리 뇌를 통제해왔다. 진화 초기부터 이 중추가 뇌를 운영하도록 선택된 이유는 피질 윗부분에 있는 복잡한 중추에 비해 우리를 위험으로부터 보호하는 기능이 훨씬 뛰어나기 때문이다.

뇌 깊숙한 곳에 자리 잡은 이들 중추가 통제권을 놓고 다툴 때 피질은 그 경쟁에 끼어 선두 자리를 놓고 싸우기는커녕 아예 존재하지조차 않았다. 지금도 어떤 불안정한 힘이 아니라 자연이 이 중추를 지배해서, 원시적인 감정이 이성을 압도하고 정신을 장악해 유해한 감정 이외의 것에는 도저히 집중할 수 없게 만든다. 두려움, 분노, 우울함, 복수심, 뭔가 잘못됐다는 느낌 같은 부정적인 감정이 우리 마음을 속여 나중에 후회하게 될 어리석은 짓을 하도록 유도하고 평소라면 우리를 기꺼이 도왔을 사람들과도 멀어지게 된다.

감정은 집중력과 성과뿐 아니라 건강에까지 영향을 미친다. 둘 사이의 연결 고리는 매우 간단하다. 예전에는 정력적이고 경쟁심이 강한 A형 성격이 차분한 B형 성격보다 심근경색이 나타날 위험이 높다는 경고를 들었다. 하지만 좀더 면밀하게 조사한 결과 그 결론은 잘못된 것으로 판명되었다. 그 뒤 암 발병 위험이 높은 것으로 추정되는 C형 성격까지 등장했지만 이 개념도 세밀한 연구 끝에 사라졌다.

이제 우리 곁에는 D형 성격이 있다. 요한 데놀레트 박사와 그의 팀은 지난 20년 동안 부정적인 영향과 사회적 억제 면에서 높은 점수를 받은 성인들을 연구했다. 데놀레트는 이들을 "고민에 빠진 사람distressed"이라는 의미에서 D형이라고 칭했다. 연구 결과 D형 성격은 심장 질환에 걸릴 위험이 높고 회복 시간이 오래 걸린다는 사실이 드러났다. 자신이 D형인지 가늠해보고 싶은 사람은 www.health.harvard.edu/newsweek/Type_D_for_distressed.htm를 방문하라.

당신이 만성적으로 고민에 빠져 있는 D형 성격이라면 심근경색 위험이 많고 회복은 더딜 것이다. 보통 사람들에 비해 집중하기가 곤란하며 자기 태만에 빠질 가능성도 높다.

다행히도 이 문제를 해결하기 위해 취할 수 있는 건설적인 조치가 여러 가지 있다. 이 책에 나온 조언 대부분은 당신이 살면서 겪는 괴로움을 줄이고 최고의 능력을 발휘할 수 있도록 돕는다. 이 책에 안내한 방법들을 실행에 옮기고 한두 달 뒤에 다시 테스트를 해보면 점수가 바뀔 수도 있다.

정신을 맑게 하는 심리적 요령 몇 가지

폭군 같은 상사나 가학적인 교사가 군림하던 시절은 끝나가고 있다. 이는 폭군이나 사디스트처럼 행세하는 게 잔인하거나 차별적이라서가 아니라 폭군과 사디스트가 제대로 실적을 올리지 못했기 때문이다. 이들은 부하 직원이나 학생 혹은 자신이 최선을 다하도록 유도하지 못했다. 불만에 찬 사람은 제 기량을 발휘하지 못하는 반면 자기 일을 사랑하는 사람은 늘 최고 기록을 뛰어넘는 실적을 올린다. 마음속에 부정적인 감정이 없으면 정신이 산만해지지 않고 일에만 집중할 수 있다.

개인의 심리를 관리하는 간단한 요령

앞서 말한 것처럼 기술 발달이 문제 발생의 한 원인임은 사실이지만 개인의 심리 또한 큰 역할을 한다. 현대생활을 관리하는 방법을 배우는 과정에는 자신의 감정과 고뇌를 관리하는 부분도 포함되어 있다. 감정적인 고뇌에 빠져 있는 것만큼 정신을 산만하게 만드는 일도 없다.

당신의 심리 상태를 이해하도록 돕기 위해 자신의 마음을 잘 관리할 수 있는 간단한 요령 몇 가지를 안내한다.

1. 자신의 정서적 기질을 억누르려 하지 말고 타협한다. 일례로 집단에 속하기를 좋아한다면 너무 오래 홀로 지내는 걸 피하고 남들과 함께 일하는 게 좋다. 반대로 혼자 있기를 즐기는 사람이라면 무리 속에 섞이지 않고 주로 혼자 일할 수 있는 체계를 구축해야 한다. 일을 닥치는 대로 하는 편이라면 그렇게 하고, 그렇지 않다면 본인의 성향을 따른다. 주변에 갈등이 생겼을 때 속이 상한다면 중재자가 되어보고 싸우기를 좋아한다면 특정 분야의 법률이나 기업처럼 투쟁 능력이 곧 자산이 되는 무대에서 활동하는 게 좋다. "먼저 너 자신을 알고, 자신에게 진실하라"는 인간의 모든 지혜 가운데서도 가장 존경받고 가장 오랫동안 세월의 시험을 견딘 말로 고대 그리스인과 성경, 유대교 율법 토라^{Torah}, 셰익스피어가 각기 다른 방식으로 표현하기도 했다.

2. 자신을 흥분시키는 게 무엇인지 파악한다. 어떤 이들이 당신을 특히 짜증나게 하는가? 잘난 체하는 사람? 말을 끊고 끼어드는 사람? 부탁한다거나 고맙다는 말을 절대 하지 않는 사람? 비굴한 사람? 아부하는 사람? 위선자이면서 겉으로는 남을 차별하지 않는 척하는 사람? 유명인의 이름을 아는 사람인 양 팔고 다니는 사람? 허풍쟁이? 세세한 것에 얽매이는 사람? 다른 사람보다 먼저 당신의 분노를 폭발시키는 게 어떤 유형의 사람들인지 정확하게 대보자. 그리고 그런 사람이 가까이 다가오는 걸

보면 그 자리를 떠나거나 겉으로는 비위를 맞춰주면서 속으로 이렇게 생각한다. "이 형편없는 인간이 내 기분을 상하게 해서 종일 일을 망치게 놔두지 않을 거야. 대응 방식과 이 사람이 유발한 내면의 광기를 잘 조절해야지."

3. 자신을 상대로 이론상의 심리학자 노릇을 해보자. 자신의 유년기를 되돌아보면서 "그때 일어난 사건 가운데 지금까지 극복하지 못한 게 있는가?"라고 묻는다. 대개 그 문제가 무엇인지는 명확하다. 하지만 우리는 고통스러운 일을 떠올리고 싶어 하지 않기에 다른 사람들 눈에는 명확해도 본인은 잘 모를 수 있다. 그러니 당신이 신뢰할 수 있고 당신을 잘 아는 사람에게 설명을 듣자. 당신이 일 중독자가 된 건 아버지가 일중독이었고, 당신이 아버지를 기쁘게 하거나 능가하고 싶기 때문인가? 당신의 정서가 불안정한 건 어린 시절에 절실히 원했던 무조건적인 사랑을 받아보지 못했기 때문인가? 당신이 남들과 경쟁할 때 가차 없이 행동하는 건 항상 혼자 힘으로 모든 일을 해내야 한다고 느끼기 때문인가? 부모가 근본적인 부분에서 당신을 배신해 결국 누구도 신뢰할 수 없는 사람이 되었는가? 부모가 당신의 형제자매를 돌볼 수가 없어 당신이 직접 그들을 돌봐야 했고 성인이 된 지금도 다른 이들을 돌보는 습관을 버릴 수가 없는가? 이런 중요하고 명확한 문제들을 파악한 뒤에는 통찰력과 연습을 통해 그걸 무력하게 만들 수 있다. 그러면 더 이상 같은 실

수를 여러 번 되풀이하지 않게 되고 이를 통해 가장 중요한 일에 집중하는 능력이 근본적으로 향상된다. 유년기에 발생한 문제는 언제든 집중력을 흐트러뜨릴 수 있다. 약간의 통찰력을 갖추면 그런 성향과 심리적인 장애를 없애는 데 많은 도움이 된다.

4. 자신을 흥분시키는 게 무엇인지 알아둔다. 당신은 어떤 일을 좋아하는가? 외과 의사라면 수술을 집도하는 것이고, 기업가는 많은 이득을 얻을 수 있는 거래를 체결하는 일일 것이다. 교사는 배운 내용을 제대로 이해하지 못해 고생하는 학생을 도와서 깨달음을 얻게 하는 것일 테고, 작가는 좋은 문장을 쓰는 것이리라. 감정은 최고의 성과를 방해할 수도 있지만 반대로 능력을 최대한 발휘하도록 도와줄 수도 있다. 자신을 흥분시키는 게 무엇인지 알아내서 그 일을 최대한 많이 하자.

5. 도움을 청하고 받아들이자. 누군가는 당신이 모르는 사실을 알고 있고 또 당신이 중요시하는 통찰력을 지니고 있을지도 모른다. 자기 삶을 가장 망치는 이들은 대개 다른 사람의 말을 듣기를 거부하거나, 무조건 자기 방식대로 해야 한다고 고집하거나, 자기 관점에 심하게 집착한 나머지 다른 사람 방식대로 해서 성공하느니 차라리 자기 방식대로 하다가 실패하는 쪽을 택하는 사람들이다. 자신의 독자적인 행보를 걷는 것과 남의 도움을 완전히 차단하는 건 완전히 다른 일이다. 서구 문화의 토대가 된 또 다른 지혜인 "교만은 패망의 선봉이요, 거만한 마음

은 넘어짐의 앞잡이니라"라는 잠언 구절은 이런 이들의 행태를 지적한 가장 유명한 표현이다. 이는 고대 그리스 희극부터 세익스피어와 허먼 멜빌, 아서 밀러에 이르기까지 우리에게 알려진 거의 모든 비극을 뒷받침하는 소재기도 하다. 정신이 산만해지는 것보다 훨씬 나쁜 고집스러운 자존심은 우리 눈을 완전히 멀게 만든다.

부정적인 감정은 집중력을 흐트러뜨릴 수 있기에, 혹시 자신이 특정한 상황을 잘못 이해하고 있지는 않은지 생각해봐야 한다. 자기를 제대로 인식하면 부정적인 감정과 생각의 먹구름을 제거하는 데 많은 도움이 된다.

우리는 스스로 문제를 만들어내거나 자신에게 도움이 되지 않는 심리적 방어기제를 이용해 현실을 잘못 해석하는 경우가 종종 있다. 자기가 품고 있는 감정과 생각의 원인을 다른 사람에게 돌리는 투사는 흔히 발생하는 일이므로 주의해야 한다. 이는 편집증을 유발한다. 편집증에 걸린 사람은 자신의 공격적인 감정을 다른 이들에게 투사해 사람들이 자기를 해치려는 것처럼 느낀다. 실은 사람들이 그를 해치려는 게 아니라 그가 사람들을 해치고 싶어 하는 것이지만, 그는 그런 감정을 견디지 못해 다른 이들에게 투사하는 방식으로 부정하면서 현실을 완전히 잘못 해석한다.

편집증은 일상생활에서 흔히 볼 수 있다. 편집증의 가장 극단적인 형태인 폭력적이고 정신병적인 피해망상 증세를 보이는 환자는 드물지만 대부분 사람이 가끔씩 편집증 증세를 겪는다. 이때 투사된 감정을 바탕으로 어리석은 결정을 내리기 전에 스스로를 다잡아야 한다. 편집증적인 감정은 정신을 매우 산만하게 하는데다 종일 혹은 일주일이나 일 년 내내 뇌리에서 떠나지 않을 수도 있다. 자기가 처한 현실을 점검하고 편집증적인 태도에서 벗어나는 능력이 있다면 정말 다행스러운 일이다.

우리를 곤경에 빠뜨리는 또 하나의 흔한 방어기제는 부인이다. 투사처럼 원시적 방어기제인 부인은 자기 앞에 놓인 현실을 제대로 보지 못하게 만든다. 일반적으로 우리가 뭔가를 부인하는 이유는 거기에 대처하는 방법을 모르기 때문이다. 물론 문제를 부정할 경우 그걸 악화시키는 결과만 낳을 뿐이다. 부인도 투사만큼이나 흔하다. 이걸 막는 좋은 방법은 사람들에게 당신의 약점을 말해달라고 청하고, 당신은 보지 못하는 뭔가를 봤을 때 그 사실을 거리낌 없이 지적해달라고 하며, 그들이 하는 말이 아무리 듣기 싫다고 하더라도 그걸 솔직하게 말했다는 이유로 상대방을 책망하거나 하지 않는 것이다.

당신을 곤란하게 하는 세 번째로 흔한 방어기제는 반동형성이다. 반동형성을 이용하면 자기가 실제로 느끼는 감정과 반대하는 감정을 표출한다. 자신의 이익에 반하는 행동을 하는 사람이 왜 그렇게 많은지, 왜 형편없는 일자리나 성격 나쁜 상사 밑에서 벗어나지 못하는지, 왜 기준 이하의 급여를 받아들이는지, 왜 일은 자기가 하고 공은 남들이 차지하게 놔두는지, 왜 학대를 받아도 저항하지 않는지 등에 대한 이유도 이를 통해 설명할 수 있다.

이런 사람들은 자신이 느끼는 분노를 인정하거나 자기 자신을 변호하거나 스스로 이기적이라고 느끼는 행동을 하는 데 어려움을 겪는다. 자신의 분노를 타인에게 투사하는 편집증 환자와 달리 반동형성을 보이는 사람은 어떤 감정이 의식에 다다르기 전에 그걸 반대하는 감정으로 바꿔버린다.

이 문제에 대처하는 최선의 방법은 스스로에게 "왜 이런 상황을 참는가?"라고 자문하거나 친절한 동료가 같은 질문을 했을 때 그 질문에 귀 기울이는 것이다. 당신이 부당한 취급을 받고 있다고 다른 사람이 말하면서 그게 고귀한 일이라도 되는 것처럼 희생자 역할을 하려고 하지 말고, 자기 자신 혹은 다른 누군가와 이야기를 나누면서 온전하고 유용한 적극성과 자기주장을 이끌어내야 한다.

이 책 전체에 걸쳐 말한 것처럼 집중력을 유지하는 기술은 많은 요령에 의지하는데, 이때 중요한 건 자신의 심리 상태를 이해하고 약점이 무엇인지 파악하는 것이다. 셰익스피어의 극에 등장하는 리어 왕은 불가능한 수준까지 사랑과 숭배를 받고 싶다는 욕구에 사로잡힌 나머지 자기 딸 코델리아가 자기를 진정으로 사랑한다는 사실을 제대로 깨닫지 못했다. 코델리아의 언니들은 아버지에게 그가 갈망하는 가식적인 아첨을 늘어놓는다. 코델리아가 자기는 아버지를 사랑하지만 그걸 가식적으로 떠벌리면서 사랑의 가치를 훼손하고 싫지 않다고 진실을 말하자 리어 왕은 코델리아를 추방했고 결국 이로 인해 그녀뿐만 아니라 자신의 비극적인 몰락의 도화선에도 불이 붙었다. 리어 왕은 우리가 집중하는 모든 대상 가운데서도 가장 중요한 것, 즉 진실에 집중하는 능력을 잃었다. 타인에게 숭배받고 싶다는 채워지지 않는 욕구가 그의 눈을 가려 딸이 그에게 품은 진정한 사랑을 느끼지 못하게 되었기 때문이다.

당신이 아는 상사 가운데 이런 사람이 몇 명이나 되는가? 그중 몇 명과 함께 일해봤는가? 사람은 더 큰 권력을 손에 넣을수록 냉엄한 진실에 귀 기울이기가 힘들어지는 듯하다. 〈어 퓨 굿 맨A Few Good Men〉에 나오는 유명한 대사를 인용하자면 "진실을 감당하지 못한 탓에 제대로 성장하지 못한" 관리자가 얼마나 많을까?

집중력을 유지하려면 현실을 감당할 수 있어야 한다. 그리고 현실을 감당하려면 자신의 심리적 약점을 파악할 수 있어야 한다. 만약 리어 왕이 "나이가 들어 죽을 때가 가까워오니 내 치세와 인생의 끝을 마주할 용기를 얻기 위해 주변 사람들의 사랑을 받으면서 안심하고 싶은 마음이 더 커지는구나"라고 말했다면 자기를 가장 사랑한 딸을 비롯해 모든 걸 잃지 않을 수 있었을 것이다.

C 상태 vs. F 상태

경이로운 6가지 방법을 이용하면 감정을 조절하는 데 많은 도움이 되지만 그래도 여전히 힘이 빠지고 지치고 몽롱하고 짜증이 날 때가 있다. 냉정함cool, 차분함calm, 침착함collected, 신중함careful, 호기심이 많음curious, 공손함courteous, 배려심caring, 한결같음consistent, 집중력concentrated 등의 C 상태에서 두려움fearful, 피로fatigued, 허약함feeble, 지나친 흥분frantic, 건망증forgetful, 좌절감frustrated, 무기력feckless, 괴팍함fractious, 엉뚱함flakey처럼 금방이라도 욕설을 내뱉을 듯한 상태인 F 상태로 바뀌고 있는 것이다.

F 상태가 오래 지속되면 업무는 물론이고 자신에게까지 많은 해를 입힐 수 있기에 이런 상태를 즉시 해결할 수 있는 방법을 알아둬야 한다. F 상태에 있는 사람들은 선행에 태만하다. 점점 힘이 빠지고 서서히 F 상태로 진입하고 있다는 기분이 들면 다음 방법 가운데 하나를 골라 시도해보자.

- 과일, 채소, 후무스hummus, 견과류, 다크 초콜릿 한 조각 등 몸에 좋은 간식을 먹는다.
- 잠깐 동안 격렬한 운동을 한다. 존 레이티 박사가 "뇌 휴식"이라고 부른 방법을 써보자. 빠르게 팔 벌려 뛰기 25회, 빠르게 팔 굽혀펴기 10회, 빠르게 제자리 뛰기 1분을 하면 뇌가 금세 원

기를 회복한다. 이런 운동을 할 수 없다면 최대한 빠른 속도로 2분 동안 계단을 오르내리는 것도 좋다. 계단을 오르내리기도 불가능하다면 건물 안이나 밖에서 빠른 속도로 걷는다.

- 명상을 하거나 낮잠을 잔다. 단 5분 동안만 명상을 해도 활기를 되찾을 수 있고, 감정과 뒤얽히지 않은 생각이 머릿속을 떠도는 걸 보면서 긍정적이고 객관적인 시각을 얻을 수 있다. 정말 피곤할 때는 기력을 회복하기 위해 낮잠을 잔다. 어떤 사람들은 이게 불가능할 수도 있으므로 주의하자. 이들은 잠을 못 자고 시간만 낭비하거나 너무 오래 잠들어버린다. 하지만 가능하다면 휴대전화 알람을 15분이나 20분 뒤로 맞춰놓고 자면 좋다. 제대로만 된다면 놀라운 효과를 얻을 수 있다.

- 어울림 비타민의 효과를 누린다. 친구에게 전화를 걸거나 재미있는 화제를 놓고 동료와 수다를 떨거나 좋아하는 음악을 듣자. 음악, 예술품, 사진, 시, 에세이, 심지어 기억 같은 무생물을 통해서도 어울림 비타민을 얻을 수 있다.

- 카페인이나 약물을 이용한다. 카페인의 폭발적인 에너지를 이용하되 그걸 피로 회복의 대들보로 삼지 않도록 주의하자. 덧붙여 ADHD 증상이 있는 사람이 F 상태가 되었다는 건 리탈린이나 아데럴, 혹은 의사가 처방해준 다른 약을 먹을 때가 됐다는 신호일 수 있다.

- 유머를 이용한다. 웃음에는 정신을 일깨우는 놀라운 힘이 있다.

책상 서랍에 우스갯소리가 담긴 책을 넣어두거나 유튜브에서 재미있는 볼거리를 찾자.

- 다양한 방법을 실험한다. 자신에게 가장 효과적인 해결책을 찾아내자. 안전하고 합법적이기만 하면 어떤 방법이든 허용된다.

목표를 이루는 힘

자신의 목표를 감정과 일치시키고 감정을 목표와 일치시키는 게 중요하다. 그렇지 않으면 인생에 꼭 필요한 장비가 삶과 분리되어버린다. 정신이 딴 데 가 있는 상태에서는 자신의 목표에 온전히 집중하거나 그것을 열정적으로 밀고 나갈 수 없다.

오래전 앤드류 카네기는 나폴레온 힐에게 헨리 포드, 존 D. 록펠러, 조지 이스트먼, F. W. 울워스, 토머스 에디슨을 비롯해 당대의 가장 부유하고 성공한 인물 500명을 면담하는 임무를 맡겼다. 이 프로젝트의 목표는 사람들을 가장 큰 성공으로 이끄는 요인이 무엇인지 알아내는 것이었다. 힐이 1937년에 출간한 《놓치고 싶지 않은 나의 꿈, 나의 인생Think and Grow Rich》은 지금까지 수백 만 권이나 팔렸고 자기계발서 분야의 고전이 됐다. 힐이 서문에서 "모든 페이지"와 자기가 면담한 모든 이의 인생에서 발견할 수 있다고 홍보한 비결은 성공에 대한 불타는 욕구였다. 이걸 "강한 야심" 혹은 "소명", "성공에 대한 의지", "직업의식" 등 뭐라고 부르건 간에 이런 절실한 욕구나 강렬한 감정 없이는 큰 성공을 거둘 수 없다.

여러 훌륭한 장군이 자기 휘하의 군대가 전투에 완벽하게 대비할 방법을 여러모로 궁리했던 걸 생각해보자. 군악軍樂이 왜 존재한다고 생각하는가? 군악은 세련되게 다듬어진 음악은 아니지만 소임을 다한다. 군인들의 결의를 북돋우고 감정을 고취시켜 전장에서 목적을 달성하게 한다. 강렬한 야심이 없으면 아무리 노력해도 큰 영광을 얻을 수 없다.

굿샷을 즐기는 방법

우리가 기계라면 남의 비판을 받았을 때 생기는 감정을 걱정할 필요가 없다. 발생할 감정이 없으니 말이다. "그게 무슨 말입니까? 우리는 다 자란 성인을 고용해서 일을 시킵니다. 다들 자기 분야의 전문가들이죠. 그들에게 필요한 칭찬은 급여뿐입니다. 그러니 비판을 받아들이고, 적절한 비판에 감사하면서 필요한 도움을 받고, 상사가 권유하는 대로 변화하면서 계속 전진할 수 있어야 합니다"라고 항의하는 사람이 있을지도 모르겠다.

그 정도로 일에만 철저할 수 있는 전문가가 있다면 내게 소개해주기 바란다. 오랫동안 관찰하다보면 그런 사람을 한 명 정도는 찾아낼 수 있을지도 모르지만, 대개 그들도 그런 척하고 있을 뿐이다. 퇴근하고 집에 돌아가면 술잔을 기울이면서 자기가 일하는 직장이 얼마나 형편없는 곳인지 불평을 늘어놓을 게 뻔하다.

골프를 치는 사람들은 "내가 이 맛 때문에 골프를 못 끊지"라는 말을 들어봤을 텐데, 이는 굿샷good shot의 효과를 가리키는 말이다. 어떤 힘든 일을 잘해내면 거기에서 일을 통해 누릴 수 있는 최고의 즐거움을 느끼게 된다. 아무리 빗나간 샷을 많이 날리고 그로 인해 괴로움을 느껴도 한 번의 굿샷이 주는 즐거움 때문에 그 기분을 더 맛보려고 일을 계속하게 된다.

내게 있어 일에서 즐거움을 찾는다는 건 굿샷을 매일 한 번씩 날린다는 뜻이다. 어쩌면 두 번이나 세 번 혹은 그 이상이 될 수도 있다. 그리고 집에 돌아가는 길에 계속 그것을 생각한다. 난 많은 사람이 저지르는 실수, 즉 퇴근길에 자기가 그날 날린 잘못된 샷을 일일이 되짚어보는 행동을 하지 않으려고 노력한다.

사시사철 실패만 되풀이되는 장소에 누가 가고 싶겠는가? 자신의 실수로 교훈을 얻으라는 옛 격언은 분명한 사실이지만, 실수를 되돌아보기보다 성공을 곱씹을 때 더 나은 사람이 될 수 있다. 자기 일을 성공과 결부할 수 있어야만 일하러 가고 싶은 마음이 커지고, 역설적으로 실수를 통해 배우려는 의지도 높아지기 때문이다. 긍정적인 감정은 힘든 일에도 집중할 수 있게 해주지만, 부정적인 감정은 시간이 지남에 따라 회피하는 대처 양식을 발달시킨다.

여기에는 미묘한 차이가 있다. 극단으로 치달으면 어느 쪽도 효과를 발휘하지 못한다. 자신의 실수를 되돌아보면서 교훈을 얻지 않는다면 계속 똑같은 실수를 반복하게 될 것이다. 반면 성공을 제대로 즐기지 않고 자기가 잘못한 일만 곱씹으면서 시간을 보낸다면 곧 의기소침하거나 침울해질 것이다.

본인의 잘못을 일일이 분석하기보다는 아무리 횟수가 적더라도 굿샷을 즐기는 법을 배우라고 권하고 싶다. 대부분 사람은 자신을 잘 분석하지 못하기에 실수를 검토하려는 노력은 자기기만으로 점철되기 십상이다. 그러나 당신이 신뢰하고 또 당신에게 최선의 이익이 돌아가기를 진심으로 바라는 사람이 당신의 실수를 지적한다면 이를 진지하게 받아들여야 한다. 그 사람은 당신이 결코 가질 수 없는 관점에서 당신에게 호의를 베푸는 것이다.

자신을 위해 노력하자. 단순히 더 열심히 일하라고 자신을 다그치는 대신 많은 사람이 극찬한 유명한 노동관을 자신에게 적용하면 상사의 명령이나 강력한 업무 윤리, 그 어떤 윤리 강령이 없어도 저절로 최선을 기울일 수 있다. 스스로 원해서 최선을 다하게 된다. 그 노동관이 일에 대한 열정이 되고 어떤 일이든 본인이 하는 일에 애정이 싹튼다. 이게 바로 자신의 최적 지점에서 일하는 것이다. 다음 그림처럼 원 3개가 겹치는 부분이 어디인지 살펴보면 자신의 최적 지점을 찾을 수 있다.

자신의 최적 지점에서 일하자

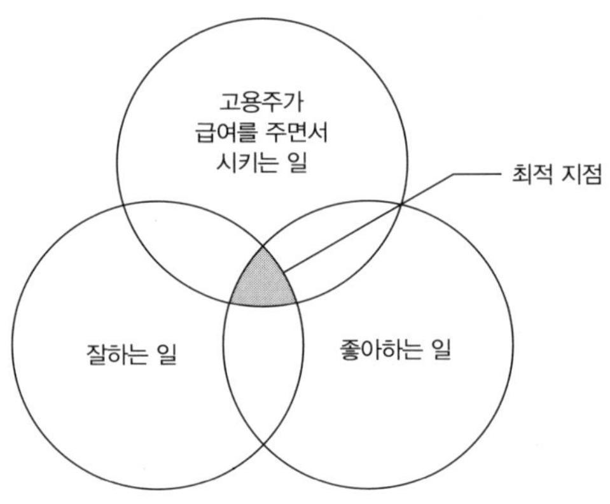

　첫 번째 원은 당신이 좋아하는 일들로 구성된다. 두 번째 원은 당신이 맡은 임무를 진척시키는 것들, 달리 말해 당신이 상당히 재능을 보이는 일들로 이루어진다. 세 번째 원은 고용주가 시키는 일이다. 이 3개 원이 만나는 부분이 바로 내가 최적 지점이라고 부르는 마법의 영역이다.

　자신의 최적 지점에서 많은 시간을 보낼수록 더 행복해지고 더 많은 성공을 거두며, 유연한 집중이나 몰입에 빠져들 가능성이 커지고 열심히 일하고자 하는 의욕도 높아진다. 반면 최적 지점 바깥에서 보내는 시간이 길수록 좌절감과 박탈감이 심해지고 F 상태가 되는 일이 많아지며 그만큼 성공 가능성도 낮아진다.

　당신이 일터에서 불만을 느낀다고 생각해보자. 자신의 재능이나 지적 능력이나 교육 성과를 최대한 활용하지 못하고 있다는 느낌이 들고 뭔가에 도전하고 싶은 기분도 들지 않는다. 당신은 그저 매일같이 급여가 나오기만 기다리고 있는가, 아니면 이런 상황을 타개하기 위해 뭔가를 시도하고 있는가? 슬프게도 대부분 사람은 아무런 대안 없이 자신의 불행을 가만히 받아들이고 있다. 상사에게 이런 불만을 털어놓으면 의심의 눈초리를 받거나 심할 경우 일자리를 잃게 될지도 모른다고 걱정한다. 이런 사고방식에는 더욱 심한 부작용이 뒤따른다. 직장에서 행복을 느끼지 못하면 그 감정이 어떤 형태로든 새어나오게 마련인데 특히 자기 태만이라는 형태로 드러나는 일이 많다. 일을 엉망으로 처리하고, 지각이나 조퇴를 하며, 레스처럼 겉으로는 일하는 척하면서 인터넷 서핑으로 시간을 낭비할 수도 있다. 자기 관리라는 가장 중요한 일에 태만해 경력을 망치는 방법은 수백만 가지나 된다.

정신과 의사의 입장에서 내가 만나본 의뢰인과 환자들은 본인의 상사와 솔직한 대화를 나누면서 뜻밖의 기쁨을 느낀 경우가 많았다. 일례로 인터넷 중독을 고치기 위한 치료 과정을 마친 레스는 자기가 직장에 불만을 느끼고 있다는 사실을 깨달았다. 그래서 상사를 만나 이렇게 말했다. "제가 이 회사에서 활용되는 방식에 대해 이야기를 좀 나누고 싶습니다." 그는 이 대화를 나누기 위해 미리 철저하게 준비를 했다. 그 결과 레스는 본인에게 더 적합하다고 생각하는 다른 부서로 옮기게 되었다.

이런 솔직한 대화는 여러 면에서 도움이 된다. 레스는 예전과 직위는 같지만 창의적인 능력을 좀더 발휘할 수 있는 마케팅 부서에서 잘 지내고 있다. 그리고 그의 상사는 레스가 원래 하던 일을 즐거운 마음으로 잘해낼 수 있는 다른 직원을 채용했다. 인터넷에 중독되어 늘 산만하고 언짢은 기분으로 지내던 레스는 이제 분별 있고 행복하며 매우 '만족스러운' 나날을 보내고 있다. 당신이 관리자라면 직원들이 대화를 청하기를 기다리기만 하지 말고 먼저 나서 직원들과 솔직한 대화를 나눠보자. 적절한 기술을 갖춘 적절한 인물을 적절한 자리에 배치하는 게 모든 사람에게 이득이며, 누군가를 해고하고 새로운 직원을 채용해서 처음부터 훈련시키는 것보다 기존 직원을 알맞은 자리로 옮기는 게 훨씬 효율적이다.

자신의 정서 생활을 관리할 때는 "인생은 멋지다"라는 생각을 기본자세로 삼자. 로마의 스토아 철학자 에픽테토스는 흔히 무시하는 이런 자세의 힘을 직접 체현해 보였다. 그는 절름발이 노예였다. 자주 두들겨 맞고, 발을 절고, 다른 사람의 소유물로 취급받았음에도 그는 행복했다. 에픽테토스의 주인은 이런 태도에 깊은 감명을 받아 자기에게 행복해지는 법을 가르쳐준다면 그를 자유롭게 풀어주겠다고 말했다. 에픽테토스는 주인에게 인간이 자유자재로 제어할 수 있는 게 하나 있다면 그건 바로 자신의 생각이라고 말했다. 그리고 이렇게 조언했다. "당신이 원할 때 어떤 일이 벌어지기를 바라지 말고, 어떤 일이 벌어졌을 때 그게 바로 자기가 원하는 일이라고 생각한다면 인생이 수월하게 풀릴 겁니다." 비참한 환경에도 에픽테토스는 인생은 멋지다는 생각을 고수했고 살 수 있는 기회를 가진 것에 감사했다. 그의 주인은 이 말에 감동해 에픽테토스를 노예 신분에서 풀어줬고, 그는 자신의 철학을 다른 사람들에게 가르치면서 여생을 보냈다. 그의 제자 가운데 한 명인 플라비우스 아리아노스가 에픽테토스가 한 말들을 《교본The Enchiridion》이라는 소책자로 엮었는데, 로마 군사들은 전장으로 행진하기 전에 이 책을 자주 읽으며 큰 용기를 얻었다.

"인생은 멋지다"라는 생각을 기본자세로 삼으면 삶을 에워싸고 있는 부정적인 감정의 늪에 빠지지 않도록 대비할 수 있다. 세련된 지성인 가운데는 이런 생각을 어리석고 지나치게 단순하다고 여기며 비웃는 이가 많다. 하지만 위대한 스토아 철학자의 삶과 업적이 상징하는 것처럼 여기에는 오래전부터 이어져온 튼튼한 학문적 뿌리가 있다.

부정적인 감정은 집중력을 흐트러뜨리고 활력을 떨어뜨린다. 인생은 지긋지긋하다고 생각하는 부분이 내는 목소리를 줄이자. 우리의 느낌이나 감정적 상태가 생각에까지 영향을 미치는 경우가 많다. 감정이 앞서 나가면서 실제로 무슨 생각을 할지 정해버린다. 우리는 대개 생각하는 내용이 감정을 유발한다고 여기지만 사실은 그 반대일 수 있다. 우리 감정이 생각과 행동을 야기할 수도 있다. 인생은 멋지다는 기분을 유지할수록 일도 더 잘하게 된다.

12

목표를 이루는 필수 도구

베네딕트회 수녀이자 작가, 연설가인 조앤 치티스터는 자신이 소속한 수도회에 새로 입회한 사람들을 교육, 감독하는 일을 한다. 그녀는 교육 초반에 열성적인 견습 수녀들에게 기본적인 질문을 했다. "우리는 왜 기도를 할까요?" 한 견습 수녀가 손을 들고 말했다. "하느님을 사랑하고 날마다 그분께 경배를 드리고 싶기 때문입니다."

"맞아요." 조앤 수녀가 대답했다. "하지만 우리가 기도하는 건 그 때문이 아니에요."

다른 젊은 수녀가 손을 들고 자기 의견을 말했다. "우리가 기도하는 이유는 하느님과의 영적인 결합을 더욱 굳건히 하고 싶기 때문입니다.”

“그래요.” 조앤 수녀가 대답했다. “하지만 그것도 우리가 기도를 드리는 이유는 아니죠.”

자기가 기도하는 이유를 완벽하게 알고 있다고 생각하던 수녀들은 모두 좌절감을 느끼면서 존경하는 조앤 수녀가 염두에 둔 다른 이유가 과연 무엇일지 궁금해했다.

또 다른 열성적인 수녀가 용기를 내서 질문에 답을 해보려고 했다. “우리가 기도하는 건 예수에게 가까이 다가가 불안한 영혼을 잠재우기 위해서입니다. 세속적인 걱정에서 벗어나 영적인 세계에 다가가기 위해 기도합니다. 감사를 표하고 용서를 구하기 위해서도 기도하고요.”

“전부 다 맞는 말이에요.” 조앤 수녀가 대답했다. “하지만 우리가 기도를 드리는 진짜 이유는 그게 아닙니다.”

그러자 또 다른 수녀가 자기가 마침내 정답을 맞힐 수 있기를 바라며 손을 들었다. “우리가 기도하는 이유는 그래야만 하기 때문입니다.” 그녀는 이렇게 말했다.

조앤 수녀가 미소를 지었다. “정답과 비슷하군요.” 그녀가 말했다. “하지만 정확한 이유는 아니에요.” 조앤 수녀는 방안을 가득 채운 좌절감을 느끼면서 잠시 말을 멈췄다. 대체 어떤 대답을 기대하는 걸까, 다들 찌푸린 얼굴을 하고 속으로 그렇게 묻고 있는 듯했다.

“우리가 기도하는 이유는,” 조앤 수녀가 마침내 말했다. “기도 종이 울리기 때문입니다."

자신의 기분이나 주변 상황에 상관없이 수녀들은 매일 종이 울리면 모두 모여서 미사를 드린다. 가장 현실적이고 표면적인 측면에서 생각할 때 그들이 모이는 이유는 종이 울리기 때문이다. 가장 근본적인 면에서도 종이 울린 뒤에 해야 하는 일이 바로 기도기 때문에 그들은 기도를 드린다. 종은 체계가 무엇인지 보여주는 완벽한 본보기다.

왜 체계를 구축해야 하는가

인생은 체계에 의지해 움직인다. 자연계 곳곳에서 체계가 삶을 가능케 하는 훌륭한 예를 찾아볼 수 있다. 형상 법칙과 그것이 삶을 정의하는 모든 움직임을 관장하는 방식에 대해서는 앞에서도 설명했지만 체계를 구축하는 건 기본적인 물리 법칙에 어긋나는 일이기에 상당히 어렵다.

우리는 생각을 할 때 혼돈 속에서 질서를 찾으려고 한다. 그 과정에서 만물은 극도의 무질서 상태, 즉 엔트로피를 지향하는 열역학 제2법칙과 씨름한다. 혼돈 속에서 질서를 찾으려고 노력하는 사고 과정에서 자연은 우리를 공격하고 우리의 노력을 묵살하면서 반동한다. 마치 자연이 "참견하지 마. 내게도 비밀이 있어. 그건 나만 알고 있을 거야"라고 말하는 것 같다.

그러나 우리 인간은 물러나지 않을 것이다. 우리는 지식의 열매를 먹어야만 한다. 계속 생각하고 또 생각하면서 무질서 속에서 질서를 캐내고 자연이 비밀을 감춰둔 곳을 찾아낼 것이다. 그 과정이 아무리 힘들고 고통스럽더라도 영원히 이 일을 멈추지 않을 것이다.

우리가 이런 일을 하는 한 가지 이유는 대가를 얻기 위해서다. 새뮤얼 존슨의 말처럼 "대가도 받지 않고 글을 쓰는 사람은 돌대가리들뿐이다." 그러나 돈을 벌 수 있는 더 쉬운 방법이 많은데도 굳이 이렇게 좌절감을 안겨주는 직업인 정신노동을 택한 이유가 뭘까? 존슨을 포함해 사람들이 이 일을 하는 이유는 잘만 되면 그 어떤 일을 할 때보다 더 좋은 기분을 느낄 수 있기 때문이다. 엔트로피와의 접전에서 승리하면, 혼란이라는 마귀를 물리치면, 질서를 끄집어내고 아름다움을 창조하면, 무작위적인 것처럼 보이는 데서 패턴을 감지하면, 재치 있는 문장을 완성하면, 생각이라는 높은 철봉 위에서 빙빙 돌다가 완벽하게 착지에 성공하면, 불협화음으로 가득하던 관계가 한순간 조화를 이루면, 시키는 일은 뭐든지 척척 해내는 기계를 설계하면, 전달하고자 하는 의미가 고스란히 담긴 문장을 쓰면 정말 기분이 좋다. 요컨대 파괴의 힘, 언젠가 모든 생명을 쓰러뜨릴 그 힘에 한순간이나마 저항해 그것을 압도할 수 있으면 더없이 기분이 좋다.

아주 드물기는 하지만 가끔 근사한 아이디어가 당신이 탄 배에 저절로 뛰어들어 그걸 갖고 집에 돌아가기만 하면 되는 경우도 있다.

이런 날은 정말 운이 좋은 날이다. 하지만 대개는 훌륭한 아이디어를 하나 건지기 위해 평생 일해야 한다. 당신이 애슐리 같은 사람이라면 미끼를 무는 물고기는 많은데 그중 하나라도 제대로 낚아 올려서 완전히 배 안으로 끌어들이지 못하는 셈이다.

새로운 사업 아이디어를 수백 가지씩 갖고 있는 사람이 몇 명이나 될까? 사업에 성공하는 건 고사하고 실제로 사업을 시작하는 사람은 얼마나 될까? 당장 특허를 받아야 하는 발명품을 고안한 사람이 몇 명이나 될까? 자신의 발명품을 실제로 출시하는 사람은 몇 명이나 될까? 책을 쓸 만한 좋은 아이디어가 있는 사람은 몇 명이고, 실제로 책을 써서 출판하는 사람은 몇 명이나 될까? 성공까지 딱 한 걸음만 더 가면 된다고 여기는 사람이 몇 명이나 될까? 실제로 성공을 거두는 사람은 얼마나 될까?

한순간 좋은 아이디어가 바늘에 걸려들더라도 그것은 어느새 전체적인 모습조차 보여주지 않고 사라져버리기 일쑤다. 당신은 그 자리에 멍하니 서서 대체 무슨 일이 벌어졌는지, 어디로 가버렸는지, 어떻게 도망갈 수 있었는지 의아해한다. 이런 '물고기' 가운데 일부는 전에도 여러 번 낚싯바늘에 걸렸지만 그때마다 달아났던 놈들이다. 깊은 웅덩이 속 쓰러진 나무 아래서 유유자적 헤엄치는 늙고 뚱뚱한 송어처럼 의기양양하게 당신과 나를 쳐다보고 있다.

이에 대해 우리와 애슐리가 마련할 수 있는 가장 좋은 대책은 그 물고기를 잡기에 알맞은 그물, 즉 적합한 체계를 만들어내는 것이다.

기업가들을 가르치는 명성 높은 코치인 댄 설리번의 말처럼 "최고의 아이디어는 배우는 게 아니라 잡아야 한다." 체계는 우리가 하는 거의 모든 일을 지시하고 원활하게 진행시키면서 그 안에서 질서를 유지하는 힘을 갖고 있다. 요즘처럼 바쁘게 돌아가는 세상에서는 하고 싶은 일을 할 수 있게 해주고 하고 싶지 않은 일은 하지 않게 막아주는 체계가 반드시 있어야 한다.

체계의 몇 가지 예를 들어보자. 스케줄러, 닫힌 문, 열린 문, 압운^{押韻} 형식, '꺼져' 있는 스위치, 쉬려고 비워둔 날, 문법, 개막을 알리는 종소리, 목록, 데이트하는 날, 리듬, 자명종, 법, 달걀 삶는 시간을 재는 모래시계, 공손한 태도, 방정식, 이를 악물고 참는 일, 계절, "하늘 아래 모든 것에는 정해진 시기가 있고 모든 목적에는 때가 있다"라는 생각.

우리는 행동하고 실행해야 한다. 다른 대안은 없다. 불가능한 순간이 올 때까지 날마다 행동하고 실행하자. 경이로운 6가지 방법을 실천하지 않고 뇌가 활동하는 데 필요한 준비를 아무것도 하지 않거나 활동하기에 가장 알맞은 감정 상태를 조성하려고 노력하지 않을 수도 있지만, 그렇다고 행동을 취하는 일까지 피할 수는 없다. 매일, 종일, 우리는 활동을 한다. 뇌는 밤낮을 가리지 않고 끊임없이 신호를 보낸다. 뇌사 상태가 아닌 이상 뇌는 인간의 의지와 상관없이 죽을 때까지 활동할 것이다.

체계라고 하면 단순하게 들릴지도 모르겠지만 이는 목표를 달성하기 위해 계획을 세우고 주변을 관리할 수 있게 해주면서 인생을 바꿔놓는 도구다. 계획도 체계의 아주 좋은 예다. 체계가 없으면 혼돈이 찾아온다. 체계가 없으면 곁길로 샌다. 체계가 없으면 경로를 이탈해서 좋은 기회에서 기회로 껑충껑충 뛰어다니지만 그중 하나도 제대로 활용하지 못한다. 감정을 억제할 수 없다. 주의를 흐트러뜨리고 방해하는 것들이 당신의 세계로 물밀듯 밀려들어온다. 눈보라가 몰아칠 때 흩날리는 눈송이처럼 생각과 행동이 갈지자를 그리며 움직이고, 한바탕 부산하게 움직이다가도 언제 그랬냐는 듯 잠잠해지곤 한다.

눈에 보이지 않는 안개가 많은 사람을 방해한다. 이들은 제대로 된 체계가 없기 때문에 하루하루 방향성도 일관성도 없이 움직인다. 다음 단계의 성취를 이루려고 애쓸 때마다 보이지 않는 안개에 가로막히기라도 한 것처럼 다시 뒤로 물러난다. 그 안개는 무체계, 집중력 부족, 명확하게 정해지지 않은 목표, 에너지 소모, 우울함, 지나친 개입, 지원 부족, 기타 수많은 장애물 때문에 생겨났을 수 있다. 이 안개를 뚫고 나가려면 그걸 말끔히 걷어버릴 체계를 만들어야 한다.

체계, 즉 계획, 일정, 목표의 우선순위를 정해놓으면 이길 수 있는 위치를 차지하고 최선의 자아가 원하는 일을 할 수 있다. 당신이 수녀라면 기도를 하라고 명하는 종이 울린 뒤 기도를 드릴 것이다. 증권거래소에서 일하는 트레이더라면 거래를 개시하라는 종이 울리면 주식 거래를 시작할 것이다.

역설적이게도 창의적인 사람들은 대부분 체계에 저항하며 최선의 자아를 방해한다. 애슐리처럼 포부가 큰 기업가들은 이렇게 말한다. "전 틀에 박힌 일이나 플로차트 같은 데 얽매일 수가 없어요. 제가 원할 때 원하는 일을 할 수 있는 자유가 필요해요. 전 그런 일에 매이기에는 너무 독립적이고 창의적인 사람이라고요." 그런 사람들에게 나는 이렇게 말해준다. "그럼 행운을 빕니다. 계속 본인 능력 이하의 성과만 거두는 데 진절머리가 나면 다시 절 찾아오세요." 그들이 진짜로 다시 찾아오면 이렇게 말한다. "이제 체계와 친해져봅시다. 역사상 가장 독창적이고 위대한 천재라고 주장할 수 있는 두 인물, 셰익스피어와 모차르트의 일생을 살펴보는 일부터 시작해볼까요?"

셰익스피어를 먼저 살펴보자. 그가 쓴 희곡 대부분은 무운시 형식이다. Da-DA, da-DA, da-DA, da-DA와 같이 약강 5보격으로 되어 있다. "음악이 사랑의 양식이라면If music be the food of love……" 4개의 약강격 다음에 2개의 강세 음절이 이어지는 강강격 "연주하라play on"가 나온다. 셰익스피어는 기계적인 보격의 노예가 되지 않으면서 형식이라는 기본적인 체계 안에서 끝없이 다양한 내용을 만들어갈 수 있었다. 무운시라는 형식이 없었다면 그에게는 넘어야 할 경계도, 거슬러야 할 패턴도 없었을 테니 오늘날 우리는 모든 언어를 통틀어 가장 위대하고 복잡하고 아름다운 작품이 아닌 난삽한 글을 보게 되었을지도 모른다.

모차르트는 다른 작곡가들이 단조로운 음악만 만들어내는 꽉 조인 악식樂式 안에서 작곡했지만, 이것이 모차르트의 손에 들어가면 그 형식 안에서 무한한 다양성이 탄생했다. 그의 음악을 통해 느끼는 아름다움과 흥분은 대개 놀라움이라는 요소에서 파생하지만 모차르트가 작업한 체계가 정해놓은 기대치 때문에 놀라움은 그저 놀라움일 뿐이다.

모차르트의 동시대인들도 괜찮은 음악을 작곡했지만 그들의 작품에는 모차르트 같은 초월성과 독창성이 부족했다. 그는 경쟁자들을 부러움으로 몸부림치게 만들었다. 그러나 모차르트도 자기가 곡을 만든 형식과 체계에 통달하지 않았다면 본인의 천재성을 제대로 발휘하지 못했을 것이다.

수많은 창의적인 인물이 체계는 창작의 흥을 깰 것이라고 우려했지만 실은 그 반대다. 체계는 기쁨을 가져다준다.

어떻게 체계를 만들 것인가

간단한 체계를 이용하지 못하면 계속해서 기대 이하의 성과만 올리게 된다. 대개 이는 체계가 도움이 될 수 있다는 사실을 모르기 때문이 아니라 도움이 되는 체계나 도구를 사용할 줄 모르기 때문이다. 체계의 힘을 활용하려면 구체적인 문제나 목표를 정한 뒤 그 문제를 해결하거나 목표를 달성하는 데 도움이 될 만한 체계가 무엇인지 자문해봐야 한다. 예를 들어 운동을 더 열심히 하는 게 당신의 목표라고 가정하자. 이는 흔한 목표지만 대부분 사람이 달성하지 못하는 목표기도 하다. 도로에서 조깅하는 사람을 볼 때마다 차를 타고 그 옆을 지나가면서 나도 저렇게 할 수 있었으면 하고 바라거나 앞으로 꼭 운동을 하겠다고 다짐하는 사람이 수십 명은 된다.

평소 충분히 운동할 수 있는 최고의 방법은 일정을 정하는 것이다. 일정은 곧 체계다. 월요일, 수요일, 토요일 아침 7시, 이렇게 시간을 정하고 그걸 달력에 적는다. 늦잠을 잘까 봐 걱정이 된다면 누군가와 함께 운동할 수 있도록 일정을 짜서 상대방을 실망시키지 않기 위해서라도 꼭 운동을 하러 가도록 스스로를 유도한다. 이 방법마저 실패한다면 트레이너를 고용해서 운동을 빠져도 그 시간에 대한 비용을 지불하도록 한다. 이것은 조앤 수녀의 종소리를 변형한 것이다. 운동하겠다는 결정을 미리 해뒀기에 체육관에 갈 때마다 다시 결정할 필요가 없다. 운동은 정해진 요일, 정해진 시간에 꼭 하는 일이 된다.

목표를 설정하는 방법

1. 단기 목표: 날마다 3가지 목표를 정한다. 딱 3가지다. 목표가 너무 많으면 제대로 진행할 수가 없다. 3가지 목표를 다 이룬 뒤에도 시간이 남는다면 그때 다른 목표를 정해서 실행하고,

그래도 시간이 남으면 또 다른 목표를 세운다.

2. 중기 목표: 2주 동안 달성할 3가지 목표를 정한다.

3. 장기 목표: 6개월에서 1년 동안 달성할 3가지 목표를 정한다.

4. 평생 목표: 자신의 평생 목표를 정한다. 이 목록에는 항목이 3가지 이상 들어갈 수 있지만 목록이 너무 길어지지 않도록 주의해야 한다. 물론 목표는 언제든 바뀔 수 있지만 죽기 전에 이루고 싶은 일을 정할 때도 운동은 도움이 된다.

5. 정기적으로 진행 상황을 평가한다. 그래야 제때 목표를 달성하지 못하더라도 집중력과 의욕이 높아진다.

6. 자신의 목표를 정기적으로 검토한다. 이것은 늘 신선한 기분을 유지하는 데 가장 좋은 방법이다. 이 목록은 언제든 수정할 수 있다. 목표가 머릿속에서 의도치 않은 형태로 바뀌는 경우도 있으므로 바뀐 내용을 적어놓자. 목표를 수정하지 않더라도 주기적으로 확인해서 제대로 진행되고 있는지 살핀다.

조직화된 목표 설정은 오늘날의 세계에서 가장 어렵고 중요한 일인 우선순위를 결정할 수 있게 해주는 힘이다. 너무나도 많은 일을 할 수 있게 해주는 현대 생활의 위대한 업적은 곧 저주이기도 하다. 그 저주를 축복으로 바꾸려면 일의 우선순위를 정해야 한다. 명확하게 규정한 목표는 놀라울 정도로 정신을 집중시킨다.

체계를 구축할 때는 많은 창의력을 발휘할 수 있다. 예전에 충동적인 과소비 문제를 겪는 여성을 치료한 적이 있다. 과소비로 카드 빚이 엄청나게 쌓여 재정 자문이 신용카드를 모두 없애버리라고 할 정도였다. 그러나 그녀는 정말 필요할 경우에 대비해 카드를 전부 없애고 싶지 않았다. 그래서 다음과 같은 해결책을 생각해냈다. 신용카드를 물이 담긴 그릇에 넣은 다음 그 그릇을 냉동실에 넣었다. 정말 필요할 때 쓸 수 있는 신용카드가 냉동실 안에 있지만 얼음이라는 장애물이 충동적인 소비를 막아주는 것이다. 정말 천재적인 체계다.

"이 일을 하겠다. 그 일은 하지 않겠다"라는 결정은 온오프 스위치처럼 체계를 만드는 행동이다. 사람들은 자신의 자유를 제한하는 이런 유형의 체계에서 벗어나려고 애쓰는 경우가 많다.

크레이지비지 앱

사람들이 일과를 체계화하는 걸 돕기 위해 무료로 다운로드할 수 있는 크레이지비지 앱을 만들었다. 이 앱에는 어떤 일의 '가치'를 계산할 수 있는 변수를 입력해 그 일을 꼭 해야 하는지 판단할 수 있도록 돕는다. 또 스톱워치, 현대 생활을 관리하는 비결, 자기가 실제로 어떤 일을 하며 시간을 보내는지 한눈에 볼 수 있게 하는 평가 도구, 다양한 두뇌 게임과 집중력 향상 연습, C 상태를 유지하고 F 상태를 피할 수 있는 방법 등도 포함한다. 이 앱은 사용하기 쉬우며 당신의 일상에 체계를 더하는 간단하고 실용적인 방법을 제공해서 해야 할 일들을 잘 마무리할 수 있게 도와주는 한편, 별로 중요하지 않고 시간 소모가 많은 일과 활동을 피하게 한다.

즐거운 변화

사람들이 자신에게 도움이 될 체계를 만들지 않는 중요한 이유는 그게 지루하다고 생각하기 때문이다. 힘들어 보이고 지루하더라도 체계 구축의 힘을 완벽하게 활용하려면 그 일을 즐겁게 해야 한다.

스티븐 코틀러는 이렇게 말했다. "몰입이 무언가를 숙달하기 위한 철저한 대체 경로가 된 이유는 생존을 위한 기본적인 활동이며 뇌가 만들어낼 수 있는 최대의 신경 화학적 보상이고 최고의 성과와 창조적인 재능, 전반적인 삶의 만족도를 위해 꼭 필요한 놀이를 시간 낭비라고 판단했기 때문이다. 자신의 가장 좋은 모습을 찾아내려면 놀이를 일로 만드는 게 아니라 일을 놀이로 만들어야 한다. 이 방정식을 도치하지 않으면 내재적 동기를 실현하는 역량이 사라지기 시작한다. 열정을 잃고 원래 될 수 있는 것보다 훨씬 못한 존재가 된다." 체계를 즐겁게 이용하면 따분한 일도 흥미롭게 변할 수 있고 행동을 바꾸기도 한다.

폭스바겐Volkswagen은 독일에서 제한 속도 이상으로 운전하는 사람들을 줄이기 위해 개최한 경진 대회를 후원했다. 이 대회 우승자는 카메라 앞을 통과하는 모든 차의 속도를 기록하는 '속도위반 복권'이란 걸 만들었다. 과속을 한 운전자는 우편으로 소환장을 받지만 제한속도를 지킨 운전자는 속도 위반자에게 징수한 벌금으로 조성한 기금에서 주는 수표를 받는다. 이런 복권을 만들자 카메라가 있는 현장 부근에서 달리는 차들의 평균 속도가 시속 32킬로미터에서 25킬로미터로 21퍼센트 감소했다.

스웨덴에서는 보행자들이 지하철역에서 올라올 때 근처에 있는 에스컬레이터 대신 계단을 이용하도록 독려하기 위한 대회를 열었다. 결승 진출자는 계단을 피아노 건반으로 만들어서 계단에 발을 내디딜 때마다 음악 소리가 나게 했다. 그러자 계단 이용자 수가 66퍼센트나 늘어났다.

유럽의 어떤 공원에서는 쓰레기통에 쓰레기를 집어넣으면 폭발음이 나는 장치를 달아놓았다. 이렇게 반응이 달라지는 소리에 호기심을 느낀 아이들은 쓰레기통에 넣을 쓰레기를 찾기 시작했고 어른들도 똑같이 했다. 이 장치를 부착한 쓰레기통에는 하루 72킬로그램의 쓰레기가 모인 데 비해 공원 곳곳에 있는 일반 쓰레기통에는 겨우 41킬로그램의 쓰레기만 모였다.

사람들이 빈 병을 인도에 설치된 병 수거함에 넣어 병 재활용에 동참하도록 유도하기 위한 대회도 열렸다. 이 대회 우승자는 수거함을 게임기처럼 만들자는 아이디어를 내놨다. 수거함에 병을 넣으면 불빛이 번쩍이고 음악이 흘러나오면서 화면에 점수가 표시되는 것이다. 이 도시에 설치된 일반 수거함을 이용하는 사람은 하루 평균 2명뿐이었는데, 게임기 형태의 수거함을 설치하자 첫째 날 저녁 100명에 가까운 사람들이 이 수거함을 이용했다. 병 수거함을 게임기 형태로 바꿔 사람들이 병을 재활용하게 한 것처럼, 재미없는 일에 참신함을 더하면 그 일을 할 가능성이 좀더 높아진다. thefuntheory.com에서 일하는 사람들처럼 우리도 상상력을 발휘해 힘들고 단조로운 일을 즐거운 일, 피하기는커녕 더 열심히 하고 싶어지는 일로 바꿔놓을 수 있다.

현실적인 해결책

당신이 안고 있는 구체적인 문제나 목표를 생각해보자. 그리고 다른 체계가 어떻게 자신을 도울 수 있는지 자문해보자. 당신이 만들어내는 새로운 체계가 다른 일자리를 찾거나 새로운 정보 저장 시스템을 구입하는 것처럼 대대적인 방법일 수도 있고, 회의 시간을 집중이 잘 되는 시간대로 옮기거나 비서에게 매주 수요일 오전 10시부터 1시간 동안은 생각에 잠길 수 있도록 방해하지 말아달라고 부탁하는 것처럼 사소한 방법일 수도 있다. 이때 중요한 것은 독창적인 방법을 쓰고 새로운 체계가 당신 삶에 가져올 크나큰 차이를 넓은 시각에서 바라보는 것이다.

　업무를 제대로 처리할 수 있을 만큼 충분히 조직화하되 자기가 구성한 조직이 완벽해야 한다고는 생각하지 말자. 최상의 체계는 자기가 직접 고안한 체계다. 내면의 장애물을 극복하도록 돕는 외적 체계의 관점에서 생각하기를 습관화하자.

　마지막으로 기억해야 할 점은 축소, 위임, 삭제다. 삶을 단순화할수록 체계적으로 제어할 수 있는 힘을 갖게 된다. 처음에는 이 작업이 어려울 것이다. 모든 것에는 나름의 존재 이유가 있지 않겠는가? 아니, 그렇지 않다. 책상과 옷장, 자동차, 서랍뿐만 아니라 일정표까지 온갖 잡동사니로 채우는 사람이 많다. 앞서 기도나 다른 일들을 시작하는 데 훌륭한 이유가 되어주는 종소리의 장점을 말했지만, 우리는 자신이 정하지도 않았고 바라지도 않는 종소리의 맹목적인 노예가 될 수도 있다. 텅 빈 주차장에 울려 퍼지는 자동차 도난 방지용 경보음 같은 존재가 될 수도 있다는 말이다.

　가능한 모든 것을 절개할 준비를 하고 가차 없이 메스를 휘두르면서 삶을, 물리적인 공간과 일정을 살아나가야 한다. 불필요한 것들을 축소하고 위임하고 삭제하면 잠시라도 공간을 자유롭게 비워둘 수 있다. 시간을 들여서 천천히 일을 진행하지 않으면 거꾸로 시간의 노예가 되어버리는 게 현대 생활을 관통하는 물리 법칙이다.

13

더 이상 산만한 생활은 없다

나는 희망 업계에 종사하고 있다. "~라면 좋을 텐데"를 실현하도록 돕는 세계에서 일하고 있다. 잉걸불에 적절히 부채질만 해준다면 희망의 불씨가 살아나지 못할 만큼 심각한 상황은 없다. 사람들은 대부분 최선을 다한다. 흩어진 인생을 꿰어 맞추기도 하고 수라장으로 만들기도 하지만 그 속에서도 어떤 순간만큼은 최선을 다한다. 자기 능력보다 못한 결과를 얻고 싶어 하는 사람은 거의 없다.

조셉 우드 크러치가 아나톨 프랑스에게 한 멋진 말은 모든 사람이 하는 어떤 일을 간단명료하게 정리해준다. "모든 사람은 안녕하기를 원한다Chacun fait son salut comme il peut. 이 문구는 인간이 가진 모든 욕망에 '안녕'이라는 하나의 단어가 포함되어 있음을 능숙하고 악의적으로 암시하면서 도덕적인 구분을 전면적으로 거부한다."

내가 이 책을 위해 만들어낸 등장인물 6명 모두는 당시 최선을 다해 노력했다. 이 인물들을 다시 한 번 살펴보면서 ADT와 집중력, 심리학의 세계로 떠났던 여행을 마무리하는 게 좋겠다. 각 인물들의 심리 치료는 다음과 같이 진행했을 것이다.

레스는 중독 증상 때문에 고생했다. 그가 겪은 중독은 가장 새롭게 등장한 전자기기 중독이었다. 레스에게 그가 전자기기를 이용해 자가 치료 중이라는 사실을 깨닫게 하자 그보다 더 큰 문제, 즉 그가 치료하려는 질병 혹은 그를 불안하게 만드는 대상이 무엇인지를 알아내는 일에 착수할 수 있었다. 그는 아내와 상사 그리고 스스로의 기대에 부응할 만한 능력이 없다는 두려움 때문에 생긴 약한 우울증이 문제였다. 그가 전자기기를 사용하는 습관을 고치자 상사인 칼과의 협력 관계가 개선되고 직장에서 자신의 뛰어난 재능을 드러내기 시작했으며 가정에서의 상황도 좋은 쪽으로 바뀌어갔다.

자기 삶을 되찾기 위한 진의 노력은 결실을 맺기가 쉽지 않았다. 누구나 그렇듯이 변화는 천천히 이루어졌고 멈추거나 지연되는 일도 자주 있었다. 하지만 삶이 얼마나 심하게 망가졌는지 직접 보고 느끼자 머릿속에서 어떤 명령 같은 소리가 울리기 시작했다. '난 단지 통제권만 되찾으면 돼.' 그녀는 스스로에게 말했다. '계속 이렇게 사람들에게 떠밀려 다닐 수는 없어.'

통찰력이 실제로 변화를 돕고 이끌어줄 때는 그 통찰력이 새롭거나 탁월해서가 아니다. 한 사람의 인생에 관한 가장 중요한 통찰력은 별로 새롭지도 멋지지도 않다. 사람들이 벌써 수백만 번이나 겪은 일이기에 상당히 일상적이라고도 할 수 있다. 너 자신을 알라. 진실을 말하라. 자신의 열정을 좇아라. 자기 본모습에 충실해라. 거짓 우상을 섬기지 마라. 가장 중요한 일에 집중해라. 다른 사람을 위해 혹은 다른 사람을 통해 자기 삶을 살지 마라. 상사는 네 부모가 아니라는 걸 알아야 한다. 현실적으로 행동해라. 자기 자신을 옹호해라. 더 이상 어린애가 아님을 깨달아라. 이런 흔한 통찰 하나하나가 인생을 극적으로 변화시켜 더 나은 방향으로 나아가게 할 수 있다.

이런 통찰에 힘을 실어주는 건 그것이 생겨나는 전후 상황, 즉 타이밍이다. 진이 자기가 처한 상황이 극도로 고통스럽다는 걸 느끼고 오르게타의 말처럼 좌초한 본인의 모습을 보자, 자신이 현재 사용하는 것보다 더 많은 통제력을 갖고 있다는 평범한 통찰이 보다 큰 힘을 발휘했다. 진은 새롭게 발견한 힘을 활용해, 남에게 헌신하는 일을 줄이고 친구들과 좋은 관계를 맺고 혼자 명상할 시간을 따로 떼놓고 배우자에게 맞서는 등 내가 권유한 여러 조치를 실행했다. 물론 쉬운 일은 아니었지만 절박한 마음이 그녀를 바꿨다.

애슐리는 우리 인생을 가장 고통스럽게 만드는 원인인 자기도취적인 부모에게 시달렸다. 하지만 그런 부모를 뒀다고 해서 그녀의 삶이 망가질 필요는 없다. 내가 앞에서 말했고 또 지금까지 수없이 목격해온 것처럼 그 무엇도 우리 인생을 망가뜨릴 수 없다. 언제나, 언제나 희망은 있다. 한번은 상담 중에 애슐리가 자기 어머니가 얼마나 잔인하고 질투가 심하고 이기적이었는지에 관한 기억에 직면했다. 그녀의 감정이 치밀어 오르는 동안 나는 그녀 옆에 앉아 있었다. "절대로 바뀌지 않을 거에요, 그렇죠?" 애슐리가 내게 물었다.

"당신 어머니가 한 일은 결코 바뀌지 않겠죠. 하지만 당신의 감정과 행동은 완전히 바꿀 수 있습니다."

"정말요?" 그녀가 물었다. "진실을 말해주세요, 제발."

"진실이에요. 당신은 어머니가 만든 사막에서 빠져나올 수 있어요."

그 순간 애슐리는 그때까지 감히 품지 못했던 희망을 가졌다. 이제 그녀는 그 희망을 실행해야 한다. 필요한 결정을 내리고, 삶에 필요한 체계를 더하고, 잘 자고 잘 먹으면서 좀더 자주 사랑을 나누는 연습을 해야 한다. 이런 모든 힘이 모여 그녀의 삶을 향상할 것이다.

잭은 걱정이 너무 심한 나머지 아내까지 잃었다. 그런 경향은 그의 유전적 성향과 어릴 때의 양육 방식 때문에 생겨났다. 걱정이 지나친 상태에서 벗어나기 위해서는 역설적이게도 그가 가장 안전하다고 느끼는 심리 상태를 포기해야 했다. 잭은 약물 치료로 상태가 크게 호전되었다. 처음에는 약 먹기를 꺼렸지만 인생이 얼마나 공허해졌고 자기 모습이 얼마나 처참한지를 깨닫자 뭐든 시도해야겠다고 결심했다. 그에게 세로토닌 재흡수 억제제인 졸로프트^{Zoloft}를 처방한 까닭은 이 신경전달물질이 걱정과 불안, 감정을 조절하는 열쇠기 때문이다. 약물 치료로 새롭게 시작할 기운을 얻었지만 그에게는 그 이상의 뭔가가 필요했다. 나는 그에게 매일 격렬한 운동을 하라는 처방을 내렸다. 운동은 많은 어울림 비타민과 마찬가지로 지나친 걱정을 치료하는 최고의 약이다. 잭은 1년 동안 꾸준히 나와 만났다. 그는 상담을 통해 상상의 세계에서 앞으로 새롭게 나아갈 방향을 정하고 걱정이 줄어든 삶을 시험했다. 비록 걱정에서 완전히 벗어나지는 못했지만 아내에게 다시 다가가 전과 많이 달라진 모습을 보여줬고 재결합에 성공했다.

메리는 타인에게 집중하는 능력으로 어린 시절에 자기 자신뿐만 아니라 모든 가족을 구했다. 이 습관을 포기하면 너무 위험하게 느끼는 영역으로 들어설 것이었다. 그러나 성인이 된 메리는 자신을 제외한 모든 사람을 돌보느라 힘들고 비참한 나날을 보내고 있었다. 나는 스스로를 돌보는 건 부정적인 의미에서의 이기적인 행동이 아니라 가장 좋은 의미에서의 이기적인 행동이라는 걸 메리가 이해하도록 도왔다. 자신을 먼저 돌봐야만 다른 사람들도 돌볼 수 있다. 메리는 자신이 이기적이라고 느낄 때의 갈등을 견뎌내고 본인이 만들어놓은 처참한 상황을 볼 수 있었다. 이렇게 절망적인 상황에서 그녀에게 떠오른 생각은 노골적이고 단순했다. '다 집어치워!'

건전한 분노가 그녀를 덮쳤다. 메리는 수십 년 동안 분노를 느끼지 않으려고 노력했다. 그녀는 몇 달 동안 그 분노를 안고 살면서 그 감정을 이용해 그동안 고생하며 해결하곤 하던 상황, 즉 난처한 지경에 처한 사람이나 프로젝트와 멀어졌다.

난 메리에게 운동과 명상 그리고 친구와 정기적으로 만나 함께 점심을 먹으라는 처방을 내렸다. 친구를 만나면 친구 이야기만 듣지 말고 그녀 자신에 대한 이야기를 하면서 방법을 익혀가라고 충고했다. 놀랍고 기쁘게도 친구는 메리 이야기를 좋아했으며 그녀가 전과 많이 달라졌다는 말도 해줬다. 이따금 예전 습관이 되살아나기도 했지만 더 이상 타인의 기쁨을 위해 자기 인생을 희생하고 싶지 않으며 다른 이들을 살리기 위해 자기를 희생할 필요도 없다는 기본적인 통찰을 얻고 다시 제 궤도에 올라 보다 나은 삶을 향해 나아갈 수 있었다.

샤론은 운 좋게도 우리가 이용한 개입 방식에 빠르고 확실하게 반응해 다른 이들보다 극적인 진척을 보였다. 샤론의 사례를 통해 대중이 ADHD뿐만 아니라 전반적인 학습 장애에 대해서도 제대로 이해하는 게 정말 중요함을 깨달았다. 데이비드 닐먼부터 리처드 브랜슨과 찰스 슈왑(미국 최대의 철강회사 소유주)에 이르기까지 우리가 아는 유능한 인재 가운데 몇몇은 학습 장애를 갖고 있다. 학습 장애 안에 엄청난 재능이 숨어 있는 경우가 많음을 인정해야 한다.

현대인의 생활과 사람들이 정상 상태를 유지하려고 애쓰다가 저지르는 흔한 실수를 살펴본 여정의 끝이 다가오는 만큼, 집중력을 유지하고 생산성을 높이면서 이성을 지키는 방법 몇 가지를 요약해 안내한다.

1. 우선순위를 정하고 지금 이 순간, 이 시간, 오늘, 이번 주, 올해, 이번 10년, 이번 생애에 가장 중요한 일에 집중한다.

2. 그 무엇도 따라올 수 없는 사랑의 힘과 일상생활에서 주고받는 인간관계의 힘을 인정한다.

3. 크레이지비지 앱을 다운로드한다. 동시에 너무 많은 일에 관여할 수 없도록 주변에 적절한 경계를 만든다. 흐름을 자유롭게 하기 위해 장애물을 제거해야 한다는 형상 법칙을 기억하자.

4. 기쁨과 쾌락은 같지 않음을 이해하고 자극이 꼭 약물을 의미하지는 않음을 깨닫는다.

5. 휴식 시간을 갖는다. 당신이 아무것도 하지 않을 때도 뇌와 기본 연결망은 많은 일을 한다는 걸 기억하자.

6. 사람들과 직접 만나는 시간을 가진다. 전자기기를 통해서만 사람들을 접해서는 안 된다.

7. 자신을 돌보는 법을 배운다. 안 된다고 말하자. 자신의 모든 걸 내줘서는 안 된다.

8. 더 열심히 일하는 것만이 답이라고 생각하지 말자. 그보다는 똑똑하게 일하는 쪽이 정답이다. 이 책은 현명하게 일하는 법을 소개한다.

9. 가능한 한 자신의 최적 지점에서 일하자. 자기가 좋아하는 일과 잘하는 일 그리고 목표를 달성하는 데 도움이 되거나 고용주가 시키는 일이 겹치는 부분이 바로 최적 지점이다.

10. 기본 계획(기운, 감정, 참여, 체계, 제어)을 따르려고 노력한다.

응원

지금까지 명료한 정신의 마법에 통달하기 위한 계획을 제시했다. 이 계획을 이해하고 나면 명료한 정신에는 실생활에 적용되는 과학과 마찬가지로 마법 같은 게 필요 없다는 사실을 깨달을 것이다. 우리의 집중력과 마음을 훔쳐가는 도둑들이 상상 이상으로 교묘하게 진화한 요즘 같은 시대에 유연한 집중력을 발휘하고 유지하려면 그 어느 때보다 계획적이고 과학적인 방법을 써야 한다.

우리는 20년 전과 완전히 다른 세상에 살고 있다. 가능성이 넘쳐나고 곳곳에서 희망이 빛나지만 동시에 타인에 대한 의심과 두려움에 싸여 있기도 하다. 주의하지 않으면 세상이 우리의 몸과 마음을 장악할 수 있다. 누구나 자기 정신의 통제권을 가질 수 있다. 한때는 쾌적하고 사적인 장소였던 우리 마음은 더 이상 사적이지 않다.

이제는 쓸모없고 유혹적이기만 한 정보와 아이디어, 미사여구의 소용돌이에 휘말리지 말고 본인의 욕구에 따라 자기 마음을 소유하고 관리하고 보호하고 개발하는 방법을 알아둬야 한다. 새로운 아이디어를 제시하고 그걸 충분히 발전시킬 수 있는 상태, 즉 내가 유연한 집중이라고 명명한 정신 상태를 가꾸는 방법을 배워두면 자신의 생활을 책임질 수 있다. 요즘 들어 일터에서 흔히 볼 수 있는 얼빠진 화면 중독자들은 이런 현대 생활이 일상에 가하는 위험을 상징한다.

그러나 우리가 이렇게 공격에 취약했던 적이 없는 만큼 지금처럼 강력한 힘을 지닌 적도 없었다. 자기가 주도권을 쥐고 집중력을 통제하는 기술을 익히면 정신력을 향상시키고 자신의 욕구에 따라 정신을 개발할 수 있음은 물론이고 꿈꾸던 것 이상으로 성공할 수도 있다. 전에는 이 정도 일이 가능했던 적이 없기 때문이다.

창의력을 발휘하자. 계단을 피아노 건반으로 바꾼 사람들처럼 사고하자. 자신의 아이디어가 따뜻한 보도 위에 떨어진 눈송이처럼 녹아 없어지게 놔두지 말자. 아이디어를 포착해서 보호하고 양분을 공급하고 잘 자랄 수 있게 체계적으로 관리하자.

- 몰입을 유도한다.
- 정신 에너지를 최상의 상태로 유지한다.
- 경이로운 6가지 방법을 생활화한다.
- 최적 지점에서 일하면서 생기는 적절한 감정 상태를 유지한다.
- 기대 이상의 만족감을 주는 방식으로 성과를 올리는 체계를 구축한다.

내가 당신을 응원하는 것 같은가? 물론 그렇다! 당신도 다른 사람을 응원해주기 바란다. 우리는 서로를 응원하고 지지해야 한다. 대부분 사람은 좋은 소식과 격려, 긍정적인 에너지가 부족해 힘들어한다. 자신을 위해 이런 에너지를 공급하기는 힘들지만 다른 사람에게 주는 건 그리 어렵지 않다. 매튜 리버먼 같은 신경 과학자들은 수백 년 전 성 프란치스코가 말한 "베풂으로써 받으며"라는 말이 사실임을 증명하고 있다.

우리는 서로를 필요로 한다. 특히 전자적인 방식으로는 긴밀히 결합되어 있을지라도 실제적인 인간관계를 조용히 분열시키는 이런 세상에서는 일상적으로 서로에게 자기 것을 나눠주기를 습관화해야 한다. 사람들과 직접 만나는 순간을 소중히 하고 그런 기회를 자주 가져야 한다. 전자기기가 자신을 조종하게 내버려두지 말고 본인이 주도권을 쥐어야 한다.

지금보다 삶이 더 흥미진진하고 불확실한 때는 없었을 것이다. 우리 시대에 넘쳐나는 기회를 활용하는 가장 좋은 방법은 자기 마음을 제어하는 방법을 배우고, 유연한 집중 기술을 습득하며, 긍정적인 에너지와 감정을 촉발하는 힘을 활용하고, 스스로 가능하다고 생각하는 것보다 훨씬 많은 일을 할 수 있도록 자신을 이끄는 것이다. 그리고 자신에게 가장 중요한 것을 지키고 아끼고 발전시켜야 한다.

결국 내가 제시한 해결책이 당신이 이미 사용하고 있는 방법보다 효과가 좋은지는 직접 판단해야 한다. 개인적인 경험을 말하자면 나와 아내는 이 방법으로 효과를 봤다. 아내는 시간제 심리치료사로 일하면서 자원봉사 활동을 한다. 나는 개업의로 활발하게 활동하면서 책도 쓰는데 이 책은 내가 쓴 20번째 책이다. 우리 둘 모두 물려받은 돈이 없기에 일해서 번 돈으로 살고 있고, 세 아이를 사립학교와 대학에 보내느라 저축한 돈도 거의 다 써버려 늘 근근이 살아가는 형편이다.

가끔은 어찌할 바를 모를 때도 있고 심하면 자포자기하기도 하지만, 우리는 중요한 일들을 처리할 방법을 찾아내고 또 가끔 긴장을 풀면서 쉴 시간도 갖고 있다. 여유롭게 쉬려면 물론 수입이 주는 걸 감수해야 하지만 이런 휴식을 통해 온전한 정신과 건강을 지키고 가족끼리 긴밀한 관계를 유지할 수 있다. 아내는 일주일에 4번씩 체육관에 가서 운동을 하고 정기적인 저녁 모임과 독서 모임, 운동 모임, 그리고 친구들끼리 어울리는 모임에도 꾸준히 참여한다. 나도 규칙적으로 체육관에 가고, 30년 넘게 2주에 한 번씩 늘 같은 친구와 만나 스쿼시를 친다. 아내는 책을 많이 읽는 데 비해 난 텔레비전을 많이 본다. 우리는 가족이 다 모여서 저녁을 먹거나, 축구를 하거나, 학교 행사에 참가하거나, 일요일마다 미식축구 팀 패트리어츠Patriots 경기를 보러 가거나, 가족 여행을 하거나, 그냥 이리저리 돌아다니면서 늘 아이들과 함께 많은 시간을 보낸다. 우리가 사는 보스턴 교외는 뉴욕만큼은 아니더라도 미국 여느 지역처럼 정신적인 압박이 심하고 매우 분주하다.

나도 이 책에 묘사한 것과 같은 세계에 살고 있다. 사이드라인 바깥쪽에 서서 세상을 관찰하는 게 아니라 경기에 깊이 관여하면서 가장 열정적으로 경기에 임하는 선수들도 굳이 이 경기에 휘둘릴 필요는 없다는 걸 알았다. 물론 지금보다 계몽된 사회정책을 마련한다면 더 많은 사람이 건전한 생활을 영위할 수 있을지도 모르나 내가 이 책에 소개한 해결책은 과부하를 줄이고 온전한 정신을 되찾으려고 노력하는 이들을 모두 도울 수 있으며, 이를 통해 일터와 가정에서 생산성을 높일 수 있다. 내게 효과가 있었던 방법은 곧 당신에게도 효과를 발휘할 것이다.

ADHD와 약물 치료에 대해서

이 책을 읽으면서, 특히 ADHD를 다룬 6장을 읽으면서 자신이 혹시 ADHD 환자가 아닐까 궁금해한 사람이 있을 것이다. 만약 당신이 ADHD 환자라 하더라도 성인 ADHD를 진단하는 방법을 아는 의사가 매우 드물기에 아마 자신이 그렇다는 사실을 모르고 있을 가능성이 높다. 본인이 ADHD 환자라는 걸 알게 되는 건 사실 매우 좋은 일이다. 치료를 받으면 삶이 좋은 쪽으로 크게 변화할 가능성이 매우 높기 때문이다.

대부분 성인 ADHD는 우울증이나 불안 장애, 인격 장애, 식이 장애, 약물중독, 섹스, 도박, 쇼핑 중독 가운데 일부나 전부로 오진하곤 한다. 성인 ADHD 환자 중 최소 75퍼센트는 평생 제대로 된 진단을 받지 못한다. 모든 의학 분야를 통틀어 이렇게 진단율이 낮은 질환은 없다. 성인 ADHD를 진단하는 과학적인 방법이 분명 있지만 의료진과 대중은 이에 대한 교육을 충분히 받지 못했다. 행동 과학 분야에서는 어떤 질환이든 적절한 진단과 치료만 받으면 개인의 삶이 극적으로 개선되기에 이는 정말 비극적인 일이다. 난 ADHD 진단을 받은 뒤 결혼 생활이 파탄을 면한 건 물론이고 직업적인 면에서도 새로운 전환기를 맞이한 이들을 수천 명이나 봐왔다.

확진받지 못한 채 성인 ADHD를 앓는 이들이 겪는 가장 큰 문제는 들쑥날쑥한 성과, 순간적으로 번득이다 사라지는 탁월한 재능, 부족한 마무리, 멍한 정신 상태 등과 관련된 원인을 알 수 없는 능력 이하의 성과다. 당신 자신이나 당신이 아는 사람 가운데 이 설명에 부합하는 사람이 있다면 ADHD 문제를 제대로 이해하는 전문가와 상담을 해보기 바란다. 상담을 받는 것만으로도 당신이나 지인의 삶이 크게 변할 수 있다.

나는 ADHD 치료 전문가로서 지금까지 수십 년 동안 이 질환을 치료하기 위한 약품을 처방해왔다. 약품 사용법에 관한 경험이 풍부하고 그 약에 어떤 장점과 어떤 해로운 점이 있는지도 정확하게 안다. 적합한 환자에게 적절한 방식으로 투여할 경우 약물 치료는 하늘이 내린 선물이 될 수 있는 반면 적합하지 않은 환자에게 잘못된 방식으로 약을 투여하면 치명적일 수 있다. 이는 아스피린이나 페니실린, 심지어 물의 경우에도 마찬가지다.

2개의 기본 분자를 통해 현재 처방을 통해 구입할 수 있는 다양한 흥분제가 탄생했다. 모두 규제 약물이어서 마약 단속국DEA의 엄격한 규제와 감독을 받는다.

그중 하나가 암페타민amphetamine, AMP이다. 75년 전 로드아일랜드주에 살던 의사 찰스 브래들리가 미국에서는 최초로 우리가 현재 ADHD라고 부르는 증상을 치료하는 데 암페타민을 사용했다. 원래 행동 장애 아동들의 두통을 치료하기 위해 처방한 약인데, 놀랍게도 아이들이 약을 복용한 뒤 집중력과 의욕이 훨씬 높아지고 감정적으로 폭발하는 일이 줄어들었다. 이는 ADHD 치료뿐만 아니라 뇌를 이해하는 데도 획기적인 돌파구가 되었다.

또 다른 분자는 메틸페니데이트methylphenidate, MPH다. 이 물질은 1944년에 처음 합성되었지만 제약업계의 거물인 CIBA에서 일하던 린드로 파니존이라는 과학자가 1954년에 새로운 버전을 개발하기 전까지는 집중력 장애 치료에 사용되지 않았다. 파니존은 아내가 테니스를 치기 전에 혈압을 높일 수 있도록 이 약을 줬다. 아내 이름이 리타여서 이 혼합물을 리탈린이라고 불렀는데 지금도 계속 이 이름을 쓰고 있다. 리타는 리탈린이 혈압을 상승시킬 뿐만 아니라 경기에 집중하는 능력도 높인다는 사실을 깨달았다.

이 두 개의 분자가 다양한 방식으로 결합해 작용 시간과 흡수 및 배출 방식이 저마다 다른 리탈린, 리탈린 LA(지속성), 콘서타

Concerta(지속성), 포칼린Focalin, 포칼린 XR(지속성), 메타데이트Metadate, 데이트라나Daytrana(피부에 붙이는 패치) 같은 MPH류 약품과 덱세드린Dexedrine, 덱세드린 스팬슐Dexedrine Spansules(지속성), 아데럴, 아데럴 XR(지속성), 바이반스Vyvanse(지속성) 같은 AMP류 약품이 개발되었다. 프로비질Provigil이라는 이름으로 판매하는 모다피닐Modafinil이라는 처방용 흥분제도 있는데 이는 계열이 다른 약이다.

ADHD 진단을 받지 않은 일반인은 이 약품을 복용할 수 없다. 규제 약물이기 때문에 완벽한 감시와 통제가 이루어지는 상황에서만 사용할 수 있다. 적절히 사용할 경우 이 약들은 모두 복용 환자의 80퍼센트 정도에서 집중력 향상 효과를 보인다. 나머지 20퍼센트는 효과가 없거나 과도한 부작용을 일으킨다. 이 약들은 모두 식욕을 억제하는 경향이 있는데 이는 내가 환자에게 허용하는 유일한 부작용이다. 이 외에 심장 박동 수나 혈압 증가, 불안감, 두통, 배탈, 불면증, 떨림이나 틱 증상, 과민성 경계심 또는 편집증, 개성 둔화, 진정 작용 등이 나타나면 약물 복용을 중단해야 한다.

나는 ADHD 환자에게만 흥분제를 처방한다. 만약 적절한 ADHD 검사를 통해 본인이 ADHD 환자라는 사실을 알게 된다 하더라도 이를 기분 나빠할 필요는 없다. 성인 ADHD 환자는 대개 창의력이 뛰어나고 직관적이며 기업가적인 기질과 개척 정신이 있고 혁신적이다. 틀에서 벗어나 새로운 생각을 펼치고 고집스러울 정도로 집요한 면도 있다. 이들은 쉽게 포기하지 않으며 놀라운 유머 감각과 생기, 카리스마도 가지고 있다. 이들이 능력 이하의 성과를 내는 이유는 집중력이 자꾸 흩어지고 세부적인 사항이나 시간 관리, 정확성, 적절한 절차 등에 신경을 쓰지 않기 때문이다.

ADHD 환자가 아닌 사람이 처방용 흥분제를 복용하면 어떻게 될까? 열이 나지 않아도 아스피린을 복용하면 체온이 약간 내려가는 것처럼 이 경우에도 집중력이 향상되기는 한다. 하지만 열이 나는 사람이 아스피린을 먹으면 체온이 훨씬 많이 내려가듯 ADHD 환자가 흥분제를 복용하고 그 약이 효과를 발휘하면 ADHD 증세가 없는데 흥분제를 복용한 사람보다 훨씬 집중력이 높아진다.

언론 매체 영향으로 흥분제가 과잉 처방되고 있고 매우 위험한 약품이라고 생각할 것이다. 사실 흥분제는 과잉 처방되고 있는 동시에 과소 처방되고 있다. ADHD가 종교적인 원칙이 아니라 다양한 연구를 통해 증명된 과학적 사실임을 이해하지 못하고 ADHD의 존재를 믿지 않는다면서 흥분제를 처방해주지 않으려는 의사가 많다. 그런가 하면 적절한 정밀 검사와 진단 없이 흥분제를 너무 자주 처방하는 의사들도 있다. 흥분제를 잘못 사용할 경우 다른 약품을 오용했을 때와 마찬가지로 심각한 부작용이 생길 수 있다. 언론은 대중에게 보다 정확한 정보를 제공해서 사람들이 흥분제의 치료 효과를 이해하고 신중하게 사용하면 치료에 유용함을 알 수 있게 해야 한다.

이 책을 읽은 독자가 "전 ADHD 환자가 아니지만 집중력을 높이는 약을 먹고 싶어요. 흥분제가 그런 기능을 할 수 있나요?"라고 물을지도 모른다. 아마 대부분 사람에게 그런 효과를 발휘하겠지만 FDA는 현재 ADHD 진단을 받지 않은 사람의 흥분제 사용을 금지하고 있다. 우리의 딜레마는 의사 대부분이 ADHD와 그것이 성인에게 어떻게 나타나는지를 거의 모른다는 것이다. 정신과 의사나 신경학자 같은 전문가를 비롯한 대부분 의사가 ADHD 증상을 알아볼 만한 지식이 없기에 ADHD 진단도 받을 수 없는 게 현실이다.

일반 의약품, 허브, 뇌 기능 강화제

이제 좀더 혼란스럽고 논란이 많은 분야를 살펴보자. 매우 많은 돈과 직업적 근거가 걸려 있어 ADHD 치료를 위한 일반 의약품의 진실을 한마디로 못 박기는 어렵다.

내가 찾은 자료들 가운데 처방전 없이 합법적으로 구입할 수 있는 뇌 기능 강화제에 대해 설명한 가장 괜찮은 책은 컬럼비아 대학교 의학대학원 교수인 리처드 P. 브라운 박사와 뉴욕 대학교 의과대학 조교수 패트리샤 L. 거바그 박사가 쓴《ADHD의 비약물적 치료^{Non-Drug Treatments for ADHD}》다.

대중이 이용할 수 있는 집중력 개선 약물 가운데 가장 좋은 건 카페인이다. 브라운과 거바그는 나와 생각이 달라서 카페인의 여러 가지 부작용을 언급하며 카페인 대신 다양한 허브와 식물 뿌리, 기타 천연 물질을 추천하고 자신들의 주장을 뒷받침하는 확실한 연구 결과를 인용했다. 그중에서도 이들이 가장 찬양하는 건 바위돌꽃, 아유르베다 허브, 바코파 몬니에리Bacopa monnieri, 은행나무, 인삼, 피크노제놀Pycnogenol 그리고 이런 물질을 조합한 제품들이다. 당신이 직접 실험 대상이 되어볼 수 있지만 복용 전에 의사와 먼저 상의하고 검증되지 않은 제품에 돈을 너무 많이 쓰지 않도록 한다.

어떤 환자들은 페퍼민트 오일 향을 잠깐 맡으면 집중에 도움이 된다고 하고, 로즈마리 오일을 가열해서 일터 전체에 향이 퍼지게 하면 맑은 정신을 유지할 수 있다고 한다. 검증된 것을 먼저 사용하는 게 좋지만 다른 가능성에도 마음을 열어두되 천연, 대안, 유기농 등 온갖 유행하는 형용사를 붙인 제품에 주의하자.

그래도 나는 열린 마음을 유지한 덕분에 이 책에서 제시한 여러 방법의 가치를 깨달았고, 집중력 의사가 되어 나만의 치료법을 개발할 수 있었다.

이 책이 세상에 나오기까지 지면을 통해 일일이 인사를 다 전하지 못할 만큼 많은 분이 도움을 주셨다. 이 책을 쓰기 위해 다양한 분야에 종사하는 많은 분께 조언을 구해야 했기에 지금까지 쓴 책 가운데 집필 기간이 가장 오래 걸렸다. 귀중한 시간을 내서 집중과 주의력, 현대인의 업무 현장과 관련한 여러 요소를 이야기해준 모든 분께 진심으로 감사한다.

이 책에 이야깃거리를 제공해준 환자들에게도 감사한다. 그들에게 배운 게 얼마나 많은지 다 나열할 수가 없을 정도다. 환자들의 신원은 전부 익명으로 처리했지만 우리 노력의 열매가 이 책에 잘 나타나 있는 걸 봐줬으면 한다.

책을 쓰다가 막힐 때마다 친구이자 뛰어난 편집자인 브로닌 프라이어가 도와준 덕분에 다시 제 궤도를 찾을 수 있었다. 그녀의 도움이 없었다면 이 프로젝트를 완성하지 못했을 것이다.

하버드비즈니스리뷰 출판사의 훌륭한 팀에도 감사한다. 끊임없이 날 격려해준 편집자 멜린다 메리노와 그녀의 훌륭한 조력자인 에린 브라운, 커트니 캐시먼, 데이브 리벤스, 니나 노치올리노 그리고 교열 담당자 제인 게브하트에게 감사한다.

20년간 내 에이전트로 일해준 질 니어림과 보스턴의 니어림, 윌리엄스 앤 블룸에 있는 그녀의 경이로운 팀, 특히 여러 부분에서 이상적인 모습을 보여준 호프 데네캄프에게도 변치 않는 감사를 전한다.

마지막으로 25년간 내 아내로 곁을 지켜준 수와 이제 25살이 된 루시와 22살인 잭, 19살인 터커에게 가장 깊은 미안함과 감사의 마음을 전한다. 이들이 있기에 내 인생이 빛날 수 있었다. 또 우리 집안의 마지막 구성원이자 우리가 언제나 인생을 좀더 사랑할 수 있게 해준, 누구와도 비교할 수 없는 잭 러셀 지기에게도 감사한다.

옮긴이 박선령

세종대학교 영어영문학과를 졸업하고 MBC방송문화원 영상번역과정을 수료한 뒤 전문 번역가로 활동 중이다. 옮긴 책으로 《어떻게 인생 목표를 이룰까》《부동의 심리학》《죽기 전에 꼭 해야 할 101가지》《결정의 심리학》《위대한 작가들의 은밀한 사생활》《끌리는 여자는 101가지가 다르다》《코 파기의 즐거움》외 다수가 있다.

하버드 집중력 혁명

1판 1쇄 발행 2015년 5월 26일
1판 7쇄 발행 2018년 11월 9일

지은이 에드워드 할로웰
옮긴이 박선령
발행인 오영진 김진갑
발행처 토네이도미디어그룹(주)

기획편집 임나리 김율리 함초롬
디자인총괄 안윤민
마케팅 박시현 신하은 박준서
경영지원 이혜선

출판등록 2006년 1월 11일 제313-2006-15호
주소 서울시 마포구 월드컵북로5가길 12 서교빌딩 2층
전화 02-332-3310 팩스 02-332-7741
블로그 blog.naver.com/midnightbookstore
페이스북 www.facebook.com/tornadobook

ISBN 979-11-86485-37-8 13320